Magnus MacFarlane-Barrow

Eine Schale Getreide verändert die Welt

Magnus MacFarlane-Barrow

Eine Schale Getreide verändert die Welt

Die hoffnungsvolle Geschichte von Mary's Meals

Aus dem Englischen von Susanne Held

Tyrolia-Verlag · Innsbruck-Wien

Titel der englischen Originalausgabe:
The Shed That Fed a Million Children
Erschienen 2015 bei William Collins, einem Imprint von
HarperCollinsPublishers, London
© Magnus MacFarlane-Barrow 2015

Mitglied der Verlagsgruppe „engagement"

© 2017 Verlagsanstalt Tyrolia, Innsbruck
Umschlaggestaltung: Florian Stocker
Layout und digitale Gestaltung: Tyrolia-Verlag, Innsbruck
Lithografie: Artilitho, Lavis (I)
Druck und Bindung: FINIDR, Tschechien
ISBN 978-3-7022-3589-5 (*gedrucktes Buch*)
ISBN 978-3-7022-3607-6 (*E-Book*)
E-Mail: buchverlag@tyrolia.at
Internet: www.tyrolia-verlag.at

Dieses Buch ist für Julie,
ohne die es nichts gegeben hätte,
über das man hätte schreiben können.
Ich danke dir, dass du mich liebst.

Inhalt

Prolog

Ich schreibe diese Zeilen im Schuppen meines Vaters. Vom Ben Lui, dessen mit Schnee bezuckerte Berghänge ich durch das Fenster über meinem Schreibtische sehen kann, bläst ein starker Ostwind. Die kalte Luft, die an meiner Wellblech-Behausung rüttelt und um den Schuppen heult, hat einen Weg ins Innere gefunden und streift um meine Füße. Ich kann hören, dass jemand ein Stück weiter weg mit der Motorsäge arbeitet – vielleicht mein Schwager, der Brennholz zuschneidet –, und ab und zu tuckert ein Traktor den Weg hinunter in Richtung Farm.

Wann der Schuppen erbaut wurde, wissen wir nicht genau. Schon lange bevor wir im Jahr 1977 hierher zogen, war er da gestanden. Auf einer Landkarte von 1913 ist er deutlich sichtbar eingezeichnet – die Karte hängt in einem holzgetäfelten Korridor von Craig Lodge, dem Teil des Hauses, den ich am liebsten mochte, als wir noch dort wohnten. Das würde also heißen, dass er schon über hundert Jahre hier steht. Deswegen ist es wohl verzeihlich, dass sich der Schuppen heute ziemlich deutlich in eine Richtung neigt, und es ist auch nicht verwunderlich, dass ich auf dem Dach über mir gerade etwas im Wind scheppern höre.

Nach unserer Ankunft diente er zunächst als Dads Garage und Werkstatt. Er hatte die perfekte Größe, um darin den alten Land Rover abzustellen, mit dem ich eines Tages fahren lernen sollte. Später verwandelte Dad den Schuppen in ein Spielzimmer für uns Kinder. Einmal hatte er zu Weihnachten eine außergewöhnliche Überraschung für uns parat: Als er für uns die Schuppentür öffnete, stand da ein fantastischer Billardtisch. Meine Brüder und ich verbrachten unzählige Stunden mit diesem Geschenk. Hinter dem Schuppen, genau vor meinem Fenster, befand sich unser Fußballfeld. Seumas, Fergus und ich spielten dort jeden Tag stundenlang. Wir schossen auf handgemachte Holztore, und unsere flinken Füße hinterließen am Rasen einen lehmigen Streifen, auf dem kein Gras mehr wuchs. In den Wintermonaten, in denen es so erbarmungslos früh dunkel wurde, schalteten wir regelmäßig alle Lichter im Schuppen und in den anderen Nachbargebäuden ein, um wenigstens für ein paar zusätzliche Minuten weiterspielen zu können. Später, in unseren ziemlich wilden Teenager-Jahren, kamen auch Freunde in den Billard-Schuppen. Manchmal wurde Bier hineingeschmuggelt. Als meine Eltern einmal nicht da waren, kam es dort zu einer katastrophalen Mostverkostung. Ich hatte den Most heimlich mit Äpfeln aus unserem kleinen Obstgarten angesetzt, der sich dort oben befand, wo heute mein eigenes Haus steht. Seit damals kann ich keinen Most mehr trinken.

Später, als wir nicht mehr zu Hause wohnten und Craig Lodge ein katholisches Exerzitienhaus geworden war, wurde der Schuppen für ein paar Jahre als „Rosenkranzfabrik" genutzt, in der Mitglieder der örtlichen Jugendgemeinschaft Gebetsketten in unterschiedlichen Formen und Farben knüpften. 1992 fragte ich Dad dann, ob ich den Schuppen und auch das Nebengebäude von ihm borgen könnte, um Hilfsgüter darin zu lagern, die als Reaktion auf unseren kleinen Spendenaufruf für Flüchtlinge in Bosnien-Herzegowina hereinkamen. Natürlich war er spontan einverstanden. Er und meine Mum leisteten sowieso die meiste Arbeit, die mit dem Sammeln und Vorbereiten der Hilfsgüter anfiel. Und selbst wenn er damals gewusst hätte, dass er keinen von seinen Schuppen jemals wieder zurückbekommen würde, hätte er sicher trotzdem Ja gesagt: zum einen deswegen, weil er der großzügigste Mensch ist, der mir je begegnet ist; zum andern aber auch, weil er damit einen Grund hatte, neue Schuppen zu bauen. Denn glücklicherweise macht mein Dad das leidenschaftlich gern, man könnte geradezu sagen, dass er ein notorischer „Schuppen-Bauer" ist.

Nachdem der Schuppen dann einige Jahre lang als Lagerraum für Kartons voller Kleider, Nahrungsmittel, Hygieneartikel und medizinischer Geräte gedient hatte, wurde er unser Büro; zuerst nur für mich als den einzigen Angestellten unserer Wohltätigkeitseinrichtung, später kamen meine Schwester Ruth und dann noch fünf weitere Helfer hinzu. Der Raum war mittlerweile so eng geworden, dass einige von uns ohne Schreibtisch mit dem Laptop auf den Knien arbeiten mussten. Daher wurde der Schuppen nebenan abgerissen, und Dad baute zusammen mit George, einem äußerst begabten Freund, eigenhändig einen speziell an unsere Bedürfnisse angepassten Büroraum aus Holz – ein wunderschönes und zugleich extrem praktisches Bauwerk. Als dann der Zeitpunkt des Umzugs in das fantastische neue Büro gekommen war, beschloss ich, hier in dem alten Schuppen zu bleiben. Das war sicher die richtige Entscheidung. Einigen mag es vielleicht seltsam, womöglich sogar dumm vorkommen, die Hauptverwaltung einer weltweit tätigen Bewegung in diesem alten, sich seitlich neigenden Schuppen in einem abgelegenen Teil Schottlands unterzubringen. Aber hier erinnere ich mich täglich, wie und warum wir mit dieser Arbeit begonnen haben. Außerdem kenne ich Menschen, die in Armut leben und zutiefst dankbar wären, wenn sie ein so großes und sicheres Haus für sich und ihre Familie hätten.

Unter den Fotos und Notizen, die über meinem Schreibtisch an die Wand gepinnt sind, findet sich auch das einer Familie, die in einem Haus lebte, das so klein und noch dürftiger möbliert war als dieser Schuppen. Meine Begegnung mit dieser Familie im Jahr 2002, während einer entsetzlichen Hungersnot in Malawi – zehn Jahre, nachdem wir jene erste kleine Hilfsgütersammlung nach Bosnien-Herzegowina gebracht hatten –, veränderte mein Leben und das von Tausenden anderen Menschen für immer.

Auf dem Bild sind sechs Kinder zu sehen, die neben ihrer sterbenden Mutter sitzen. Sie liegt auf einer Strohmatte. Ich erinnere mich, wie fürchterlich heiß es in ihrem Haus aus Lehmziegeln war. Mein Hemd war klatschnass, und obwohl ich mich so klein wie möglich machte, stieß ich mit dem Kopf an die niedrige Decke. Ich fühlte mich unwohl – wie ein überdimensionierter Eindringling in ihrem kleinen Haus, noch dazu in einem so ganz und gar intimen Augenblick dieser Familie. Aber sie hatten mich herzlich willkommen geheißen, und so kauerte ich mich neben sie hin. Meine Augen hatten sich mithilfe des wenigen Lichts, das durch ein kleines Fenster ohne Scheibe drang, an die Dunkelheit in dem kleinen Raum gewöhnt, und ich konnte sehen, dass Emma, in eine alte, graue Decke gewickelt, ständig ihre Hände rang, während sie zu uns redete.

„Jetzt bleibt nichts mehr zu tun als zu beten, dass sich jemand um meine Kinder kümmert, wenn ich nicht mehr da bin", flüsterte sie, und leise erzählte sie mir den Grund für ihre Qualen.

Ihr Mann war vor einem Jahr gestorben, AIDS hatte ihn hinweggerafft, dieselbe Krankheit, die jetzt Emmas Kindern die Mutter wegnehmen würde. Sämtliche Erwachsene im Dorf, die sie kannte, kümmerten sich schon zusätzlich zu ihren eigenen Kindern um Waisen. Emma wusste nicht, wer jetzt auf ihre Kinder schauen sollte. Auch körperlich litt sie furchtbar. Die Nachbarin, die für Emma sorgte und unsere Unterhaltung übersetzte, war eine geschulte „häusliche Pflegekraft", die sich heldenhaft dafür einsetzte, Emmas Qualen zu lindern, aber sie hatte nicht einmal die einfachsten Schmerzmittel, von Medikamenten gegen HIV/AIDS ganz zu schweigen. Aber Medizin hätte in diesem Fall ohnehin nichts genützt, denn damit sie wirken kann, muss sich der Patient ausreichend und gesund ernähren. Emma und ihre Kinder hatten schon seit Langem nicht mehr genug zu essen. Um ihre Hütte erstreckten sich verdorrte Felder, auf denen der Mais in diesem Jahr nicht hatte gedeihen können. Der Bauch von Chinsinsi, dem jüngsten Kind auf der Matte, war aufgrund der Unterernährung deutlich aufgebläht.

Ich begann ein Gespräch mit Edward, dem Ältesten. Er saß ganz aufrecht, als wolle er größer wirken, als er tatsächlich war. Sein schwarzes T-Shirt war ihm mehrere Nummern zu groß, doch im Gegensatz zu den schmutzigen Lumpen, die seine Geschwister um die Hüften trugen, sah es sauber aus. Er sagte mir, dass er 14 Jahre alt war, und erklärte, dass er die meiste Zeit seiner Mutter auf den Feldern oder im Haus geholfen hatte. Vielleicht suchte ich nur verzweifelt nach einem Lichtblick, durch den ich ein bisschen mehr Hoffnung in unser deprimierendes Gespräch bringen konnte, als ich ihn fragte, welche Wünsche und Ziele er habe. Auf keinen Fall rechnete ich mit einer Antwort, die mein Leben und das Leben von Hunderttausenden anderen Menschen verändern würde.

„Ich möchte genug zu essen haben, und ich möchte eines Tages zur Schule gehen können", erwiderte er mit ruhiger und fester Stimme, nachdem er einen Moment lang nachgedacht hatte.

Als unser Gespräch zu Ende war und die Kinder uns nach draußen in die sengende malawische Sonne folgten, hatten sich diese schlichten Worte – gesprochen in dem Tonfall, mit dem Teenager ihre kühnsten Träume äußern – bereits unauslöschlich in mein Herz eingebrannt. Ein Schrei, ein Skandal, die Bestätigung einer Idee, die bereits konkrete Gestalt anzunehmen begann – ein Aufruf zum Handeln, den man nicht ignorieren durfte: Die Worte des Jungen sollten so vieles für mich bedeuten. In der schrecklichen Familientragödie, die sich in dieser dunklen Hütte abspielte, hatten sich viele Leiden und unlösbare Probleme, mit denen ich es in den vergangenen zehn Jahren unmittelbar zu tun gehabt hatte, gebündelt. Und Edwards Worte bestätigten eine Idee, die erst kürzlich jemand mit mir besprochen hatte; sie waren der Funke, der die bereits glimmende Vorstellung zum Lodern brachte, aus welcher später Mary's Meals wurde.

An der Schuppenwand hinter mir verkündet ein Poster in großen Buchstaben unsere Vision:

Dass jedes Kind eine tägliche Mahlzeit in der Schule erhält; und dass all jene, die mehr haben, als sie benötigen, mit jenen teilen, denen das Nötigste zum Leben fehlt.

Mit jeder Woche, die in den Jahren seit meiner Begegnung mit Edward verging, wurde diese Vision deutlicher, und die Zuversicht, dass sie umgesetzt werden kann, immer stärker. Wir haben immer wieder neu gesehen, dass die Bereitstellung einer täglichen Schulmahlzeit das Leben der ärmsten Kinder wirklich grundlegend verändern kann, indem die Mahlzeiten ihren unmittelbaren Bedarf an Nahrung stillen und ihnen außerdem ermöglichen, die Schule zu besuchen und eine Ausbildung zu bekommen, mit der sie der Armut entkommen können. Und die Anzahl dieser täglichen Mahlzeiten, die von Freiwilligen vor Ort an arme hungrige Kinder in Schulen auf der ganzen Welt ausgegeben werden, ist in ganz außerordentlichem Maße gewachsen, sodass heute an jedem Schultag über eine Million Kinder Mary's Meals erhalten.

Meinen Schuppen mag ich wirklich gern. Er bietet mir die stille Umgebung, die ich häufig dringend brauche, und er hat gerade so viel Platz, dass vier oder fünf Besucher mit mir um einen Tisch sitzen, eine Tasse Tee trinken und reden können. Und meine Beschränkung auf dieses Büro gibt meinen Mitarbeiterinnen und Mitarbeitern den Abstand, den sie wahrscheinlich von mir – einem unheilbar schlampigen Menschen – brauchen. Außerdem ist er eindeutig der beste Ort, um dieses Buch zu schreiben.

Das Foto von Edward und seiner Familie ist lediglich eines von vielen, die an meiner Wand hängen und entscheidende Szenen unserer Reise zeigen: ein bosnischer Mann, der vor seinem zerstörten Haus mit seinem Hund spielt; lachende Kinder auf einem staubigen afrikanischen Schulhof; ein blinder Mann in Liberia mit einem selbst geschnitzten weißen Stock und einem wunderschönen Lächeln; eine weitere Gruppe von Kindern, diesmal aus Dalmally – darunter auch meine eigenen –, die gerade dabei sind, die Außenwand des Schuppens frisch zu streichen; eine junge Julie am Steuer unseres Trucks, kurz nachdem ich sie kennengelernt habe; eine Julie mittleren Alters und ich bei einer Begegnung mit Papst Franziskus; ein erst kürzlich entstandenes Bild von mir und Hollywood-Star Gerald Butler, wie wir lachend Wassereimer auf unseren Köpfen tragen; ein Foto im Passbild-Format von Attila, einem der ersten unserer rumänischen Kinder, das gestorben ist; eine Karte, auf der *Thank you from Texas* steht, und um diese Worte herum eine Menge liebevoll handgeschriebener Zeilen von dortigen Schülerinnen und Schülern; eine Postkarte aus Medjugorje; ein einfaches, in Liberia angefertigtes Holzkreuz; und ein Foto von Pater Tom in Haiti, der so tut, als würde er mit jemandem boxen. Über dem Fenster, unter der rostigen Verkleidung einer Neonröhre, hängt ein kleines Kruzifix. Einige große Landkarten zieren die anderen Wände – die Welt, Indien, Malawi, die U-Bahn von New York und andere mehr.

Um meinen Laptop herum liegen jede Menge Briefe und Notizbücher, darunter auch der freundliche Brief des Präsidenten von Malawi (wo wir mittlerweile 25 Prozent der Schulkinder ernähren), in dem er mir für unser letztes Treffen und für unsere Arbeit dankt. Ein anderer Brief stammt von jemandem in Haiti, der uns bittet, mit den Mahlzeiten von Mary's Meals an einigen Schulen dort, die es bitter nötig hätten, zu starten. Und dann dieser anonyme Brief, bei dem ich weinen musste, als ich ihn zum ersten Mal las:

Liebe Mitarbeiter von Mary's Meals, beiliegend erhalten Sie einen Scheck über 55 Dollar als Beitrag zur Ernährung eines weiteren Kindes. Das Geld stammt von einem Mann in einem Pflegeheim: Er ist an den Rollstuhl gefesselt, rechtsseitig gelähmt und kann nicht sprechen. Er erhält finanzielle Unterstützung von Medicare und Medicaid. Die 55 Dollar sind alles, was er gespart hat. Er hat das Geld aus zwei verschiedenen Verstecken geholt, als er von Mary's Meals erfuhr. Ich bin sicher, es wird für einen guten Zweck eingesetzt. Gott segne Sie.

Ich hatte nie die Absicht, diese Art von Arbeit zu tun, und sicher war ich nie erpicht darauf, eine Organisation zu gründen. Als Leiter einer solchen Mission bin ich denkbar ungeeignet. Alles ist ohne mein willentliches Zutun geschehen, durch eine Reihe unerwarteter Ereignisse und Begegnungen und durch freundliche Aufforderungen, auf die Menschen überall mit außerordentlicher Liebe und Ergebenheit reagierten. Die Begegnung mit Edward war entscheidend dafür, dass wir uns ganz auf die Arbeit konzentrierten, die wir heute tun. Andererseits aber war sie lediglich ein Ereignis in einer Kette von Ereignissen, die zu dem Zeitpunkt, als er jene Worte zu mir sprach, bereits zwanzig Jahre zurückreichte. Sie begann sich zu bilden, als ich erst 15 Jahre alt war, in einem entlegenen Dorf mitten in den jugoslawischen Bergen, wo ich einer anderen liebenden Mutter begegnete, die sich um ihre Kinder sorgt.

I.

Fahrstunden in einem Kriegsgebiet

Sei demütig, denn du bist aus Dung gemacht.
Sei edel, denn du bist aus Sternen gemacht.
(Serbisches Sprichwort)

Wir wussten, dass die Männer, die von den Bergspitzen über der Stadt den Tod über die Menschen brachten, normalerweise morgens ihren Kater ausschliefen. Deshalb brachen wir früh auf – dann würden wir es schaffen, nach Mostar hinein und auch wieder heraus zu kommen, bevor die schweren Waffen ihr erbarmungsloses Werk wieder aufnehmen und die Häuser, Kirchen, Moscheen, Fahrzeuge und Menschen der Stadt in Stücke reißen würden. Auf den Beifahrersitzen neben mir quetschten sich während dieses letzten Abschnitts unserer Viertagereise von Schottland Pater Eddie, ein untersetzter Priester mittleren Alters, und Julie, eine große, schöne junge Krankenschwester. In den letzten Tagen waren wir drei gute Freunde geworden. Vor zwei Nächten hatten wir auf unserem Parkplatz neben einer Tankstelle in Slowenien bis weit in die Nacht hinein geredet. Pater Eddie überraschte und verstörte uns auch ein wenig, als er erklärte, er habe, bevor er von Schottland aufbrach, das Gefühl gehabt, er werde womöglich nicht zurückkehren, weshalb er praktisch seinen gesamten weltlichen Besitz an die Angehörigen seiner Gemeinde verschenkt hatte. Später berichtete Julie, sie sei wenige Monate zuvor mitten in der Nacht mit dem deutlichen Gefühl aufgewacht, Gott verlange von ihr, ihren Job aufzugeben, um den Menschen in Bosnien-Herzegowina zu helfen. Ihre Geschichte bewegte mich – es kam darin Julies tiefer Glaube zum Ausdruck, außerdem ähnelte das, was sie erzählte, in manchem meiner eigenen Geschichte. Ich schämte mich jetzt ein bisschen, denn als sie mich das erste Mal angerufen und wegen einer Mitfahrgelegenheit nach Bosnien-Herzegowina gefragt hatte, war ich von der Vorstellung überhaupt nicht begeistert gewesen. Mittlerweile jedoch war ich sehr froh, dass sie es geschafft hatte, mich umzustimmen.

Während wir durch die karge bosnische Landschaft mit ihren schartigen Felsen und dem Dornengebüsch fuhren, beteten wir einen Rosenkranz zusammen; dem schloss sich eine nervöse Unterhaltung an, während ich mich auf die enge, gewundene Straße konzentrierte. Bald kamen wir an den Überresten menschlicher Behausungen vorbei. Einige waren nur noch Schutthaufen, andere, die noch standen, hatten sich in ausgebrannte, mit Einschüssen übersäte Ruinen verwandelt. Wir sprachen jetzt nicht mehr. Die Straße begann, sich den Berg hinunterzuwinden, und vor uns tauchte Mostar auf. Die Stadt erstreckt sich entlang der Neretva, dem berühmten Fluss, von dem es häufig heißt, er bilde die Trennlinie zwischen der östlichen und der westlichen Kultur, und der nun die Grenze zwischen den serbischen Streitkräften und dem kroatischen und muslimischen Territorium markierte, durch das wir fuhren. Man konnte jetzt die Minarette der Moscheen im alten osmanischen Viertel sehen, und ich musste kurz an meinen ersten Besuch in dieser Stadt zurückdenken, vor vielen Jahren, als wir durch die kleinen Straßenstände am Flussufer geschlendert waren und jungen Männern zugeschaut hatten, die ihre Tapferkeit bewiesen, indem sie von der berühmten Stari-Most-Brücke herunter ihre tollkühnen Sprünge in die tosenden grünen Fluten vollführten.

Bei der Fahrt in die Stadt hinunter wurden wir an einem Kontrollpunkt angehalten, der mit einigen HVO-Soldaten (Männern der bosnisch-kroatischen Armee) besetzt war. Ein dünner Mann mit einem Maschinengewehr über der Schulter und einer Zigarette im Mund kam zu meinem offenen Fenster und starrte uns mürrisch an. Sein nach Brandy riechender Atem wehte in die Fahrerkabine. Ohne auch nur den Hauch eines Lächelns streckte er seine Hand aus, und wir gaben ihm unsere Pässe und die Zollpapiere für das medizinische Gerät hinten in unserem Lastwagen. Die Ablieferung dieser Gerätschaften war der Grund für unsere Reise, und jetzt, in ungefähr einem Kilometer Entfernung, konnten wir an den Hängen der Stadt unter uns auch schon Mostars Kreiskrankenhaus sehen, unser eigentliches Ziel. Man konnte es unschwer erkennen, und wir staunten über das moderne, glänzende Gebäude, das sich turmhoch über den benachbarten Häusern erhob. Selbst auf diese Entfernung erkannten wir, dass eine Granate ein riesiges, hässliches Loch in eine Seite gerissen hatte.

Der Soldat winkte uns durch, und wir fuhren vorsichtig durch Straßen voller verbogenem Metall, Glasscherben, Trümmerhaufen, ausgebrannten Autos, aufgerissenem Asphalt und hasserfüllten Graffiti. Schließlich erreichten wir das Klinikgelände. Vor dem Krankenhaus waren mehrere Kühllaster mit laufenden Motoren geparkt – Behelfs-Leichenhallen in einer Stadt, die schon lange nicht mehr genug Platz für ihre Toten hatte.

Unter dem Vordach des Haupteingangs hatten drei Leute vom Klinikpersonal in weißen Overalls unsere Ankunft bemerkt und winkten. Jetzt verließ mich meine Angst und machte einem euphorischen Gefühl Platz. Ich setzte dazu an, mir innerlich zu einer Aufgabe zu gratulieren, die ich gut bewältigt hatte, und stellte fest, dass ich mich fragte, ob Julie wohl beeindruckt war. Doch da merkte ich – einen Tick zu spät –, dass das Winken der Leute, die uns begrüßten, sich in dringliche Stopp-Signale verwandelt hatte und ihr Lächeln in Schreckensmienen. Mein Herz klopfte wie verrückt, als ich auf die Bremse stieg – und ein knirschendes Geräusch über meinem Kopf hörte. Das Willkommenskomitee vor uns krümmte sich jetzt vor Lachen, und nun erst kapierte ich, was passiert war: Gerade hatte ihr Krankenhaus einen weiteren Volltreffer abbekommen, diesmal von einem kleinen, verbeulten Lastwagen aus Schottland, dessen dilettantischer Fahrer die Höhe des Vordachs über dem Eingang falsch eingeschätzt hatte, und statt dass er darunter parkte, war er direkt hineingerauscht! Eine schnelle Untersuchung ergab, dass ich in die obere Ecke der Verladebox ein Loch gerissen hatte, wohingegen der Schaden am Vordach des Krankenhauses praktisch neben dem, was dem Rest des Gebäudes widerfahren war, überhaupt nicht ins Gewicht fiel. Den größten, nachhaltigsten Schaden hatte mein Ego abbekommen.

Wir luden die Sachen zügig aus und tranken mit zwei jungen Ärzten rasch eine Tasse Kaffee. Sie schlugen vor, die Stadt zu verlassen, bevor wieder Granaten geworfen würden; wir sollten ihnen hinterherfahren zu einem ungefährlicheren Ort, dort könnten wir reden. In der Nähe von Medjugorje, wo wir übernachten wollten, hielten sie vor einem Motel, das von Gewehrschüssen und Granaten beschädigt war.

Beim Kaffee erklärten uns die Ärzte, wegen des ausgedehnten Schadens an ihrem Krankenhaus könne man nur noch das Erdgeschoss benutzen. Das Gebäude war mittlerweile grotesk überfüllt, und es fehlten selbst die grundlegendsten medizinischen Geräte. Besonders erfreut waren die beiden über die Fixateurs externes, die wir mitgebracht hatten – so viele Patienten kamen mit zerschmetterten Gliedmaßen, und sie baten uns dringend, noch mehr von diesen Haltesystemen zum Ruhigstellen von Gliedmaßen zu bringen. Wir erklärten ihnen, dass Julie mit mir gekommen war, weil sie, eine ausgebildete Krankenschwester, ihre Stelle in Schottland kündigen und hier als Freiwillige arbeiten wollte. Sie antworteten, Krankenschwestern hätten sie genug, aber eben nicht genug medizinische Apparaturen. Sie schlugen vor, Julie solle mich doch bei meinen Bemühungen unterstützen, in Schottland die benötigten Hilfsmittel aufzutreiben, denn mittlerweile hatten sie gemerkt, dass ich nicht nur kein sonderlich begabter LKW-Fahrer war, sondern auch keine Ahnung von medizinischen Instrumenten hatte. Es wäre also dringend nötig, eine Person hinzuzuziehen, die etwas von der Sache verstand, wenn ich für sie von irgendwelchem Nutzen sein wollte. Ich war überrascht, wie erfreulich die Perspektive für mich klang, mit Julie zusammenzuarbeiten, murmelte aber nur, wir könnten ja mal drüber nachdenken. Julie äußerte sich ganz ähnlich, woraufhin ich beschloss, mir lieber keine Hoffnungen zu machen. Dann ging das Gespräch, wie nicht anders zu erwarten, von medizinischen Fragen zur Kriegssituation über.

Die Ärzte berichteten, dass die „Tschetniks" in den Bergen mittlerweile nicht nur das Krankenhaus beschossen, sondern auch die Krankenwagen. Mehrere Ambulanzen, die mit Patienten zum Krankenhaus unterwegs waren, waren zerstört worden.

Mittlerweile hatten unsere Gesprächspartner ihren türkischen Kaffee gegen Sliwowitz eingetauscht (einen regionaltypischen Pflaumenschnaps), und jetzt fingen sie an zu erzählen, wie sie zum Krieg standen. Sie waren voller Hass gegen ihre Feinde, die „Tschetniks", und die Unterhaltung wurde nun ziemlich beklemmend. Die beiden Ärzte, die uns stundenlang erklärt hatten, was sie brauchten, um schwer verletzte Menschen zu heilen, fingen jetzt an, detailliert zu beschreiben, was sie einem Tschetnik-Soldaten antäten, wenn er ihnen in die Hände fiele. Mit Listen von dringend benötigten medizinischen Geräten verabschiedeten wir uns und versprachen, so bald wie möglich mit weiteren Hilfsgütern zurückzukommen.

Das war der fünfte Trip, den ich innerhalb kurzer Zeit nach Bosnien-Herzegowina unternommen hatte. Bei den Touren davor war ich immer von einem anderen Familienmitglied oder Freund begleitet worden. Jede Tour hatte für einen 25-jährigen Fischzüchter, der nie zuvor in seinem Leben daran gedacht hatte, Fernfahrer zu werden, eine steile Lernkurve bedeutet. Ich entdeckte eine ganze von Fernfahrern bewohnte Welt mit einer ganz eigenen Kultur, die mir nicht immer freundlich entgegenkam und auch nicht immer leicht zu verstehen war. Schon die Sprache war ein Problem. Es gab neue Ausdrücke zu lernen, beispielsweise „Tachograf" (Fahrtenschreiber, also das Gerät, das die Fahrstunden und die Geschwindigkeit des Fahrers aufzeichnet), oder „Spedition" (die Leute, die die nötigen Zollpapiere vorbereiten).

Erschwert wurde das Ganze durch den Umstand, dass wir nur Englisch sprachen – und das auch noch mit schottischem Akzent. Eine meiner ersten Touren unternahm ich mit Robert Cassidy, einem guten Freund aus Glasgow, dessen Akzent noch heftiger war als mein eigener Argyll-Zungenschlag. Wir fuhren einen 7,5-Tonner voller gespendeter Kartoffeln nach Zagreb. Es war mitten im Winter und bitter kalt. Wir schliefen hinten im Truck zwischen den Paletten voller Kartoffeln, und eines Morgens wurden wir in der Nähe der österreichisch-slowenischen Grenze wach und mussten feststellen, dass das Wasser in unseren großen Trinkflaschen komplett gefroren war. Ein Thermometer an der Tankstelle zeigte uns an, dass es sechs Grad unter null hatte.

Einer der neuen Spezialausdrücke, die wir uns aneignen mussten, war „Plomb" (Plombe). Damit wird das kleine Bleisiegel bezeichnet, das die Zollbeamten beim Grenzübergang hinten an den LKWs anbringen; man kann so, wenn man das Land wieder verlässt, nachweisen, dass man durchgefahren ist, ohne den Anhänger geöffnet und Waren zu- oder abgeladen zu haben. Damals wussten wir allerdings noch nicht, was dieser Ausdruck bedeutet, weshalb ein Zollbeamter uns mit zunehmender Irritation wieder und wieder durch die Fensteröffnung seines Kabäuschens das Wort zubellte. „Plomb?" – Er wollte einfach wissen, ob unser Fahrzeug versiegelt war. Nachdem Robert auf diese Frage mehrmals nur mit einem Blick blanksten Unverständnisses reagiert hatte, antwortete er schließlich in seinem schönsten Glasgow-Akzent: „Nae plums, just tatties. Loads of tatties." (Keine Pflaumen, nur Kartoffeln. Haufenweise Kartoffeln.) Worauf nun natürlich der Zollbeamte mit befremdet-amüsiertem Blick reagierte. Er wusste nicht einmal, in welcher Sprache er uns antworten sollte.

Damals waren einige Brücken an der großen Fernstraße entlang der Adria, über die wir die Straße nach Zentral-Bosnien-Herzegowina hinein erreichten, von Granaten zerstört.

Man musste daher, wenn man diese Route benutzte, mit einer kleinen Fähre nach Pag übersetzen (einer langgestreckten schmalen Insel, die sich parallel zur Küste erstreckt), die ganze Insel entlangfahren und dann weiter im Süden die Fähre zurück aufs Festland nehmen. Einmal standen mein Schwager und damaliger Beifahrer Ken und ich in einer Schlange mit Hunderten von LKWs, die auf die kleine Aushilfsfähre warteten – auf einer Straße, die garantiert nicht für große, schwere Fahrzeuge gebaut worden war. Da brach plötzlich ein fürchterlicher Sturm los. Die Fähren stellten ihren Betrieb ein, und wie alle Fahrer um uns herum waren wir jetzt in unserer Fahrerkabine gefangen. Draußen heulte ein eisiger Wind um unseren Truck – er rüttelte das Fahrzeug so heftig hin und her, dass wir dachten, wir würden gleich umkippen. Auf der engen Straße war an Wenden nicht zu denken. Uns blieb also nichts anderes übrig als zu warten, bis der Sturm sich legte. Wir hatten in unserer Kabine an Proviant lediglich eine große Schachtel Schokoladenriegel der Marke Twix, die wir in den nächsten 48 Stunden penibel einteilten. Hin und wieder, dem Ruf der Natur folgend, kämpften wir mit der Tür, um hinauszuklettern; draußen rutschte man dann auf einem zugefrorenen Fernfahrerurinstrom aus, der sich vom Gipfel des Bergs zu dem kleinen Landungssteg am Ende der kurvigen Straße zog. Damals nahm ich mir vor, in Zukunft abwechslungsreicheren, gesünderen Proviant für Notfälle einzupacken – oder zumindest eine größere Auswahl an Schokoladenriegeln.

Auf diesen ersten Touren begriff ich auch allmählich, dass die Hilfsgüter, die wir transportierten, nicht immer das Wichtigste waren, was wir notleidenden Menschen bringen konnten. Mein Vater und ich lieferten einmal Hilfsmittel an eine kleine

Einrichtung für behinderte Kinder in der Nähe des Hafens von Zadar. Damals unternahmen die serbischen Streitkräfte einen Angriff auf diesen Teil der kroatischen Küste, und wir konnten das Grollen der Granaten in der Ferne hören, als wir vor dem schäbigen kleinen Gebäude ankamen. Wir trafen auf Reihen von Kindern, die in Gitterbettchen lagen, zerlumpte Pyjamas trugen und von einer Belegschaft versorgt wurden, die sich nun in höchstem Alarmzustand befand. Sie waren nicht nur deshalb gestresst, weil sie nicht einmal mehr das Notwendigste hatten, um die Kinder angemessen versorgen zu können, sondern auch, weil der Krieg immer näher kam und sie genau wussten, dass es unmöglich war, mit diesen Kindern sofort und schnell aufzubrechen. Als wir unsere Kisten voller Hilfsmittel hinten aus unserem Truck ausgeladen hatten, verschwand die Freude der Schwestern schnell, als eine Granate nun sehr viel näher am Dorf detonierte. Und gleich danach noch eine. Sie forderten uns mit allem Nachdruck auf, uns mit dem Ausladen möglichst zu beeilen und gleich wieder in Richtung Norden zurückzufahren. Sobald ich die letzte Kiste ausgeladen hatte, verabschiedete ich mich hastig, sprang auf den Fahrersitz und ließ den Motor an, bereit, jeden Moment abzufahren. Ein paar Sekunden verstrichen, und in mir stieg Ärger hoch, weil mein Dad noch auf sich warten ließ. Als ich in den Rückspiegel schaute, sah ich, dass er die am ärgsten verängstigte Krankenschwester umarmte: Er tröstete sie und versprach, für sie zu beten. Dann erst nahm er seinen Sitz ein, und wir brausten davon.

Dreißig Jahre später sprach Papst Franziskus von der „Sünde der Effizienz", und ich musste sofort an diesen Zwischenfall denken. Der Papst erinnerte uns, die wir mit Menschen arbeiten, die in Armut leben, daran, dass es bei wahrer Nächstenliebe nicht nur um materielle Güter oder um „Projekte" und um deren Effektivität geht. Genauso wichtig ist es, den Menschen in die Augen zu schauen, Zeit mit ihnen zu verbringen und in ihnen unsere Brüder oder Schwestern zu erkennen. Aber irgendwie glaube ich heute immer noch nicht, dass es wirklich nötig war, dass Dads Umarmung dermaßen lang dauerte!

Bei all unseren Touren quer durch Europa machten wir die gleiche Erfahrung: Wenn wir uns unserem üblichen Zielort – Medjugorje – näherten, sahen wir alle möglichen anderen Fahrzeuge, die alle zu diesem weltbekannten Pilgerort unterwegs waren. Kleine Konvois von Lastwagen wie dem unseren, einzelne Transporter oder Familienautos mit Anhängern, in denen Kleidung, Nahrung und Medizin untergebracht war – alle strömten sie in das kleine Dorf in den Bergen von Bosnien-Herzegowina. Wimpel, Aufkleber auf den Autos oder selbstgemachte Schilder kündeten von ihrer Mission und ihrer Heimat und gaben Hinweise auf ihren Zielort. Wir freuten uns natürlich über die Gelegenheit, nach Medjugorje zurückzukehren; immerhin hatte sich dort vor vielen Jahren unser Leben radikal verändert. Doch fragten wir uns mittlerweile auch, ob wir unsere Hilfe nicht zu anderen Orten bringen sollten, die nicht so im Zentrum der Aufmerksamkeit standen – in Regionen, die weniger Hilfe bekamen, wo aber noch größere Flüchtlingsmassen Not litten.

Einer dieser Orte war Zagreb, die Hauptstadt Kroatiens, wo Tausende verzweifelter Menschen aus Gebieten eintrafen, die von den Serben „ethnisch gesäubert" worden waren. Damals war fast ein Drittel des seit Kurzem unabhängigen Kroatien unter serbischer Kontrolle, und entlang der Frontlinien tobte der erbitterte Krieg eines Volks, das verzweifelt um seine Existenz kämpfte. Flüchtlinge und Vertriebene, Kroaten und Muslime sowohl aus Kroatien als auch aus Bosnien-Herzegowina, strömten in die Stadt. Sie hatten alles verloren – ihre Häuser, ihre Besitztümer, häufig auch ihre Familien.

In Zagreb lebte ein bemerkenswerter Mann namens Dr. Marijo Živković. Ein gemeinsamer Freund in Glasgow hatte uns vorgeschlagen, uns mit ihm zu treffen. Er erklärte uns, dass Marijo fantastische Arbeit für Flüchtlinge und Arme leistete, außerdem erwähnte er, dass er ein bekannter und bekennender Katholik war, der aus diesem Grund von den Kommunisten verfolgt worden war. Wir vereinbarten ein Treffen mit ihm im Büro von Merhamet, einer muslimischen Organisation, mit der wir bei der Auslieferung medizinischer Geräte zusammenarbeiteten. Wir waren am Morgen jenes Tages mit einer Narkoseapparatur eingetroffen, die sie dringend angefragt hatten. Wir hatten den Vormittag mit einem passionierten jungen Arzt und seinen Kollegen von Merhamet verbracht, hatten mehr über ihre Arbeit gehört und erfahren, wie wir ihnen in Zukunft noch besser helfen konnten.

Wegen des Treffens mit Dr. Marijo waren wir etwas nervös, denn tragischerweise befanden sich die Kroaten (überwiegend Katholiken) und die Muslime, die noch bis vor Kurzem in Bosnien-Herzegowina Verbündete im Kampf gegen den gemeinsamen Feind, die Serben, gewesen waren, mittlerweile gegeneinander im Krieg, und jetzt loderte glühender Hass zwischen den beiden Völkern. Wie dumm und gedankenlos war es doch von uns gewesen, einen bekannten katholischen Kroaten einzuladen und uns hier bei unseren muslimischen Freunden zu treffen! Wir spürten, dass auch unsere Gastgeber etwas besorgt waren, und ein peinliches Schweigen hatte sich in dem heißen, stickigen Raum breitgemacht, als Marijo dann endlich eintraf. Der große, breitschultrige Mann stürmte in den Raum mit einem gewaltigen Stapel gefrorener Schokoladenriegel im Arm.

„Bitte bedient euch!", forderte er uns grinsend auf, kam auf jeden in der Runde zu und bot uns seine Leckerbissen an, als wäre er mit allen im Raum seit Langem gut Freund. Anschließend konnten wir uns die Hand geben und uns vorstellen, und lachend erklärte uns Marijo dann in sehr gutem Englisch, was es mit den Eisriegeln auf sich hatte.

„Also eine große italienische Gesellschaft wollte das Eis spenden – eine halbe Million Eisportionen! Sie haben sich an mehrere große Hilfsorganisationen gewandt. Von jeder kriegten sie die Antwort, das könnten sie nicht nehmen – ist ja auch eine verrückte, lächerliche Idee, im Hochsommer Leuten Eis zu schicken, die keine Möglichkeit haben, es im Kühlschrank zu lagern. Irgendwer empfahl den Italienern, sie sollten mich anrufen, und als die sich dann meldeten, sagte ich – natürlich Ja! Man kann doch nicht eine solche Menge Eiscreme, mit der man so viele Menschen beglücken kann, ablehnen! Bevor das Eis tatsächlich eintraf, habe ich massenhaft Leute angerufen, dass sie sich drauf einstellen sollten, einiges abzunehmen und es an all ihre Freunde weiterzugeben und an jeden, der ihnen begegnete – das Eis Kindern zu geben, an Schulen zu verteilen. Und ich bin sicher, dass das Eis auch nahrhaft und gesund ist ..." Er brach erneut in Gelächter aus und verleibte sich eine weitere Portion ein.

„Heute genießen also die Leute in ganz Zagreb gratis Eiscreme!" Wieder lachte er und schlug seinen neuen muslimischen Freunden auf die Schulter, die mittlerweile ebenfalls schallend lachten.

So sah die erste der vielen Lektionen aus, die ich von Dr. Marijo im Lauf der nächsten Jahre lernte. Er war ein Virtuose in der Kunst, Geschenke zu machen und anzunehmen. Das Wort „Hilfe" mochte er nicht. Er sprach lieber von „Geschenken". Und statt angebotene Geschenke abzulehnen, fand er geniale Methoden, sie entgegenzunehmen. Er schaffte es sogar, vor dem Ende des Kriegs die famose Eiscreme-Verteilungsaktion noch zu toppen, als wir ihn nämlich fragten, ob er Hunderte Tonnen Kartoffeln von schottischen Bauern nehmen würde. Dieses Mal bewältigte er die Logistik, die andere für völlig undurchführbar hielten, indem er einfach sämtliche Kartoffeln auf einem öffentlichen Platz im Stadtzentrum als einen einzigen riesigen Haufen ablud. Dann machte er im öffentlichen Rundfunk eine Durchsage, mit der er die Leute in Zagreb aufforderte, zu kommen und sich zu bedienen! Die hungernden Einwohner der Hauptstadt reagierten prompt, und innerhalb weniger Stunden war auch noch die letzte Kartoffel abgeholt.

Dr. Marijo, eigentlich Volkswirtschaftler, hatte sich im früheren kommunistischen Staat Jugoslawien über lange Jahre hinweg mit Vorträgen für die Verbreitung der katholischen Lehre über die Familie engagiert. Er wurde zunehmend auch in andere Teile der Welt zu Vorträgen gebeten, und später lud der Papst ihn und seine Frau Darka ein, Mitglieder des Päpstlichen Rats für die Familie zu werden. Die kommunistischen Machthaber verloren irgendwann die Geduld und zogen seinen Pass ein, um ihn am Verlassen des Landes zu hindern, was ihn nicht beeindruckte – er begann stattdessen in Zagreb internationale Konferenzen zu organisieren und lud Leute aus vielen Ländern ein, bis er schließlich seinen Pass zurückbekam. Er und seine Familie gründeten außerdem das Familienzentrum, eine Organisation, die schwangeren, in Armut lebenden Frauen praktische Hilfe anbot – Babykleidung, Nahrung, Kinderwagen,

Windeln und so weiter. Das verzweifelte Bedürfnis nach grundlegenden, lebenswichtigen Dingen – nicht nur solchen für Babys – war unter den Flüchtlingen und der Stadtbevölkerung rapide angewachsen, das Familienzentrum hatte sich jetzt also ganz der Aufgabe verschrieben, alle möglichen Arten von Gütern entgegenzunehmen und an sämtliche Personen in Not zu verteilen.

Nachdem wir festgestellt hatten, dass das Familienzentrum jedermann unterstützte, unabhängig von Volkszugehörigkeit oder Religion (faktisch ging ein Großteil der Hilfe an Muslime), fingen wir an, Marijos alte Eisenbahn-Lagerhalle mit LKW-Ladungen schottischer Geschenke zu beliefern. Bei jedem Besuch lernten wir Marijo, seine Frau Darka und ihre Kinder besser kennen – häufig übernachteten wir bei ihnen, bevor wir uns am nächsten Tag wieder auf unsere Heimreise machten. Marijo, ein überaus intelligenter Mann, der es liebte, öffentlich zu sprechen, beschenkte uns reich mit seinen weisen, philosophischen Sätzen. Er sprach gern und ungeniert von seinen diversen bemerkenswerten Leistungen, was er dann aber häufig mit den Worten beschloss: „Die wichtigste Leistung meines Lebens ist, dass ich Darka getroffen und geheiratet habe ... meine zweitgrößte Leistung sind meine fünf Kinder ... und das Einzige, was ich bedaure: dass wir nicht mehr bekommen haben ..." Er konnte wunderbar über die Familie, ihre Schönheit und ihre Bedeutung sprechen.

Ein Großteil der Dinge, die wir mit Marijo zusammen verteilten, ging an mehrere provisorische Flüchtlingslager, in denen überwiegend Frauen und Kinder untergebracht waren. In Reihen überbelegter hölzerner Hütten, die ursprünglich als Unterkunft für Wanderarbeiter gebaut worden waren, lebte eine Gruppe von Frauen und Kindern aus Kozarac, einer Stadt im nördlichen Bosnien-Herzegowina. Trotz ihres Traumas, vielleicht aber auch gerade deswegen, wollten einige über das Grauen reden, das sie durchgemacht hatten.

Vor dem Krieg hatten in ihrer Stadt überwiegend Muslime gelebt. Seit Längerem war das Gebiet unter serbischer Kontrolle, und die Einwohner von Kozarac gehörten zu den Ersten, die das Grauen „ethnischer Säuberung" durchmachten: Die Frauen erzählten uns, wie sie in die Wälder geflohen waren, als die Serben ihre Stadt bombardierten. Als sich die letzten paar muslimischen Kämpfer dann irgendwann ergaben, hörten sie, wie die Serben durch Lautsprecher diejenigen, die sich in den Wäldern versteckt hatten, aufforderten, sich zu ergeben und zur Straße zu kommen. Keinem werde etwas angetan. Sie kamen dann massenhaft heraus, schwenkten behelfsmäßige weiße Fahnen und sammelten sich an der Straße. Granaten gingen auf ihnen nieder und töteten und verstümmelten Hunderte. Als der Beschuss vorüber war, stellten die serbischen Soldaten die Überlebenden in einer Reihe auf und holten sämtliche Männer in kampffähigem Alter heraus. Viele, die als Anführer oder wichtige Mitglieder ihrer Gemeinde identifizierbar waren, wurden erschossen, oder man schnitt ihnen am Rand der Straße die Kehle durch. Einige der Frauen, die diese Geschichten erzählten, hatten gesehen, wie ihre Männer, Väter und Söhne auf diese Weise umgebracht worden waren. Alle übrigen Männer wurden in neu errichtete Konzentrationslager verschleppt.

Die Frauen, die in ihren überfüllten Hütten kauerten, erzählten uns ihre Geschichten, weil sie davon überzeugt waren, dass keiner draußen in der Welt wusste oder verstand, was hier eigentlich passierte. Und sie bestanden darauf, etwas von den Lebensmitteln, die wir ihnen mitgebracht hatten, mit uns zu teilen, und fragten außerdem, ob es in Ordnung wäre, wenn sie ein Viertel der Geschenke zur Seite legten: Sie wollten sie zu den Flüchtlingen schmuggeln, die sich noch im Norden von Bosnien-Herzegowina versteckten und sicher noch hungriger waren als sie selbst.

Ich kam von solchen Begegnungen immer mit sehr gemischten Gefühlen zurück. Jede dieser Schreckensgeschichten ließ meine Empörung, meine Wut auf „diese barbarischen Tschetniks" wachsen. Es fiel mir sehr schwer, in diesem Krieg, in dem ich ja eigentlich zu keiner Partei gehörte, unparteiisch zu bleiben oder nicht aus dem Blick zu verlieren, dass ich nur eine Seite dieser tragischen Geschichte zu hören bekam. Ich war auch immer wieder zutiefst bewegt von der Freundlichkeit und der geistigen Stärke derer, die mir diese Geschichten erzählten. Und das Problem der Vergebung wurde mir in einer Schärfe bewusst, wie ich sie noch nie zuvor in meinem Leben empfunden hatte. Wenn *ich* schon anfing, Wut und Vorurteile gegen die Serben zu entwickeln, die solche Verbrechen verübten, wie konnte ich als Christ erwarten, dass diejenigen zu Vergebung fähig und bereit waren, die so viel Bosheit selbst hatten erdulden müssen? Wie war das möglich? Wie konnte hier je wieder echter Friede entstehen?

Manchmal fuhren wir auf nicht beschilderten Wegen (die alte Autobahn war zerstört) in die Stadt Slavonski Brod. Sie lag am Ufer der Sava, dem Fluss, der Kroatien und Bosnien-Herzegowina voneinander trennt. Von der anderen Seite des träge dahinfließenden Gewässers wurde die Stadt ständig unter Beschuss genommen. Die Brücke lag zertrümmert im Fluss, und in sämtlichen Gebäuden in unmittelbarer Nähe des Ufers waren Fenster und Türen mit Brettern verbarrikadiert. Wir entluden unsere Lebensmittel, indem wir sie an die Menschen austeilten, die in einer langen Warteschlange standen; wir hatten sie aufgefordert, sich mit einer leeren Plastiktüte anzustellen (eine praktische Regel, die wir uns zur Rationierung der Portionen ausgedacht hatten). Als alles verteilt war, wurde uns Unterkunft in einem kleinen Haus auf einem Hügel oberhalb der Stadt angeboten. Es wurde damals von einem älteren Ehepaar bewohnt, Flüchtlingen aus dem Norden von Bosnien-Herzegowina.

Beim Abendessen herrschte verlegenes Schweigen, weil alle Versuche, sich zu verständigen, gescheitert waren (ihr Englisch war noch schlechter als unser Serbokroatisch). Später saßen dann unser Gastgeber Mladen und ich draußen und tranken Sliwowitz, und nach einigen Gläsern stellten wir fest, dass die Verständigung zunehmend besser klappte. Mladen erklärte mir, sein Haus liege auf der Ebene, die wir auf der anderen Seite des Flusses sehen konnten. Jetzt war das Gebiet von Serben besetzt. Er hatte ein kleines Grundstück und ein paar Pflaumenbäume besessen; der Sliwowitz, den wir tranken, war noch aus eigenen Pflaumen hergestellt. Bevor er und seine Frau flohen – alle Habseligkeiten, die sie mitnehmen konnten (auch der Sliwowitz), waren schon gepackt –, nahm Mladen seine Axt und fällte seine geliebten Pflaumenbäume. Jetzt lebten vielleicht Serben in seinem Haus, aber an seine Pflaumen kamen sie nicht mehr dran. Und er lachte laut und bitter auf, als er das sagte – er wollte mich und vielleicht ja auch sich selbst davon überzeugen, dass das eine Geschichte zum Lachen war und nicht eine, die nur so glühte vor Hass.

Allmählich begannen mir die Begriffe „Flüchtlinge" oder „Vertriebene" unheimlich zu werden. Natürlich sind es schlicht notwendige, nützliche Mittel, um präzise die Menschen zu beschreiben, die aus ihrer Heimat und ihren Häusern hatten fliehen müssen. Allerdings merkte ich, dass diese Wörter, bevor ich die Menschen wirklich traf und kennenlernte, die mit ihnen bezeichnet wurden, in meinem Kopf ungenaue, um nicht zu sagen falsche Stereotype hatten entstehen lassen.

In einem anderen Lager in Zagreb erfuhr ich im Lauf einer Unterhaltung mit einem liebenswürdigen, eloquenten Mann mittleren Alters, dass er früher Chef einer Frachtgesellschaft mit einem stattlichen LKW-Fuhrpark gewesen war. Dass zum damaligen Zeitpunkt zufällig ich derjenige war, der einen Lastwagen fuhr und ihm half, obwohl ich weniger gut ausgebildet war, wesentlich weniger Lebenserfahrung hatte und sehr viel weniger Wissen, wie man den Transport von Gütern mit LKWs organisiert – dieser Umstand lieferte mir ganz sicher nicht den geringsten Grund, mich ihm auch nur im Geringsten überlegen zu fühlen. Zwar war es nicht ganz leicht, mir das einzugestehen, aber ich hatte mich dabei ertappt, wie ich in diesen Kategorien dachte: Ich der Geber; dieser Fremde der Empfänger. Ich habe Macht; er hat keine. Allmählich dämmerte mir, dass diese Art von Arbeit sehr gefährlich war.

In der Zwischenzeit hatte Marijo sich eine neue Methode ausgedacht, wie man unsere Kleiderspenden an bedürftige Menschen weitergeben konnte. Ihm war klar geworden, dass für viele das größte Problem in ihrer Situation darin bestand, dass sie plötzlich von Unterstützung abhängig waren. Um ihre Würde zu respektieren, mietete er eine große Halle und legte die Kleidungsstücke auf langen Tischen aus. Dann veröffentlichte er einen Aufruf, dass die Leute kommen und auswählen sollten, was sie wollten, „um notleidenden Bekannten helfen zu können". Auf diese Art konnte er die Leute dazu bewegen, zu kommen und die Kleider auszuwählen, die sie brauchten, ohne dass sie sich öffentlich gedemütigt fühlen mussten.

Und so ging es dann weiter – eine LKW-Ladung nach der anderen, angefüllt mit einer noch immer wachsenden Flut von Gaben aus Schottland. Julie hatte zu meiner großen Freude beschlossen, mir tatsächlich auch weiterhin zu helfen. Sie war jetzt auf den meisten Fahrten meine Beifahrerin. Als der Umfang an Hilfsgütern weiter anstieg, wurde uns klar, dass der Einsatz eines kleinen Lastwagens für den Transport großer Mengen an Waren über lange Strecken nicht die kostengünstigste Lösung war. Wir brauchten etwas Größeres. Um richtig große LKWs zu fahren, mussten wir den Führerschein für Schwerlastwagen machen, weshalb wir im November 1993 bei Julies Familie in Inverness unterkamen (die schon bevor ich Julie kennengelernt hatte zu den engagiertesten Unterstützern unserer Arbeit gehört hatten) und anfingen, den nötigen Fahrunterricht zu nehmen.

Es machte mir schwer zu schaffen, dass sich nach einigen gemeinsamen Fahrstunden ziemlich deutlich abzeichnete, dass Julie sehr viel besser im Umgang mit Sattelschleppern war als ich. Schon nach der ersten „Lektion" mit Julie am Steuer hatte der Fahrlehrer sie in ungläubigem Ton gefragt: „Sie nehmen mich doch auf den Arm, oder? Sie sind doch keine Anfängerin, Sie haben früher schon solche Dinger gefahren, stimmt's?" Mir versetzte das einen ziemlichen Stich, und ich kletterte auf den Fahrersitz, denn jetzt war ich dran.

„Sie werden wohl etwas mehr Training brauchen", bemerkte unser Lehrer am Ende meiner Fahrt taktvoll, „vor allem im Kreisverkehr."

Das war sehr nett von ihm, vor allem im Hinblick auf die drastischen Maßnahmen, die mindestens ein Autofahrer ergreifen musste, um von meinem Anhänger nicht plattgemacht zu werden. Davor war mir nicht bewusst gewesen, woran man alles denken muss, wenn man ein 16 Meter langes Fahrzeug steuert, das sich krümmt, wenn man eine Kurve fährt. Bei dem freundlichen Kommentar des Fahrlehrers bildete sich in meinem Magen ein kleiner Knoten, der sich in den nächsten Wochen zunehmend in Richtung Panik entwickelte. Meine Angst rührte gar nicht einmal so sehr daher, dass ich mir vorstellte, wie ich einen Kreisverkehrs-Mitbenutzer zermalmte oder eine Tankstelle mit einem ungeschickten Ausscheren meines enormen Hinterteils demolierte. Es war eher die Perspektive, meinen Freunden in Dalmally berichten zu müssen, dass Julie die Prüfung bestanden hatte und ich nicht. Das würde sie auf Jahre hinaus mit Material für Witze auf meine Kosten versorgen.

Und so kam es dann auch: Julie bestand die Prüfung mit Glanz und Gloria, und ich fiel durch (mein Anhänger hatte sich leider während der Bewältigung eines Kreisverkehrs in eine andere Straße verirrt). Meine Rechtfertigung, dass ich mit den denkbar schlechtesten Voraussetzungen angefangen hatte – meine Führerscheinprüfung hatte ich damals auf einem alten Landrover in dem kleinen Dorf Inverary gemacht, einem Ort bar jeglichen Kreisverkehrs –, zog natürlich bei keinem in meinem Freundes- und Bekanntenkreis. Ich war unendlich erleichtert, als ich beim zweiten Anlauf die Prüfung bestand, und kurz danach erstanden wir einen riesigen, 44 Tonnen schweren Sattelschlepper. Julie hatte die Gewohnheit, all unseren Trucks Namen zu geben, und aus irgendeinem Grund, der sich mir nie erschlossen hat, nannte sie das Teil „Mary" – so ziemlich der letzte Name, der mir für dieses gigantische Ungetüm eingefallen wäre. Es war grandios zu sehen, wie viel wir in diesem Truck unterbringen konnten, vor allem, weil wir plötzlich von einer größeren Spendenwelle überrollt wurden als je zuvor.

Mehrere Monate lang hatten wir die verstörenden Ereignisse in Srebrenica genau verfolgt. Srebrenica, eine muslimische Stadt in einer von Serben kontrollierten Region Bosnien-Herzegowinas, war mittlerweile von feindlichen Streitkräften umzingelt und völlig überbevölkert. Wie andere Städte in ähnlicher Lage war es von der UNO zu einem „sicheren Hafen" erklärt worden: Die Organisation versprach, für die Sicherheit aller zu sorgen, die hier Zuflucht suchten. Im Juli 1995 drängten sich an diesem Ort, der zuvor lediglich eine kleine, in einem Tal gelegene Stadt gewesen war, 30.000 Muslime. Jedes Gebäude war überfüllt, und Tausende mussten im Freien schlafen. Monate vergingen, viele verhungerten; aber noch mehr Menschen wurden von Granaten aus den die Stadt umgebenden Bergen getötet.

Und während die Welt ungläubig und entsetzt zuschaute, drangen schließlich die serbischen Soldaten in die Stadt ein. Die vierhundert niederländischen UNO-Soldaten ergaben sich, ohne auch nur einen einzigen Schuss abgegeben zu haben. Die Serben selektierten sämtliche muslimische Männer in kampffähigem Alter, führten sie in eine leerstehende Fabrik und ermordeten innerhalb von zwei Tagen 8000 von ihnen. Die meisten Frauen (viele, nachdem sie vergewaltigt worden waren) und Kinder wurden laufen gelassen und flohen in die Wälder. Die Mehrheit schlug sich nach Tuzla durch, die nächste größere Stadt, wo auf einem alten Flugplatz mit Zelten ein behelfsmäßiges Auffanglager aufgebaut wurde. All das geschah vor den Augen der ganzen Welt. Wir wurden durch regelmäßige Berichte auf dem Laufenden gehalten.

Außer meiner Wut auf die Serben spürte ich jetzt einen brennenden Zorn auf die UNO und unsere Regierung, die es zugelassen hatten, dass sich diese kalt geplanten Abscheulichkeiten an einem Ort ereigneten, den sie die Stirn hatten, einen „sicheren Hafen" zu nennen. Ich empfand tiefe Scham.

Unmittelbar nach diesen Ereignissen flossen die Spendengaben reichlicher als je zuvor, sowohl von einer empörten Öffentlichkeit als auch von Lebensmittelfirmen, die uns palettenweise Mehl, Zucker, Konserven und vieles mehr anboten. Wir machten uns also in unserem neuen LKW mit riesiger kostbarer Fracht auf den Weg nach Tuzla, um all das den Frauen und Kindern zu bringen, die dort kürzlich eingetroffen waren – keine einfache Aufgabe, denn der einzige Weg in diese Stadt führte mitten durch Bosnien-Herzegowina, wo immer noch der Krieg tobte. Wir wussten, dass wir mit unserem Truck auf den Bergstraßen, über die wir fahren mussten, nicht weiterkommen würden, daher ließen wir uns darauf ein, mit einer anderen Wohltätigkeitsorganisation aus England zusammenzuarbeiten, die kleinere Lastwagen einsetzte, um Hilfsgüter nach Bosnien-Herzegowina zu bringen.

In der kroatischen Stadt Split trafen wir mit ihnen zusammen, und in einer größeren Industrieanlage verluden wir bei sengender Hitze unsere Sachen in ihre fünf Lastwagen. Nach einem höchst willkommenen kurzen Bad in der Adria machten wir uns in Richtung Norden auf den Weg, Julie und ich jetzt jeweils als Beifahrer in den kleineren LKWs unserer neuen Kollegen. Am zweiten Tag der Tour ließen wir die Asphaltstraße hinter uns und fuhren auf sichereren Wegen in den Wald. Für mich fühlte sich das vertraut an – so ähnlich wie die Straßen in Schottland, auf denen ich als Teenager fahren gelernt hatte. Und auch die Landschaft um uns herum wirkte vertraut, obwohl die Berge etwas höher und zerklüfteter waren als die in Argyll. Bald aber musste ich feststellen, dass diese Lastwagen im Unterschied zu den Landrovern und Pickups, an die ich gewöhnt war, keinen Vierradantrieb hatten und für dieses Terrain denkbar ungeeignet waren. Die Straßen wurden holpriger und steiler. Die Räder drehten durch, und allmählich fing ich an, mir Sorgen zu machen.

Meine Sorgen hingen nicht nur mit den ungeeigneten Fahrzeugen zusammen, sondern damit, dass in dem neuen Team, zu dem wir jetzt gehörten, einige offenbar mehr am Nervenkitzel als an der sicheren Auslieferung der Hilfsgüter interessiert waren. Nördlich der Stadt Mostar hatten wir in der Ferne Granatendetonationen gehört. Ich war entsetzt, als ich hörte, dass einer unserer Mitfahrer vorschlug, eine Strecke zu nehmen, die näher an der Stelle vorbeiführte, wo noch Rauch aufstieg, damit wir „sehen können, was da passiert". Offenbar waren einige ganz wild darauf, Soldat zu spielen. Wenn wir an UNO-Stützpunkten Halt machten, um uns über sichere Routen zu informieren, überredeten einige unserer Mitfahrer die Soldaten, ihnen ihre Maschinengewehre zu leihen, mit denen sie sich dann fotografieren ließen. Zum ersten Mal verstand ich, warum größere Hilfsorganisationen die Anstrengungen kleinerer Einrichtungen häufig als dilettantisch und gefährlich einstufen.

Als wir uns neben der Reihe unserer geparkten Trucks zum Schlafen einrichteten, besprachen Julie und ich leise unsere Sorgen bezüglich der Zusammenarbeit mit diesen Leuten, aber uns war völlig klar, dass wir jetzt, wo wir in einem Teil von Zentral-Bosnien-Herzegowina angekommen waren, den wir beide nicht kannten, keine andere Wahl hatten, als mit ihnen bis Tuzla weiterzufahren. Außerdem mussten wir ja all den Spendern zu Hause sagen können, dass ihre Gaben sicher angekommen waren.

Als ich in meinen Schlafsack schlüpfte, hatte ich schlechte Laune. Unsere Kollegen hatten nicht einmal etwas Anständiges für uns zum Essen mitgenommen, und hungrig schlafen gehen zu müssen hatte bei mir unweigerlich zur Folge, dass ich mir fürchterlich leidtat. Mitten in der Nacht wachten wir auf, weil ein Rudel wilder Hunde über uns hinwegjagte. Es war ein total merkwürdiges Gefühl. Sie flitzten – offenbar ohne jegliches Interesse an uns – über unsere Schlafsäcke hinweg und verschwanden in der pechschwarzen Nacht. Ich fragte mich, was wohl ihren Besitzern zugestoßen war und wovor sie davonliefen oder wohin sie rannten.

Am nächsten Tag verschlechterte sich der Straßenzustand noch weiter. Die stärkeren Fahrzeuge zogen jetzt andere die steilsten Abhänge hinauf, und wir kamen nur noch quälend langsam voran. Zu unserer Sicherheit mussten wir unbedingt vor Einbruch der Nacht in Tuzla ankommen, doch das wurde immer unwahrscheinlicher. Der Nachmittag rückte vor, immer öfter mussten wir anhalten, um Reifenpannen zu beheben, und so langsam befürchtete ich, dass einige der Fahrzeuge bald gar nicht mehr reparierbar sein würden. Und als es allmählich Abend wurde, begann der dichte Wald, der sich zu beiden Seiten der Straße erstreckte, einen entschieden unheimlichen Eindruck zu machen.

Als die Situation richtig trostlos aussah, kam ein Konvoi norwegischer Gelände-Trucks angefahren. Die freundlichen Fahrer – Zivilisten, die mit Leuten von der UNO zusammenarbeiteten – sahen, dass wir in einer ganz misslichen Lage waren, sie hielten an und fragten, ob sie helfen könnten. Sie waren so freundlich, nicht über uns zu lachen, und sagten, sie würden bis zu ihrem Stützpunkt in Tuzla bei uns bleiben und uns abschleppen, wann immer wir ihre Hilfe brauchten. Mit unseren unerwarteten „Schutzengeln", die uns hinter sich herzogen, kamen wir jetzt stetig voran. Und als wir schließlich um drei Uhr morgens den UNO-Stützpunkt erreichten, fielen wir praktisch sofort in einen erschöpften Schlaf – allerdings hatte Julie vorher noch die Gelegenheit, mir aufgekratzt mitzuteilen, dass sie auf dem letzten Abschnitt unserer Reise durch die Nacht einen der riesigen Gelände-Trucks gefahren habe. Sie erzählte davon in einem Ton, als sei gerade ihr größter Lebenstraum in Erfüllung gegangen. In mir stieg der Verdacht auf, dass sie womöglich ein bisschen verrückt ist.

Am nächsten Morgen wurden wir nach Tuzla in die Stadt gefahren und von einem dankbaren, aber erschöpft wirkenden Bürgermeister empfangen. Wir waren froh, unsere kostbare Fracht – Tausende Schachteln mit Trockennahrung, Seife und Windeln – in eine kleine behelfsmäßige Lagerhalle ausladen zu können, von wo sie in überschaubaren Mengen zu den Flüchtlingen auf dem Flugfeld in der Nähe gebracht werden konnte.

Später suchten wir selbst das riesige Lager auf, in dem jetzt 30.000 Menschen lebten. Wir gingen einen Fußweg zwischen den Zelten entlang. Ein Mädchen versuchte, sich die Haare in einem Eimer zu waschen, und in der Nähe saß eine ältere Dame mit Kopftuch, die sich bemühte, mit einem kleinen Stapel Pappkarton ein Feuer zu machen. In einem Zelt wurden furchtbar unterernährte Kinder mit ausgemergelten, ausdruckslosen Gesichtern von einigen Ärzten untersucht. Ich machte mir klar, dass seit dem Fall von Srebrenica erst zehn Tage vergangen waren: zehn Tage, seit diese Frauen und Kinder, die hier abgemagert und von der Sonne verbrannt vor ihren Zelten saßen, mit ansehen mussten, wie ihre Ehemänner, Söhne und Väter kaltblütig ermordet wurden – und noch viele andere Gräueltaten mehr. Zehn Tage, in denen sie in Todesangst durch die Wälder gelaufen waren. Auf dem Weg hatte sich mindestens eine von ihnen, die einundzwanzigjährige Ferida Osmanovic, an einem Baum mit ihrem Schal erhängt. Und während sie das alles durchmachten, hatte ich herumgejammert, weil ich nicht genug Schlaf und Essen bekam.

Unsere Begleiter auf der Hinreise fuhren über dieselben Straßen zurück, auf denen wir gekommen waren. Julie und ich beschlossen, uns auf das Wagnis eines Flugs mit einem Militärhubschrauber einzulassen – eine Möglichkeit, von der uns die Norweger erzählt hatten. Man riet uns, zu einer nahe gelegenen Landestelle zu fahren und dort auf den Hubschrauber zu warten. Am ersten Tag kam er nicht. Die Soldaten, die mit uns warteten, klärten uns auf, das läge daran, dass keine nüchternen Piloten aufzutreiben waren. Ich hatte natürlich gedacht, dass sie Witze machten, doch als der riesige Hubschrauber am nächsten Tag dann endlich landete, war die ukrainische Belegschaft, die ausstieg, um die Fracht abzuladen, tatsächlich eindeutig sehr betrunken.

Unsere norwegischen Freunde hatten uns informiert, dass keiner ohne schusssichere Weste mitfliegen dürfe. Wir hatten aber nichts dergleichen. Einem freundlichen UNO-Beobachter, der ebenfalls auf eine Mitfluggelegenheit zurück nach Split wartete, erklärten wir das Problem, und er überließ uns freundlicherweise ein paar blaue Postsäcke: Er meinte, sie sähen von Form und Farbe her genauso aus wie die üblichen kugelsicheren

Westen. „Nehmt sie einfach in die Hand, wenn ihr einsteigt, die Crew wird nichts merken", riet er uns.

Er hatte recht. Als wir in den riesigen, höhlenartigen Frachtraum des Hubschraubers einstiegen, glotzten uns die Männer von der Besatzung mit leerem, betrunkenem Grinsen und wässrigen Augen an, und mir wurde klar, dass wir wahrscheinlich irgendetwas in der Hand hätten halten können oder auch gar nichts – aufgefallen wäre es ihnen nicht. Das Monster verschluckte uns wie damals der Wal den Propheten Jona, und dann hob es ab. Wir wurden in dem riesigen Metallfass hin und her geschleudert, denn die Piloten flogen „taktisch" – also grässlich tief –, sie blieben nah an den Bergflanken oder schwenkten im Zickzackkurs von einer Seite des Tals zur anderen. Wahrscheinlich war das nötig, um das Risiko zu verringern, abgeschossen zu werden, aber ich fragte mich schon auch, wie viel einfach nur auf Trunkenheit am Steuerknüppel zurückzuführen war. Jedenfalls wünschte ich insgeheim, wir hätten beschlossen, ebenfalls über die Waldstraßen zurückzufahren. Aber irgendwann landeten wir dann doch sicher in Split und fanden Mary, unseren riesigen Truck, die treu und brav darauf wartete, uns heimbringen zu dürfen. Wir hätten sie umarmt, wenn unsere Arme lang genug gewesen wären.

II.

Eine Frau, bekleidet mit der Sonne

Es ist unehrlich, an etwas zu glauben
und nicht entsprechend zu leben.
(Mahatma Gandhi)

Unsere ganze Kindheit über und auch noch später war der Fluss Orchy eigentlich immer unser Freund, vor allem an Tagen wie diesen, wenn er aufgrund unaufhörlicher Regenfälle und Hochwasser führender Zuflüsse so anstieg, dass er die einzige Zufahrtsstraße zu unserem Anwesen überflutete. Es war für uns immer richtig aufregend, wenn der Fluss drohte, über seine Ufer zu treten und uns vom Rest von Dalmally abzuschneiden. Vor allem dann, wenn das bedeutete, dass wir einen Tag lang nicht in die Schule mussten. Wir nutzten den Fluss in unserer Kindheit zu jeder Jahreszeit als Wasserspielplatz. An warmen Sommertagen trugen wir unser Schlauchboot nach Corryghoil hinauf, einer ruhigeren Wasserstelle mit Sandstrand, wo wir im kühlen tiefen Wasser schwammen. Manchmal lud Dad das kleine Boot auch auf den Anhänger seines Geländewagens und brachte es ein Stück weiter das Tal hinauf, dann ließen wir uns über Wasserfälle und unter überhängenden Ästen hindurch den ganzen Weg bis zur alten Steinbrücke treiben. Manchmal war der Fluss im Winter dick zugefroren, und wir konnten uns mit unseren Freunden, die auf der anderen Seite lebten, auf dem Eis treffen, in unseren Turnschuhen „eislaufen" oder mit unseren Shinty-Stöcken und einem Stein als Puck „Eishockey" spielen. Im Herbst verbrachten wir viele Stunden damit, Lachse zu fangen, die sich zu ihrem Laichplatz den Strom hinaufarbeiteten. Auch wenn es lang dauerte, bis man einen fing, so lohnte es sich doch zu warten – wir kamen dann strahlend mit einem köstlichen silbernen Fisch nach Hause und konnten aufregende Geschichten darüber erzählen, wie wir ihn gefangen hatten.

Doch an jenem Spätherbsttag im Jahr 1983 machten wir uns ernsthaft Sorgen, als wir beobachteten, wie das Wasser auf den Feldern unterhalb unseres Hauses immer höher stieg, und wir bemerkten, dass unsere Nachbarn Alasdair und Donald ihre Schafe höher hinauf trieben, denn am nächsten Morgen sollten wir unseren sehnlichst erwarteten Flug nach Jugoslawien erreichen. Schon lang bevor wir zu unserer Nachtfahrt zum Heathrow Airport aufbrechen mussten, war der Fluss über die Ufer getreten und die Straße unter einem unpassierbaren reißenden Sturzbach verschwunden. Aber da eröffnete uns Dad, dass er vorgesorgt hatte: Er hatte unser Auto schon früher jenseits der Stelle geparkt, die jetzt überflutet war, und war dann zu Fuß zurückgekommen. Er drückte uns Taschenlampen in die Hand und wies uns an, den matschigen Pfad am Hang oberhalb der überfluteten Straße entlangzugehen. Das Abenteuer, das unser Leben verändern sollte, begann also mit einem Gang durch Dunkelheit und strömenden Regen, knöcheltief im Schlamm, mit unserem Gepäck auf dem Rücken, und wir mussten darüber lachen, dass unser Dad immer einen Schritt vorausdachte.

Alles hatte wenige Wochen zuvor begonnen. Wir saßen nach dem Frühstück um den Küchentisch. Ruth, meine Schwester, die gerade ihre Universitätsferien zu Hause verbrachte, schaute von ihrer Zeitung hoch und sagte: „Schaut euch das an! Hier heißt es, es gäbe Berichte, dass die Jungfrau Maria ein paar Teenagern in einem Ort namens Medjugorje in Jugoslawien erschienen ist!" Eine aufgeregte Diskussion folgte. Wir waren eine fromme katholische Familie und kannten berühmte Orte wie Lourdes, wo die Gottesmutter vor langer Zeit erschienen war. Im Jahr zuvor hatten wir sogar an einer Familienwallfahrt zum Marienheiligtum im portugiesischen Fatima teilgenommen. Aber dass die Muttergottes heute, in unserer Zeit, erscheinen sollte, war etwas, das wir uns überhaupt nicht vorstellen konnten.

„Mum, wenn es auch nur die geringste Wahrscheinlichkeit gibt, dass das stimmt, dann müssen wir hin!", bettelten wir. Unsere Eltern erklärten uns, sie könnten zu den bevorstehenden Weihnachtsfeiertagen nicht weg, weil in unserem Gästehaus viel zu tun war (unser Haus war eine traditionelle Unterkunft für Jäger und Fischer). Wir hörten nicht auf zu betteln, und zu unserem Entzücken schlugen sie schließlich vor, dass wir doch allein fahren sollten. Ruth und ihr Freund Ken waren schon neunzehn, mein Bruder Fergus und ich waren sechzehn beziehungsweise fünfzehn. Zwischen diesem Gespräch beim Frühstück und dem Tag der Flut fanden wir heraus, dass das Dorf Medjugorje in der Nähe der Stadt Mostar lag, aber wo genau, das konnten wir auf der Karte nicht sehen. Wir hatten auch keine Ahnung, wie wir vom Flughafen Dubrovnik dorthin kommen sollten oder wo wir während unseres Aufenthaltes wohnen würden. „Das gehört zu einem Abenteuer dazu", dachten wir – und einige unserer Cousins und Cousinen sowie einige befreundete Studienkollegen von Ruth und Ken, die gefragt hatten, ob sie sich uns anschließen könnten, waren derselben Meinung.

So kam es dann schließlich, dass wir als Gruppe von zehn Leuten – einige von der Hüfte abwärts reichlich verdreckt – in das Flugzeug von Heathrow nach Dubrovnik stiegen.

In der umwerfend schönen Stadt Dubrovnik mit ihrer alten Stadtmauer, direkt an der glitzernd blauen Adria gelegen, gelang es uns, eine Unterkunft bei einem Mann zu finden, der lediglich einen einzigen englischen Satz beherrschte – wahrscheinlich hatte er ihn beim Anschauen amerikanischer Filme gelernt. „Take it easy, sonofabitch!", rief er mit einem breiten Lächeln als Antwort auf jede Frage, die wir ihm stellten. Wir nahmen an, dass seine Pension illegal war, ein kleines privates Unternehmen, das es in diesem kommunistischen Land eigentlich gar nicht geben durfte.

Am nächsten Morgen stellten wir fest, dass über die Feiertage keine öffentlichen Verkehrsmittel fuhren. Es blieb uns also nichts anderes übrig, als einige Autos zu mieteten, um unseren Zielort zu erreichen. Bald kurvten wir die wunderschöne Küste entlang und dann durch eine steile Berglandschaft in Richtung Mostar, und immer noch mussten wir über den „Sonofabitch"-Mann lachen, bei dem wir übernachtet hatten. Man hatte uns einige Male gewarnt, dass die Polizei und die kommunistischen Behörden von den Erscheinungen, die in Medjugorje stattfanden, ganz und gar nicht begeistert waren und es auch nicht gerne sahen, dass Ausländer dorthin reisten. Kurz vor unserer Abreise aus Schottland hatten unsere Eltern sogar Anrufe von der jugoslawischen Botschaft bekommen: Man gab ihnen zu verstehen, es sei unverantwortlich von ihnen, uns die Reise zu erlauben. Wir waren daher auch nicht allzu erstaunt, als wir ein paar Kilometer vor Medjugorje von Polizisten angehalten wurden, die uns über die Gründe unseres Aufenthalts ausfragten. Nach wenigen Minuten ließen sie uns weiterfahren. Sie sahen aber wenig begeistert aus, als Ken die Kühnheit besaß, sie nach dem Weg zum Dorf zu fragen.

Dann endlich kamen wir in der kleinen Streusiedlung aus Steinhäusern inmitten von Weinbergen und Tabakfeldern an und parkten vor einer weißen Kirche mit zwei Türmen, die für das winzige Dorf viel zu groß wirkte. Was uns außerdem sofort ins Auge fiel, war ein riesiges Kreuz auf der Spitze des Bergs, an dessen Fuß das Dorf lag. An jenem Werktagsabend betraten wir dann die Kirche. Sie war zu unserer Überraschung voll besetzt bis auf den letzten Platz. Die Leute beteten den Rosenkranz, und wir sahen, dass wohl gleich die Messe beginnen würde. Wir hatten den Eindruck, dass alle Kirchenbesucher außer uns aus dem Dorf stammten. Große, wettergegerbte Männer mit riesigen Bauernhänden, alte Frauen in Schwarz und Familien mit Kindern sangen und beteten aus ganzem Herzen. Es war eine Messe, wie wir sie so noch nie erlebt hatten, und wir waren sehr bewegt von diesem erstaunlichen Glaubenszeugnis. Nach der Messe kam der Priester auf uns zu, stellte sich uns als Pater Slavko vor und fragte uns, woher wir kämen. Er war überrascht, als er erfuhr, dass wir von Schottland hierher gekommen waren, und fragte uns, wo wir vorhatten zu übernachten. Wir sagten ihm, wir wüssten es noch nicht, und er erklärte uns, dass es im Dorf keine Hotels oder Pensionen gäbe. Er stellte uns seiner Schwester und deren Familie vor, und sie sagte sofort, dass wir mit ihr kommen und bei ihr wohnen sollten. In der Familie gab es drei Söhne, die ungefähr so alt waren wie wir. Ihre Cousine Gordana war für die Weihnachtsferien aus Australien gekommen. Sie dolmetschte für uns mit Engelsgeduld und hörte in den nächsten paar Tagen auch nicht damit auf. Wir sprachen über italienischen Fußball – eine Leidenschaft, die wir mit den Söhnen der Familie teilten – und über die außerordentlichen Ereignisse, die sich in diesem Dorf zugetragen hatten.

Sie erklärten uns, dass am 24. Juni 1981 zwei Teenager aus dem Dorf, die am Abend auf der Straße unterwegs waren, eine Dame am Berghang stehen sahen, die sie als die „Gospa" (das kroatische Wort für Gottesmutter) erkannten. An den folgenden Tagen wurden sie von vier weiteren Kindern begleitet, die die Gottesmutter ebenfalls sahen und hörten, wie sie zu ihnen sprach. Sie sagte ihnen, sie sei die Jungfrau Maria, die Königin des Friedens. Gleich zu Beginn teilte sie ihnen mit: „Ich bin gekommen, um der Welt zu sagen, dass Gott existiert. Er ist die Fülle des Lebens, und um dieser Fülle teilhaftig zu werden und Frieden zu erlangen, müsst ihr zu Gott umkehren." Von da an sahen diese sechs Kinder die Gottesmutter täglich und sprachen mit ihr, und innerhalb weniger Tage versammelten sich Tausende von Menschen aus der Region am Berg, um bei den Kindern zu sein, wenn sie auf die Knie fielen und mit jemandem sprachen, den alle anderen Anwesenden nicht sehen konnten. Als sich diese Nachricht allerdings ausbreitete und auch Menschen von weiter her eintrafen, fühlten sich die kommunistischen Behörden von diesen öffentlichen Bekundungen religiösen Eifers provoziert und griffen rigoros durch. Die Jugendlichen wurden in eine psychiatrische Klinik eingewiesen, wo sie verhört und mit Haftstrafen bedroht wurden, doch alle blieben bei ihren Aussagen – sogar der Jüngste, der erst neunjährige Jakov Colo. Die Versammlungen am Berg wurden verboten, woraufhin die Massen begannen, stattdessen allabendlich in die Kirche zu strömen. Nun hatten die Kinder dort ihre Erscheinungen. Inzwischen war der Gemeindepriester, Pater Jozo

Zovko, der anfänglich bezüglich der Behauptungen der Kinder skeptisch gewesen war, ihnen aber mittlerweile glaubte, für drei Jahre inhaftiert worden, weil er sich für sie eingesetzt hatte.

Unsere Gastgeber erklärten uns – immer gedolmetscht von der endlos geduldigen Gordana –, wie diese unglaubliche Kette von Ereignissen in ihrem Dorf abgelaufen war, und sie erzählten uns auch von den vielen außerordentlichen Wundern, deren Zeugen sie zusammen mit vielen anderen Einheimischen geworden waren. So hatten sie beispielsweise häufig gesehen, wie sich die Sonne am Himmel drehte (was an das berühmte Wunder erinnerte, das Zehntausende in Fatima fast siebzig Jahre zuvor erlebt hatten). Außerdem waren viele Menschen von allen möglichen Leiden geheilt worden.

Wir waren völlig fasziniert von diesen Berichten, die uns in einer ganz sachlichen Art geschildert wurden, von einer offensichtlich vernünftigen, ausgeglichenen Familie. Sie sagten, es gäbe noch viele weitere Wundergeschichten und auch einige wilde Gerüchte, aber sie würden uns nur Dinge erzählen, von denen sie wüssten, dass sie stimmten. Wir waren von der Freundlichkeit dieser Familie völlig überwältigt. Erst nach der ersten Nacht bemerkten wir zu unserer größten Verlegenheit, dass sie uns ihre eigenen Betten zum Schlafen überlassen und selbst auf dem Boden übernachtet hatten. In den nächsten Nächten unseres kurzen Aufenthalts gelang es uns nicht, sie dazu zu überreden, uns auf dem Boden schlafen zu lassen, so sehr wir uns auch bemühten.

Die Familie kannte die Seher gut. Marko, einer der Brüder, erklärte uns, dass Mirjana, die Älteste der sechs, sogar seine feste Freundin war. Sie bestanden darauf, es für uns zu organisieren, dass wir in den kleinen Seitenraum der Kirche kommen könnten, wenn die Seher die Erscheinung hätten. Und tatsächlich waren wir dann an den nächsten beiden Abenden in einem kleinen, dicht besetzten Raum direkt neben dem Altar. Gemeinsam mit der größeren Menschenmenge im Kirchenschiff beteten wir zusammen mit den jungen Sehern, die ungefähr in unserem Alter waren, den Rosenkranz. Dann plötzlich hörten die Seher auf zu beten und schauten gleichzeitig zur Wand hoch. Schweigen breitete sich aus. Wir sahen, wie sie glücklich lächelten und sprachen, konnten aber ihre Worte nicht hören. Sie waren offenbar in einem tiefen Gespräch mit jemandem, den wir nicht sehen konnten. Ich saß so nah bei ihnen, dass ich Marija hätte berühren können, während sie für jemanden lautlos Worte mit den Lippen formte und offenbar ganz und gar ergriffen und beseligt war. Das dauerte einige wenige Minuten, dann hörten die Jugendlichen auf, nach oben zu schauen, und nahmen wieder die Menschen um sich herum wahr. Zusammen setzten wir den Rosenkranz fort.

Während dieser wenigen Tage in Medjugorje empfand ich eine tiefe Freude, wie ich sie noch nie zuvor verspürt hatte. Ich fühlte mich wie berauscht. Die Gottesmutter war gekommen, um uns mitzuteilen, dass Gott existiert. Ich glaubte ihr mit jeder Faser meines Wesens. Ich beschloss, auf die Einladung der Muttergottes so gut ich konnte mit meinem Leben zu antworten.

Die anderen in unserer kleinen Gruppe machten offenbar ganz ähnliche Erfahrungen. Wir lachten viel in dieser Woche, und wir weinten auch. Es fühlte sich an, als würden wir herausfinden, wer wir wirklich waren.

Im weiteren Verlauf der Woche sahen wir selbst, wie sich die Sonne drehte und kräftige Farben von ihr ausgingen und sich über den ganzen Himmel verbreiteten. Das war ein unglaublicher Anblick, aber bei all dem, was sich in unseren Herzen ereignete, war es mit Sicherheit nicht die faszinierendste Erfahrung dieser Woche.

Als wir nach Schottland zurückkehrten, waren wir sehr müde und sehr glücklich. Mum und Dad und unsere Großeltern, die bei uns lebten, sowie zwei mit uns befreundete Priester erwarteten uns – bewaffnet mit einem Tonbandgerät und vielen bohrenden Fragen. Sie bestanden darauf, dass wir sie beantworteten, bevor wir ins Bett gingen. Sie wollten absolut sichergehen, dass wir nicht Opfer irgendwelcher böser Streiche oder noch schlimmerer Dinge geworden waren, und sie wollten unsere Eindrücke sorgfältig mit den Lehren der Kirche abgleichen. Mum und Dad waren allerdings überhaupt nicht skeptisch. Tatsächlich glaube ich im Nachhinein, dass wir wahrscheinlich alle von dem Augenblick an, als Ruth damals beim Frühstück den kleinen Artikel vorgelesen hatte, tief in unserem Herzen wussten, dass es alles stimmte. Ich kann mir nicht vorstellen, wie Mum und Dad uns sonst hätten ermutigen können, hinzufahren und selbst nachzuschauen. Aber jetzt wollten sie einfach selber sicher sein, und sie wollten gut auf die Fragen anderer vorbereitet sein, die bestimmt auf uns zukommen würden.

Sie waren beeindruckt von den Informationen und Antworten, die sie von uns erhielten, aber noch mehr von den Veränderungen, die mit uns passiert waren, wie sie in den Tagen darauf ganz deutlich sehen konnten. Ihre Teenager-Sprösslinge waren jetzt diejenigen, die sie dazu aufforderten, gemeinsam zu beten – davor war es immer umgekehrt gewesen. Sie sahen ganz deutlich, dass wir tiefe Erfahrungen gemacht hatten.

Ruth hatte mittlerweile einen Artikel über unsere Reise geschrieben, der im *Catholic Herald* publiziert wurde. Am Ende des

Artikels gab die Redaktion unsere Adresse an, und wir bekamen viele Briefe, in denen wir um weitere Informationen gebeten wurden. Über tausend Briefe trudelten in den nächsten Wochen bei uns ein, und während wir zurück an die Universität und zur Schule gingen, verfassten Mum und Dad auf jeden Brief handschriftlich eine Antwort. Ein Brief kam von einer Frau namens Gay Russell in Malawi. Sie schrieb, sie sei eine Pilotin, die mit einem kleinen Flugzeug in Südafrika unterwegs sei, und bat um weitere Informationen. Mum schrieb ihr einen Brief. Von all den Briefen war das derjenige, an den wir uns am deutlichsten erinnerten, obwohl wir dann nicht wieder von ihr hörten. Das Bild von einer Frau, die kreuz und quer durch Südafrika fliegt und jedem von Medjugorje erzählt, wurde zu einem Familienwitz. Wir konnten damals nicht wissen, dass wir zwanzig Jahre später unter ganz anderen Umständen Gay tatsächlich in ihrer afrikanischen Heimat treffen würden, und dass sich aufgrund dieses Treffens etwas ganz Außerordentliches ereignen sollte.

Zwei Monate später, nachdem alle Antworten geschrieben waren, besuchten auch Mum und Dad Medjugorje. Sie machten dort ähnliche Erfahrungen wie wir. Als sie zurückkehrten, waren sie ebenfalls davon überzeugt, dass Maria, die Mutter Jesu, tatsächlich in unserer Gegenwart auf der Erde erschien, mit einer Botschaft für die Menschen. Sie spürten, dass Gott sie bat, unser Haus und das Gästehaus in ein „Gebetshaus" umzuwandeln, einen Ort, wohin Menschen sich zurückziehen und Zeit mit Gott verbringen konnten. Sie fingen an, gewisse Zeiten für normale zahlende Gäste zu blockieren (die meisten waren bisher gekommen, um zu fischen und zu jagen) und Einkehrtage zu organisieren. Unser größter Raum wurde bald zur Kapelle, der Billardtisch wurde durch einen Altar ersetzt und wenige

Monate später war aus dem Gästehaus Craig Lodge das Familien-Gebetshaus Craig Lodge geworden. Viele Besucher kamen für einen oder zwei Tage, andere blieben länger. Bald war eine kleine Gemeinschaft entstanden, die Krizevac-Gemeinschaft, benannt nach dem Kreuzberg in Medjugorje. Sie bestand aus jungen Leuten, die kamen, um mit uns zu leben, die eine gewisse Zeit dafür verwenden wollten, um ihr geistiges Leben zu vertiefen und herauszufinden, wozu sie berufen waren, oder die vielleicht auch einfach nur einen Zufluchtsort brauchten, um sich von dem zu erholen, was ihnen das Leben bislang zugemutet hatte.

Nun verwandelte sich also unser idyllisches Landhaus in einen wahren Bienenstock. Seit ich denken kann, habe ich in einem Gästehaus, in einem Hotel gelebt, und ich war daran gewöhnt, dass daheim immer auch fremde Menschen waren. Es war auch nicht das erste Mal, dass Mum und Dad eine Entscheidung fällten, die das Leben der Familie grundlegend veränderte. Zwei Jahre davor hatten wir Mark in die Familie aufgenommen, einen siebenjährigen Jungen mit einer fürchterlichen Hautkrankheit, der in einem Krankenhaus in Glasgow ausgesetzt worden war. Ich war damals zwölf, und es war neu und unangenehm für mich, nicht mehr länger das „Nesthäkchen" zu sein. Plötzlich hatten wir einen kleinen Jungen mit gravierenden Verhaltensproblemen in unserer Mitte, der zu ungeheuerlichen Wutanfällen neigte. Wir lernten von diesem Stadtkind schnell eine ganze Bandbreite von Flüchen und diverse Methoden, Leute zu beleidigen. Aber bald wurde Mark unser heiß geliebter kleiner Bruder, und es dauerte nicht lang, bis wir ihn adoptierten. Er wurde nicht nur zu einem ständigen Mitglied unserer Familie, sondern auch für uns alle zu einem unglaublichen Segen.

Mums und Dads aktuelle Entscheidung, ihre Türen zu öffnen, hatte nun allerdings eine neue Art von Invasion in unseren Familienkreis zur Folge; eine angenehme, freundliche Invasion, die ich trotzdem nicht immer leicht fand. Unaufhörlich strömten Besucher ins Haus, und die Grenzen um den privaten Familienraum herum wurden manchmal ziemlich undeutlich. Mein soziales Leben spielte sich hauptsächlich mit Freunden ab, mit denen ich im Dorf Dalmally aufgewachsen war. Als Teenager verbrachte ich die meiste Zeit außerhalb von Craig Lodge, entweder beim Sport oder im Dorf-Pub. In dieser Gesellschaft sprach ich praktisch nie von meinem Glauben, vom Einkehrhaus oder von meinen Erfahrungen in Medjugorje. Es fühlte sich fast so an, als würde ich beginnen, zwei voneinander getrennte Leben zu führen. Ich verlor nie meinen Glauben und betete immer noch jeden Tag, aber außer meiner Familie gab es niemanden, mit dem ich darüber reden konnte.

Mein engster Gefährte war mein Bruder Fergus. Wir gehörten beide zu einer eng verbundenen Gruppe von Freunden, die zusammen im Dorf aufgewachsen waren. Bereits in frühester Jugend waren wir alle fanatische Shinty-Spieler (Shinty ist ein für die schottischen Highlands typischer Sport, der eigentlich zu Unrecht den Ruf hat, brutal zu sein), und die meisten Samstage waren wir für unser Dorf-Team Glenorchy unterwegs. Shinty ist eng verwandt mit dem irischen Spiel Hurling und wird von denen, die es zum ersten Mal miterleben, gern als Feldhockey ohne Regeln bezeichnet. Aber Shinty war meine absolute Leidenschaft. Ich liebte sowohl das Spiel selbst als auch die Tatsache, dass fast alle meine Mannschaftskameraden Jungen waren, mit denen ich aufgewachsen war. Wir hatten in der Grundschule einmal den Scottish Cup gewonnen und waren seither eine eingeschworene Gemeinschaft. Unser früher Ruhm hatte uns glauben lassen, dass wir eines Tages Landesmeister werden könnten, was unser Dorf bislang noch nie geschafft hatte. Doch als die Jahre vergingen, ließ unser Erfolg nach. Wahrscheinlich lag das vor allem daran, dass wir mehr Zeit im Pub verbrachten als beim Training auf dem Shinty-Feld.

Nach dem Spiel saßen wir die meisten Samstagabende in unserem Dorf-Pub, oder wir fuhren in eine der umliegenden Ortschaften zu einem Ceilidh (einer Veranstaltung, bei der schottische Tänze getanzt werden) oder einer Party. Sonntagmorgens schafften es Fergus und ich häufig nicht, rechtzeitig zum Gottesdienst bei uns im Dorf aufzustehen, sodass wir die Sonntagnachmittage häufig im Auto unterwegs waren, um eine Abendmesse zu finden, da es in unserer Nähe keine gab. Verpasst haben wir den Sonntagsgottesdienst nie, aber meistens nahmen wir mit Kopfweh und trockener Kehle daran teil. Oft redeten wir miteinander über unseren Glauben und beteten zusammen – wir hatten das schon seit meiner frühesten Kindheit getan, als wir noch ein gemeinsames Kinderzimmer hatten –, aber mit unseren anderen Freunden sprachen wir über diesen Teil unseres Lebens nie, obwohl sie uns so nahestanden.

Es wurde immer schwieriger, dieses Doppelleben zu führen, und mich machte das immer unglücklicher. Dabei habe ich meinen Glauben oder meinen tiefen Respekt vor meinen Eltern und ihren Entscheidungen nie verloren. Ich konnte sehen, dass das, was sie taten, etwas sehr Schönes war, etwas, das das Leben vieler Menschen veränderte. Unter weltlichen oder wirtschaftlichen Gesichtspunkten waren ihre Entscheidungen sinnlos; wer zu uns kam, war eingeladen, einen Betrag zur Deckung der Kosten zu spenden, aber nie wurden Menschen weggeschickt, die nichts geben konnten. Um finanziell über die Runden zu kommen, verkauften sie irgendwann die Lachsfischerei, die ihnen am Orchy gehörte, und hießen weiterhin jeden mit einem Lächeln willkommen. Mums hausgemachte Suppe wurde weit und breit berühmt, und noch mehr Dads „Bären-Umarmungen".

Mittlerweile immatrikulierte ich mich an der Stirling University für ein Geschichtsstudium, obwohl ich eigentlich Argyll gar nicht verlassen wollte. Einen Großteil meiner Kindheit und Jugend hatte ich mit Jagen und Arbeiten im Freien verbracht, ich hatte auch nie das Bedürfnis verspürt, in eine Stadt umzuziehen, und genauere Karrierepläne hatte ich sowieso nicht. Außerdem blieben meine besten Freunde alle in Dalmally und fanden dort Jobs. Aber ich hatte einen guten Schulabschluss, und weil man es offenbar von mir erwartete, bewarb ich mich eben an der Universität. Geschichte war mein Lieblingsfach gewesen, also beschloss ich, Geschichte zu studieren.

Aber ich hielt es in Stirling nicht lange aus. Es stellte sich heraus, dass meine Schüchternheit, mit der ich bisher ganz gut hatte leben können, indem ich immer in Gesellschaft meiner engen Freunde blieb, in dieser neuen Umgebung zu einem argen Hindernis wurde. Ich konnte mit den anderen Studenten einfach nicht reden, ganz zu schweigen davon, dass ich mich mit ihnen angefreundet hätte. So trampte ich jedes Wochenende nach Hause, um meine Freunde zu treffen und Shinty zu spielen. Mit meinen geliebten Glenorchy-Streifen und dem Shinty-Stock in den Händen wurde ich für neunzig Minuten wieder glücklich und selbstbewusst. „Klasse gespielt, großer Mann!", riefen die älteren Männer, die von der Seitenlinie aus zuschauten, wenn ich einen Zweikampf gewann oder den Ball über das Feld schlug (glücklicherweise hatten Mannschaftskameraden wie Foxy, Heekor und Pele fantasievollere Spitznamen bekommen). Dann fuhr ich zurück zum Universitätscampus und verkroch mich in meinem Zimmer.

Nach sechs Monaten brach ich meiner Mutter fast das Herz, indem ich aufgab und mich exmatrikulierte. Ich kam nach Argyll zurück, um wieder draußen zu arbeiten. Ich pflanzte Bäume für die Forstverwaltung, stapelte Bretter in einer Sägemühle und wurde dann irgendwann Lachszüchter. Sechs Jahre lang gehörte ich zu einem kleinen Team, das nach den Lachsen schaute, die im Loch Craignish, einem fernab gelegenen tiefen See, vier Meilen von der nächsten Asphaltstraße entfernt, in riesigen, treibenden Netzkäfigen schwammen. Es war ein Ort großen Friedens, und ich genoss die zwar anstrengende, doch stille tägliche Routine. Ein guter Ort zum Nachdenken und zum Beten war es außerdem, und die Jungs, mit denen ich zusammenarbeitete, wurden mir auch gute Freunde. Ich nahm an, dass ich wahrscheinlich den Rest meiner Tage in diesem Teil von Schottland leben und arbeiten würde, und war eigentlich ganz zufrieden mit dieser Perspektive, obwohl die langen, dunklen, kalten Winter häufig eine Sehnsucht nach exotischen, wärmeren Ländern und neuen Erfahrungen aufkommen ließen.

Doch dann, eines regnerischen Abends im November 1992, gingen Fergus und ich in unsere Stammkneipe auf ein Bier. Es war ungewöhnlich still. An diesem Tag hatte es kein Shinty-Match gegeben, weil das Spielfeld vom Regen völlig durchweicht war, und nur wenige von unseren Kumpeln waren aufgetaucht. Wir redeten über das, was wir am frühen Abend im Fernsehen gesehen hatten. Eine Reportage hatte das Leid der Menschen in Bosnien-Herzegowina gezeigt, die vor ethnischen Säuberungsaktionen geflohen waren und jetzt in Flüchtlingslagern lebten. Das Jugoslawien, das wir als Teenager besucht hatten, riss sich selbst in Stücke. Im Jahr 1991 hatten Slowenien und Kroatien ihre Unabhängigkeit erklärt; ein Schritt, der einen Krieg zwischen den Serben, der im jugoslawischen Staat dominierenden Volksgruppe, und denjenigen entfachte, die sich davon lösen wollten. Ein Jahr später brach in Bosnien-Herzegowina, Heimat von Kroaten, Muslimen und Serben, ein Bürgerkrieg aus – vor den Kameras der Welt nahm ein entsetzlicher Konflikt seinen Lauf. In Medjugorje erschien die Gottesmutter, die Königin des Friedens, den sechs jungen Leuten immer noch. Der Titel, mit dem sie sich selbst bezeichnet hatte, gewann nun eine neue Bedeutung. Über die Jahre hinweg handelten ihre Botschaften immer wieder vom Weg zum Frieden, darüber, wie Kriege vermeidbar wären, wenn wir nach der Botschaft des Evangeliums lebten. Auf den Tag genau zehn Jahre, nachdem sie diesen sechs Kindern in Medjugorje erschienen war, fielen die ersten Schüsse dieses Krieges. Während der Horror sich ausbreitete und ein Strom von Reportagen über blutige Massaker, ethnische Säuberungen und Massenvergewaltigungen das moderne Europa schockierte, wurden der Grund für einige Botschaften der Gottesmutter und die Dringlichkeit, mit der sie sie formuliert hatte, sehr viel klarer. Vielleicht hatten einfach zu wenige von uns, die wir das Privileg gehabt hatten, ihre Botschaften zu hören und zu glauben, diese in ihrem Leben praktisch umgesetzt.

Dieser eine Bericht hatte sich auf ein Lager in der Nähe von Medjugorje konzentriert. Das war wohl der Grund dafür, dass wir anfingen, darüber zu reden, wie gern wir den Menschen dort helfen wollten. Wir kannten eine Gruppe in London, die Hilfsgütertransporte nach Medjugorje organisierte, und wir begannen, darüber zu sprechen, eine Hilfsaktion in unserer Gegend zu organisieren und sie von einem dieser Konvois mitnehmen zu lassen. Als das Pub dann zugemacht hatte und wir den schwarzen Fluss entlang zurückgingen, der uns vor so vielen Jahren fast davon abgehalten hätte, Medjugorje zu besuchen, redeten wir immer enthusiastischer von einem neuerlichen Besuch.

Am nächsten Tag besprachen wir unsere Idee mit den anderen Familienmitgliedern, und bevor wir noch länger darüber nachdenken konnten, wurde unser kleiner Aufruf gestartet. Mum und Dad riefen diverse Freunde und regelmäßige Besucher des Exerzitienhauses an und fragten nach, ob sie helfen könnten, und es dauerte nicht lang, bis Pakete mit Lebensmitteln, Kleidung und Medikamenten bei uns daheim eintrudelten. Zu unserer Überraschung trafen mit der Post auch Geldspenden ein. Schnell nahmen Fergus und ich eine Woche Urlaub von den Fischfarmen, in denen wir arbeiteten. Wir verwendeten die Geldspenden, um einen gebrauchten Landrover zu kaufen. Von denen, die die Konvois in London organisierten, hatten wir gehört, dass dringend Autos für die Verteilung der Hilfsgüter in den Bergen von Bosnien-Herzegowina gebraucht wurden. Wir hatten daher vor, mit dem Konvoi von London aus aufzubrechen, sowohl die Spenden als auch den Landrover in Medjugorje zu lassen und dann mit dem Flugzeug wieder heimzukehren.

Nicht einmal drei Wochen nach unserem Gespräch im Pub fuhren wir dann tatsächlich in einem gefährlich überladenen Landrover von London Richtung Dover und dann weiter nach Bosnien-Herzegowina. Unsere Arbeitgeber konnten uns so kurzfristig nicht mehr als eine Woche Urlaub geben. Damit wir also in der Zeit, die uns zur Verfügung stand, dorthin und wieder zurück kämen, hatten wir ein paar Freunde gebeten, den ersten Abschnitt der Reise von Dalmally nach London zu fahren, und wir flogen runter, um einen Tag zu gewinnen.

So kam es also, dass wir wieder in Medjugorje eintrafen, mit einem Landrover vollgefüllt mit Geschenken für Leute, die wir gar nicht kannten; viele von ihnen lebten in aufgegebenen Eisenbahnwaggons in einem Flüchtlingslager in der Nähe. Wir waren alle zum ersten Mal seit unserem Besuch in den frühen 1980er-Jahren wieder hier – zum ersten Mal als erwachsene Männer –, und wir waren zunächst irritiert von all den Gästehäusern und Hotels an Orten, wo früher nur Weinberge gewesen waren. Aber als wir auf den Krizevac gingen und dabei die Kreuzwegstationen beteten und zusammen am Fuß des riesigen weißen Kreuzes am Gipfel saßen, wussten wir, dass all der Segen und die Gnaden, die wir hier als Teenager erfahren hatten, erneut über uns ausgegossen wurden.

Mit dankbarem Herzen kehrten wir nach Hause zurück. Daheim machte ich dann eine erstaunliche Entdeckung: Die Spenden von Hilfsgütern und Geld, die auf unseren ersten kleinen Aufruf hin in Craig Lodge eingelangt waren, hatten nicht nachgelassen – aus dem kleinen Bach war mittlerweile geradezu eine Sintflut geworden. Die Schuppen neben Craig Lodge, die ich von meinem Vater ausgeborgt hatte, waren jetzt bis unter die Decke voll mit medizinischen Hilfsmitteln, Nahrungsmitteln, Decken und Kleidung. Mum und ihre Freundinnen hatten alle Hände voll zu tun, alles zu ordnen und einzupacken.

Mir wurde klar, dass ich jetzt eine Entscheidung zu treffen hatte. Nach mehreren Tagen des Gebets und Nachdenkens reichte ich meine Kündigung bei der Fischfarm ein und bot mein Haus zum Verkauf an. Es war keine schwere Entscheidung. Ich hatte schon eine Weile nach etwas anderem in meinem Leben gesucht. Nun bot sich hier, ganz unerwartet, eine Gelegenheit. Mum hatte vor Kurzem von einer entfernten Verwandten ein ziemlich wertvolles Gemälde geerbt, das sie verkaufte, damit wir Geld hatten, einen kleinen Lastwagen zu kaufen. Wenn ich nicht unterwegs war, könnte ich zu Hause in Craig Lodge schlafen, sagte sie mir. Und so war ich plötzlich, ohne genaueren Zeitrahmen oder „Masterplan" im Kopf und ohne irgendwelche diesbezüglichen Erfahrungen in der Position, Hilfsgüter für die Menschen in Bosnien-Herzegowina zu sammeln und zu verteilen.

III.

Kleine Akte der Liebe

Gib demjenigen etwas, der in Not ist, und sei es
noch so wenig. Denn es ist nicht wenig für den,
der nichts hat. Und es ist nicht wenig für Gott,
wenn wir gegeben haben, was wir konnten.
(Gregor von Nazianz)

Währenddessen waren Mum und Dad zu Hause damit beschäftigt, jeden anzurufen, den sie kannten. Im Lauf der Jahre waren Tausende Leute bei ihnen im Einkehrzentrum gewesen, und viele waren gute Freunde geworden. Über die Anrufe, mit denen sie von unserer Initiative für die Menschen in Bosnien-Herzegowina erfuhren, wurde schnell ein ganzes Heer von Mitarbeitern mobilisiert. Mum war noch nicht zufrieden – sie schrieb außerdem jede katholische Gemeinde in Schottland an und bat um Hilfe. Die Reaktion war unglaublich. Den ganzen Tag über riefen Leute an, die ihre Hilfe anboten. Jeden Morgen brachte der Briefträger stapelweise Briefe mit Schecks über persönliche Spenden, Kirchenkollekten oder die Erträge von Wohltätigkeitsveranstaltungen. Julie saß stundenlang an ihrer Schreibmaschine und schrieb Dankesbriefe, und ich fuhr die meiste Zeit durch die Gegend, um Materialspenden einzuladen und in die Schuppen bei der Craig Lodge zu bringen, wo wir die Sachen dann sortierten und zum Transport verpackten. Es war harte Arbeit, die wir ohne die zahlreichen Freunde, die uns regelmäßig halfen, nie bewältigt hätten.

Eine meiner Lieblingstätigkeiten war das Beladen der Lastwagen, die nach Bosnien-Herzegowina fahren sollten. Ich sah es als große Verantwortung an, sicherzustellen, dass auch noch der letzte Quadratzentimeter vollständig ausgenutzt war, sodass mit jeder teuren, zeitaufwendigen Reise so viel wie möglich zu den notleidenden Menschen gebracht werden konnte. All die diversen Hilfsgüter mit ihren unterschiedlichen Größen, Gewichten und Zerbrechlichkeitsgraden in den vorhandenen Laderaum einzupassen war wie eine Art riesiges 3-D-Puzzle. Es war außerdem harte körperliche Arbeit, aber das hatte ich eigentlich auch vermisst, seit ich nicht mehr bei der Fischfarm arbeitete, wo ich sechs Jahre lang täglich körperlich anspruchsvolle Arbeit geleistet hatte. Am wenigsten lag mir, vor Menschen Vorträge zu halten und Präsentationen durchzuführen, die verständlicherweise an Berichten und Feedback interessiert waren. Oder sagen wir genauer: Ich *dachte*, das läge mir am wenigsten. Eine ganze Zeitlang schaffte ich es nämlich, solchen Einladungen aus dem Weg zu gehen, indem ich Mum oder Julie bat, diese Gespräche und Vorträge in Kirchen, Schulen oder vor anderen Unterstützergruppen zu übernehmen, während ich es im Vorfeld so organisierte, dass ich in irgendeiner entfernten Ecke des Landes eine Sachspende abholen musste.

In Glasgow, der größten Stadt Schottlands, halfen uns John und Anne Boyle, ein wunderbares älteres Ehepaar. Sie organisierten in der Stadt eine freiwillige Helfergruppe und bekamen außerdem vom Gemeinderat eine kostenlose Lagerhalle sowie einen Lastwagen zur Verfügung gestellt, mit dem die Sammlungen transportiert werden konnten. Es dauerte nicht lang, bis hier der Großteil unserer Aktivitäten ablief. Das kostenlose Lager war eine hochwillkommene Gabe, allerdings war es aufgrund seiner Lage nicht so ganz ideal. Die Halle war im vierten Stock, und sämtliche Sachen mussten mit einem sehr alten Lift dorthin und von dort wieder wegtransportiert werden. An den Tagen, wenn wir den Lastwagen für den Transport ins Ausland beluden, füllte ein Team im vierten Stock den Lift immer wieder auf und schickte ihn an das Team im Erdgeschoss, das die Ladung dann in den Lastwagen trug. Mehr als einmal machte der Lift schlapp. Wir begriffen schnell, dass die städtischen Behörden nur dann sofort einen Techniker schickten, um den Lift zu reparieren, wenn sich in dem steckengebliebenen Lift eine Person befand, andernfalls konnte es Stunden oder sogar Tage dauern, bis wir mit dem Beladen weitermachen konnten. Irgendwann entdeckten wir, dass wir in den steckengebliebenen Lift durchs Dach hineinklettern konnten, und manchmal machten wir das auch tatsächlich, bevor wir bei der Stadt anriefen. Dann konnten wir die ehrliche Antwort geben: „Ja, es ist jemand drin." Ich glaube, ihnen war schon klar, was dahintersteckte, wenn sie ankamen und einen von uns in der Liftkabine vorfanden, mit hochrotem Gesicht und neben einen Stapel Kisten gequetscht, aber wir hatten den Eindruck, dass sie wie alle anderen in der Stadt einfach Teil unserer Bemühungen sein und dafür sorgen wollten, dass die Aktion erfolgreich weiterlief.

Anfangs kam in Glasgow ein Großteil der Unterstützung von den Kirchen, doch als die große muslimische Gemeinde von unserer Arbeit hörte, brachte sie sich ebenfalls sehr engagiert ein. Die Muslime organisierten regelmäßige Nahrungsmittelsammlungen in den Moscheen und transportierten unglaubliche Mengen in unsere Lager. Viele Leute in dieser asiatischen Gemeinde, vor allem Menschen aus Pakistan, hatten mit Lebensmittel-Großhandelsunternehmen zu tun, und häufig spendeten sie uns ihre überschüssigen Lagerbestände.

Trocken- und Konservennahrung konnten wir nie genug bekommen. Derartiges stand immer ganz oben auf den Listen mit dringend gewünschten Dingen, die wir aus Bosnien-Herzegowina erhielten. Wir wendeten uns an Supermärkte und baten um die Erlaubnis, Lebensmittelsammlungen durchzuführen. Man erlaubte uns, uns mit einem leeren Einkaufswagen an den Eingang zu stellen und Flugblätter an die Kunden zu verteilen, die den Supermarkt betraten. Darin baten wir sie, etwas von unserer Liste zu kaufen und es, wenn sie den Markt wieder verließen, in unseren Einkaufswagen zu legen. Ein kleines Team begab sich jedes Wochenende zu einem anderen Supermarkt, und die Bereitwilligkeit, mit der die Leute jeweils spendeten, war umwerfend. Es war außerdem ein sehr effizientes Verfahren, denn ein Team auf der Ladefläche unseres Lastwagens konnte gleich jedes Produkt kategorisieren und entsprechend verpacken, wenn es hereingegeben wurde. Normalerweise kamen wir dann am späten Abend mit vollen Kisten in unser Lager, die schon fertig beschriftet waren mit Aufschriften wie *Dosengemüse, Pasta, Zucker* und so weiter und nur noch ausgeliefert werden mussten.

Fast sämtliche Kisten, die wir zum Verpacken benutzten, wurden von Whiskyfirmen zur Verfügung gestellt. Es waren robuste Kisten, ideal für unsere Zwecke geeignet, allerdings konnten sie gewaltige Aufregung und Empörung bei Grenzkontrollen auslösen. Zollbeamten und Polizisten blieb die Luft weg, wenn wir auf ihre Aufforderung reagierten, die Ladefläche unseres Lastwagens zwecks Inspektion zu öffnen. Sie vermuteten natürlich als Erstes, dass diese „Wohltätigkeitsheinis" in Wahrheit Whiskyschmuggler waren. Und sie machten immer einen etwas enttäuschten Eindruck, wenn wir die Kisten öffneten und der banale Inhalt zum Vorschein kam.

Im Lauf der Zeit stellten wir ein interessantes Muster bei den Supermarktsammlungen fest: Wir erhielten in den ärmeren Vierteln Glasgows – häufig in Siedlungen mit den schlimmsten Arbeitslosigkeits- und Armutsquoten in ganz Großbritannien – deutlich mehr Spenden als in den wohlhabenderen Vororten. Nicht dass ich behaupten könnte, die Gründe dafür zu kennen – aber es war jedenfalls ein reales und sehr deutlich ausgeprägtes Phänomen.

Etwas schwerer fiel es mir, „Spendermuster" vorherzusagen, wenn ich auf der Straße eine Geldsammlung durchführte. Diese Tätigkeit fand ich wesentlich unangenehmer als die Supermarkt-Sammlungen. Mir kam es irgendwie schwieriger vor, einen Fremden um Geld zu bitten statt um Essen. Obwohl ich ganz offenkundig nicht für mich selbst sammelte, fiel es mir aus irgendeinem Grund sehr schwer, mit einer Sammelbüchse zu rasseln und zu sagen „Bitte helfen Sie den Menschen von Bosnien-Herzegowina". Es war immer ein Moment von Erniedrigung damit verbunden; möglicherweise eine winzige Ahnung davon, was es bedeutet, für die eigenen Bedürfnisse betteln zu müssen.

Um mir die langen Stunden auf der Straße zu vertreiben, machte ich mir manchmal ein Spiel daraus, zu raten, wie die Fußgänger reagieren würden, wenn sie auf mich mit meiner Sammelbüchse zukamen: der muskulöse Typ mit den Tattoos;

die Frau mit dem Kinderwagen; die Schulkinder in der Mittagspause; der Straßenmusikant, der genervt war von meiner Anwesenheit in „seinem Revier". Immer wieder wurde ich überrascht. Ich konnte überhaupt keine Muster erkennen, keine Kategorien von Leuten aufstellen und sie in Beziehung setzen zu der Wahrscheinlichkeit, mit der sie ein paar Münzen in meine Büchse warfen. Und ich konnte auch keine unterschiedlichen Muster bei Männern oder Frauen erkennen, bei Jungen oder Alten, bei eher bescheiden oder eher selbstbewusst Auftretenden, bei Sängern alter deprimierender schottischer Lieder oder peppig, aber falsch spielenden Dudelsackspielern. Ich bin sicher, andere haben auf diesem Gebiet wissenschaftliche Experimente durchgeführt und könnten mich widerlegen; ich stellte jedenfalls fest, dass Menschen jeglicher Art extrem großzügig und extrem geizig sein können.

Einen noch sehr viel krasseren und interessanteren Kontrast erlebten wir, als wir die Erlaubnis erhielten, im Vorfeld eines nationalen Pokalendspiels eine Straßensammlung vor dem Fußballstadion zu veranstalten; das Spiel wurde ausgetragen zwischen den beiden Giganten des schottischen Fußballs, den Glasgow Rangers und Celtic Glasgow. Das Konkurrenzverhältnis zwischen diesen beiden Teams steht in dem Ruf, womöglich die leidenschaftlichste Rivalität im gesamten Weltfußball zu sein, repräsentieren sie doch die Gruppierungen der Protestanten und der Katholiken Westschottlands und den reichlich abstoßenden historischen Ballast, der damit verbunden ist. Wir waren also nicht ganz frei von gewissen Befürchtungen, als wir uns mit unseren Sammelbüchsen unter die Fans mischten, die zu Zehntausenden ins Stadion strömten. Ich fragte mich, ob sie uns überhaupt wahrnehmen oder auf unsere Bitten reagieren würden. Meine Sorgen waren unberechtigt – sie spendeten in ganz unglaublichem Ausmaß. Es war die ergiebigste Spendenaktion, die wir bis dahin erlebt hatten. Ich vermute, dass ein bestimmtes Wettbewerbselement mit hineinspielte. Vielleicht nahmen sie ja an, dass wir die Erträge getrennt ermitteln würden, einerseits die von den Fans in Blau, andererseits die von den Fans in Grün, und das Ergebnis würden wir dann an die große Glocke hängen, sodass jeder es mitbekam. Oder vielleicht begünstigten auch die vor dem Spiel konsumierten Biere das Öffnen von Herzen und Geldbeuteln. Was auch immer die Gründe sein mögen (und ich bin sicher, in Wahrheit waren sie sehr viel ehrenwerter als meine Vermutungen), jedenfalls sammelten wir in der kurzen Zeit, während die Fans ins Stadion eingelassen wurden, eine absolute Rekordsumme. Die Verbindung mit diesen Fußballvereinen in Glasgow hatte übrigens auf unterschiedliche Weise noch weiter Bestand.

Ein paar Jahre nach dieser Episode wurde ich zwei berühmten ehemaligen Fußballern vorgestellt, Frank McGarvey und Gordon Smith, die für Celtic bzw. die Rangers gespielt hatten. Sie beschlossen, ein Benefizspiel zwischen ehemaligen Spielern beider Clubs zu organisieren, um Spenden für uns einzutreiben. Als Celticfan und begeistertem Fußballspieler konnte mir natürlich nichts Besseres passieren. Sie buchten ein kleines Stadion im Glasgower East End und riefen ihre Freunde aus den beiden Clubs an. Viele berühmte Spieler waren bereit teilzunehmen.

Am Tag vor dem großen Ereignis redete ich kurz mit Frank über einige letzte Vorbereitungen. Ich wollte wissen, ob sein Team auch in Form war.

„Na ja, nicht so ganz", antwortete er. „Einige haben auf den letzten Drücker noch abgesagt. Pack mal am besten deine Fußballschuhe ein."

Ich lachte.

„Nein, ich mach keine Witze. Nimm deine Schuhe mit. Du bist schön groß, und du hast mir erzählt, dass du ein bisschen spielen kannst."

Er hängte auf. Ich hörte auf zu lachen. Dann rief ich meine Freunde an, um ihnen die Neuigkeit mitzuteilen. Dann suchte ich nach meinen alten Schuhen, die ich schon seit einer Weile nicht mehr gebraucht hatte. Am nächsten Tag saß ich dann in der Umkleidekabine mit einer Gruppe von Spielern, lauter Kindheitshelden von mir, die sich über Taktik unterhielten und wie man die Rangers schlagen konnte. Ich erinnerte mich an zahlreiche Träume aus meiner Kindheit, die ganz genauso verlaufen waren. Das war schon sehr besonders.

„Wo willst du spielen?", fragte Frank, als er begann, das Team zu organisieren, und ich brauchte eine Weile, bis ich merkte, dass er mit mir sprach.

„Hmm, also – vorne, im Sturm."

„Prima. Dann sind wir beide die Stürmer." Er lächelte. „Mach dir keinen Kopf. Zusammen kriegen wir das hin."

Und so kam es dazu, dass ich tatsächlich in einem Fußballspiel von Celtic gegen die Rangers mitkickte. Faktisch war ich gegen einen ihrer berühmtesten ehemaligen Spieler eingesetzt, den gegenwärtigen Kapitän der englischen Nationalmannschaft, Terry Butcher. Er ist ein Riese. Ich glaube, er hat mich während des Spiels geschont, obwohl seine Freundlichkeit nicht so weit ging, mir allzu viele Ballkontakte zu ermöglichen. Ich habe auch wirklich nicht sehr gut gespielt, habe einige Torchancen vergeigt. Und wir haben das Spiel verloren. Einige meiner Freunde aus Dalmally waren mit mir gekommen, um mich spielen zu sehen, was mir viel bedeutete, obwohl sie sich dann hinterher in der Kneipe damit amüsierten, meine Leistung zu analysieren.

Diese ganze Erfahrung fühlte sich an, als wolle mir Gott eine kleine süße Belohnung geben. Ein wundervolles Überraschungsgeschenk. Etwas vollkommen Unerwartetes, das aber in Beziehung zu einem Herzenswunsch von mir stand (und zwar einem kindlichen Herzenswunsch, den ich als Erwachsener nicht auszusprechen gewagt hätte) oder zu einer Sehnsucht, die nur er kannte. Und dazu das Gefühl, dass er wollte, dass ich wusste: Er versteht mich. Etwas dergleichen ist mir seither noch viele Male passiert – unverdiente, unerwartete Geschenke aus heiterem Himmel, die nur ausgepackt werden können, wenn man sich wie ein Kind fühlt.

Mittlerweile gab es auch einiges zu tun, das etwas weniger spannend war. Nun, da sich das Ganze zu einer kontinuierlichen Mission entwickelt hatte, war uns klar, dass wir eine Wohltätigkeitsorganisation anmelden mussten. Der Name, der ursprünglich auf unserem alten Truck gestanden hatte, war *Scottish Bosnia Relief* (*Schottische Bosnien-Hilfe*). Als das Wort „Bosnien" im Lauf des Krieges politisch heikel wurde, stellte es ein Risiko dar, wenn wir durch bestimmte Gebiete oder zu Grenzstellen kamen; deshalb kratzten wir diese Buchstaben weg. Dann beschlossen wir, das Wort *International* in den verkratzten Raum zwischen *Scottish* und *Relief* zu setzen. Schließlich, so dachten wir uns, lieferten wir ja nach Kroatien ebenfalls Hilfsgüter, und wer wusste schon, wohin wir in Zukunft noch kommen würden? Das war jetzt also der Name der Organisation: *Scottish International Relief.*

Mein Bruder machte sich dann die Mühe, diverse Ideen für ein Logo zu entwerfen. Wir entschieden uns für das blaue keltische Kreuz, das er gezeichnet hatte. Darauf geschrieben waren die Buchstaben SIR, die Abkürzung, unter der wir für viele Jahre auftraten. Dieses alte Symbol, ein Kreuz auf einem kleineren Kreis, sieht man in Schottland und Irland überall. Es bezeichnet den Übergang unserer Vorväter vom Heidentum zum Christentum, von der Anbetung der Sonne (der Kreis) zur Anbetung Jesu Christi (das Kreuz).

Dann brauchten wir einen Slogan, und wieder saßen wir um den Familientisch und bastelten an diversen Ideen herum. Letztlich einigten wir uns auf „Delivering Hope" („Hoffnung bringen"). „Hoffnung" war schon immer mein Lieblingswort. Wir diskutierten auch kurz die Frage, ob die Organisation als Erweiterung unseres Craig Lodge Family House of Prayer laufen sollte, das als wohltätige Einrichtung schon seit mehreren Jahren registriert war. Es ging letztlich um die Frage, ob wir eine katholische oder eine überkonfessionelle Organisation wollten. Da wir alle der Meinung waren, dass dies ein Werk Gottes und eine Frucht von Medjugorje war, spürten wir auch alle sehr stark, dass die Organisation offen für alle Gläubigen und auch für Nichtgläubige sein sollte.

Wir gründeten also eine neue, überkonfessionelle Wohltätigkeitsorganisation, und außer den Familienmitgliedern baten wir in den ersten Vorstand auch zwei nichtkatholische Freunde, die in der Vergangenheit schon immens viel geholfen hatten. Wir arbeiteten mit einem Anwalt in Oban, der nächsten größeren Stadt, zusammen, der uns bei der Formulierung einer Satzung half, und bei unserer ersten ziemlich informellen Versammlung wählten wir meinen Schwager Ken, Ruths Ehemann, zum Vorsitzenden.

Der Vorstand sollte sich drei- bis viermal im Jahr treffen, und Julie und ich erledigten mit enormer Unterstützung von Mum und Dad (die trotzdem auch noch das Einkehrzentrum leiteten) und mit Hilfe von zahlreichen Freiwilligen die tägliche Arbeit.

Julie, die neben all ihren anderen Gaben auch noch ein Talent für Verwaltungsangelegenheiten hatte, übernahm die Verantwortung für die Dankesbriefe an die Spender und die Speicherung ihrer Namen und Adressen. Ich erledigte die Fahrten innerhalb von Schottland, nahm die Sachspenden entgegen und kümmerte mich um die Planung und Vorbereitung für die Auslieferungen. Dazu gehörten die Kommunikation mit unseren Partnern in den diversen Regionen, in denen Hilfe gebraucht wurde; Anforderungslisten, der Papierkram mit dem Zoll, Streckenplanung und die Versuche, die Löcher im Dach unseres LKWs zu reparieren. Außerdem verfasste ich die Aufrufe und Newsletter, die wir mittlerweile an die wachsende Zahl unserer Unterstützer versandten, und zu meiner großen Überraschung machte mir diese Tätigkeit richtig Freude. Ich begann sogar, damit noch ein bisschen Geld reinkam (ich war nach wie vor ein unbezahlter ehrenamtlicher Mitarbeiter, lebte von meinen Ersparnissen, und bei Mum und Dad musste ich ja für die Unterkunft nichts bezahlen), einige Artikel über anderweitige Themen zu schreiben, und verkaufte sie an diverse Zeitungen. Und natürlich verbrachten wir einen gewaltigen Anteil unserer Zeit damit, mit unserem Truck in Europa hin- und herzufahren. In dem Jahr seit unserem ersten Trip mit dem Landrover war ich über zwanzigmal nach Bosnien-Herzegowina gefahren.

Jedes Mal, wenn ich diese Fahrten machte, lernte ich etwas, und mindestens genauso viel lernte ich von den Menschen, die auf alle möglichen Arten unsere Arbeit daheim unterstützten.

Ich war tief bewegt – und herausgefordert von der Großzügigkeit, die ich erfuhr.

Mrs. Duncan Jones lebte in einem kleinen Häuschen – der Art, von der man in Märchen hört – am Ende einer arg holprigen Straße in der Nähe des Dorfs Kilmartin. Wir besuchten sie immer gern mit unserem Lieferwagen, um diverse Dinge mitzunehmen – sowohl ihre eigenen Spenden als auch Sachen, die sie von Freunden aus der Gegend bekommen hatte. Jedes Mal, wenn wir sie besuchten, servierte sie uns eine Portion ihrer fantastischen Suppe, und „um sicherzustellen, dass auf der Reise nach Bosnien das leibliche Wohl nicht zu kurz kommt ...", machte sie für uns die köstlichsten Früchtekuchen, die ich je gegessen habe. Diese Früchtekuchen enthielten eine ganz erstaunliche Menge Brandy. Manchmal deponierte sie sie für uns an einer bestimmten Tankstelle auf unserer Route nach Glasgow, und dazu noch einen Zettel mit einigen aufmunternden Worten. Ihr Mann, ein Pfarrer der Episkopalen, starb kurz nachdem wir sie kennengelernt hatten, doch ihr unermüdlicher Einsatz und ihre Unterstützung ließen zu keiner Zeit nach.

Ich erinnere mich an einen Tag, an dem ich sie besuchte, um wieder eine Wagenladung Spenden mitzunehmen. Als sie mir die Suppe servierte, sah ich, dass sie statt einer Schöpfkelle einen alten Becher nahm, um meine Schale zu füllen. Jetzt erst bemerkte ich die leeren Schränke und Regale in ihrer Küche – offenbar war fast alles ausgeräumt. Besorgt fragte ich, ob es ihr gut ginge.

„Ja, alles prima", sagte sie lächelnd.

„Ziehen Sie um?", fragte ich.

„Nein, nein. Mir gefällt es hier. Ich habe einfach über diese Familien in Bosnien nachgedacht, die in ihre Wohnungen zurückkehren und gar nichts mehr haben. Sie brauchen diese Dinge nötiger als ich. Ich meine, wozu braucht denn eine alte, alleinlebende Frau wie ich eine Schöpfkelle? Oder Extra-Platten und Schüsseln, die ich sowieso nie benutze?"

Ich rollte von ihrem Haus den Hügel hinunter, den Lieferwagen voll mit ihren Haushaltsgegenständen und neben mir auf dem Beifahrersitz den sorgfältig eingepackten Kuchen. Im Rückspiegel sah ich die winkende Mrs. Duncan Jones. Sie lächelte übers ganze Gesicht.

Es gab noch weitere Herausforderungen für mich. Wenige Wochen zuvor unterhielten sich Julie und ich (wir waren mittlerweile verlobt) auf der letzten Etappe der Rückreise von einem weiteren Trip nach Bosnien-Herzegowina, und sie begann, vorsichtig-freundliche Fragen wegen meiner Schüchternheit zu stellen – und wegen meiner Art, mich zu kleiden. Ich hatte ihr zu ihrer nicht geringen Bestürzung mit einer gewissen Selbstgefälligkeit mitgeteilt, dass alle meine Klamotten (abgesehen nur von meinem Kilt) nicht mehr als eine Waschmaschinenladung ausmachten. Es war ein ziemlicher Schock für sie, dass ich nicht deswegen so abgerissen aussah, weil ich gerade in der Gegend herumfuhr und den ganzen Tag Lastwagen belud.

„Nun, das wird dann wohl der Grund dafür sein, dass alle deine Klamotten denselben grässlichen Grauton haben", sagte sie trocken nach kurzem Schweigen.

„Was willst du eigentlich machen, wenn wir mit dieser Sache hier fertig sind? Wirst du wieder als Fischfarmer arbeiten?", fragte sie mich.

Ich dachte kurz nach und sagte dann: „Ich weiß es eigentlich noch nicht. Das Einzige, was ich sagen kann: Es wird nichts, bei dem ich mit Leuten zu tun haben muss!"

Im weiteren Verlauf der Monate aber, und weil ich immer mehr Zeit damit zubrachte, mit Menschen zu reden, die ich nicht kannte, wuchs mein Selbstvertrauen allmählich. Julie konnte mich sogar so weit ermutigen, dass ich manchmal nachgab und Vorträge vor Unterstützergruppen hielt. Und irgendwie fing ich an, diese Begegnungen zu mögen – ich hatte das Gefühl, dass ich etwas konnte und dass ich es gut konnte. Ich stellte fest, dass unsere Unterstützer regelrecht hungerten nach Informationen über unsere letzten Hilfstransporte. Wir fingen an, Bilder zu knipsen, und kauften einen alten Diaprojektor, um unsere Vorträge anschaulicher zu machen. Und wir erweiterten unseren Newsletter um Bilder. Ich entwickelte allmählich eine enorme Zielstrebigkeit, wenn es darum ging, den Hilfsbereiten die Bedürfnisse und Äußerungen der Notleidenden zu vermitteln. Eine Zeitlang dachte ich sogar, ich könnte doch versuchen, Journalist zu werden. Eines Tages stieß ich auf eine Anzeige, mit der eine Fischzucht-Zeitschrift einen Journalisten suchte, und ich bewarb mich. Zu meiner Überraschung luden sie mich nach Edinburgh zu einem Gespräch ein. Die beiden Männer auf der anderen Seite des Tischs waren angetan von den Texten, die ich eingeschickt hatte, und alles schien richtig gut zu laufen. Dann stellten sie mir eine hypothetische Frage:

„Was würden Sie tun, wenn Ihnen Beweise in die Hände kämen, dass eine Firma, die ein wichtiger Werbekunde für unsere Zeitschrift ist, ein Produkt herstellt – beispielsweise eine Chemikalie zur Parasitenbeseitigung bei Lachsen –, das sich äußerst schädlich auf die Schalentiere der Region auswirkt?"

„Ich würde natürlich einen den Tatsachen entsprechenden, gut recherchierten Artikel verfassen, der darüber informiert. Es wäre eine wichtige Geschichte, und die Leser hätten ein Recht, die Fakten zu erfahren", sagte ich im Brustton der Überzeugung – nicht eine Sekunde kam mir der Gedanke, dass meine Antwort hoffnungslos naiv war. Aber dann sah ich, wie die beiden sich anschauten, der eine mit hochgezogenen Augenbrauen, der andere süffisant lächelnd. Zu spät wurde mir bewusst, dass meine Fantasien, mit Preisen überschüttete journalistische Beiträge als Waffe im Kampf um Wahrheit und Gerechtigkeit zu verfassen, nicht unbedingt mit einem Job bei einem schottischen Fischzuchtmagazin kompatibel waren.

Julie wartete draußen auf mich. Als ich ihr erzählte, wie es gelaufen war, mussten wir beide lachen – und wir merkten, dass wir eigentlich tief im Innern nie wirklich davon überzeugt gewesen waren. Faktisch waren wir von gar nichts überzeugt, wenn es nicht mit dem vereinbar war, was wir bereits machten. Und Julie, meine Verlobte, war eine Frau, die nie, nicht ein einziges Mal, irgendwelche Sorgen über unsere zukünftige finanzielle Sicherheit äußerte.

Allerdings ging uns tatsächlich das Geld aus. Es war mittlerweile ein Jahr her, dass ich meinen Job aufgegeben hatte. Wir mussten ein paar Entscheidungen treffen. Der Stiftungsrat schlug vor, ich solle mich in bescheidenem Rahmen bezahlen lassen, damit diese Arbeit, die an Umfang ständig zunahm, weiterwachsen konnte. Und nach vielem Diskutieren, Nachdenken und Beten erklärte ich mich schließlich einverstanden. Es war eine sehr schwere Entscheidung. Zu unserem ursprünglichen Plan hatte das nicht gehört, und ich fühlte mich überhaupt nicht wohl damit, auch nur einen kleinen Teil des uns gespendeten Geldes abzuzweigen, um selber davon zu leben. Wir wollten, dass unsere Organisation so kostengünstig und mit so vielen Freiwilligen wie möglich arbeitete, und auch heute ist das noch unser Bestreben. Aber die Alternative für mich war eben, mir einen anderen Job zu suchen und die organisatorische Arbeit zurückzuschrauben, und das ausgerechnet zu einem Zeitpunkt, als uns immer mehr Menschen unterstützten und ermutigten, unsere Arbeit fortzusetzen. Und ein einziger geringer Lohn stellte lediglich einen sehr geringen Prozentsatz des Gesamtumfangs der Spenden dar. Ich nahm das Angebot also an, und ich bin sehr froh, dass ich es getan habe.

Wir suchten weiterhin unermüdlich nach den kostengünstigsten Möglichkeiten, die Hilfsgüter zu überbringen, die uns die Leute zur Verfügung stellten. Ich war froh, dass sich mit unserem neuen, größeren LKW die Transportkosten entscheidend reduziert hatten. Jetzt störte es mich allerdings, dass wir bei der Rückfahrt durch ganz Europa jedes Mal mit einem riesigen leeren Anhänger unterwegs waren. Ich fragte herum, ob es vielleicht irgendjemanden gab, der uns dafür bezahlen würde, dass wir etwas von Osteuropa zurücktransportierten, was die Kosten weiter senken würde. Damals lernte ich Sir Tom Farmer kennen, möglicherweise Schottlands bekanntester Unternehmer und Gründer von Kwik Fit, der riesigen Autoreifen- und Auspuff-Firma. Er hatte vor Jahren Mum und Dad in unserem Einkehrzentrum in Dalmally besucht und sie sehr großzügig unterstützt. Es stellte sich heraus, dass er damals viele Reifen aus Slowenien und Norditalien nach Schottland importierte. Er fand es prima, dass wir einen Teil des Transports als „Rückweg-Fuhre" zu seinen Kwik-Fit-Niederlassungen übernehmen konnten, und zahlte uns den üblichen Preis. Sir Tom wurde in den nächsten Jahren ein wunderbarer Freund und Lehrer, er war immer für mich da, und ich lernte eine Menge von ihm.

„Bewerte nicht deine Ziele, sondern ziele deine Werte an"

(„Target your values, don't value your targets"), empfahl er mir, als ich Wachstumsraten oder ehrgeizige Pläne erwähnte. Bei anderen Gelegenheiten, wenn ich mich ausschweifend über neue Ideen äußerte, brachte er mich wieder auf die Kernfrage zurück, indem er sagte: „Schuster, bleib bei deinem Leisten!" („Magnus, just stick to the knitting!")

Die Sache mit den Rückkehr-Ladungen funktionierte großartig, und im Lauf der Zeit arrangierten wir dann über Agenten auch andere Frachtinhalte (Kühlschränke, flachverpackte Möbel etc.), die wir auf dem Heimweg mitnehmen konnten. Um das machen zu können, brauchten wir eine Lizenz für den Betrieb eines Fuhrunternehmens. Ich musste mir also ein paar Informationen über das internationale Transportwesen aneignen und eine Prüfung ablegen. Durch diese zusätzlichen Transporte konnten wir beträchtlich Kosten einsparen, allerdings stellte ich irgendwann fest, dass ich nun meine meiste Zeit damit zubrachte, eine Speditionsfirma zu leiten. Ich merkte, dass ich eigentlich Besseres zu tun hatte. Ich überdachte das Ganze also noch einmal vom anderen Ende.

Ich beobachtete auf unseren Reisen, dass es viele LKWs aus Osteuropa gab, die Waren nach England lieferten. Die hatten doch, wenn sie zurückfuhren, sicher ihrerseits leere Anhänger, die man befüllen konnte! Und genauso machten wir dann weiter. Nun, da wir verlässliche Partner hatten, beispielsweise das Familienzentrum in Zagreb, konnten wir in Schottland einen kroatischen Lastwagen beladen und einen vernünftigen Preis dafür bezahlen, dass sie unsere Transporte übernahmen. Das wurde unsere bevorzugte Vorgehensweise: Wir konnten uns jetzt darauf konzentrieren, weiter Aufmerksamkeit für unsere Arbeit zu wecken, Spenden zu sammeln und unseren Spendern zu danken. Außerdem kamen wir so auch mit dem ständigen Weiterwachsen unseres Projekts zurecht. Auf dem Höhepunkt unserer Hilfslieferungen, während der Kosovo-Krise im Jahr 1999, beluden wir vor unseren mittlerweile vier Glasgower Lagerhallen zwei Monate hintereinander fast jeden Tag einen 40-Tonnen-Truck. Wir baten eine Radiostation in Glasgow, einen Aufruf für weitere Freiwillige zu senden, und im Laufe nur eines einzigen Wochenendes meldeten sich fünfhundert Menschen in unseren Lagern, die uns halfen, die Sachen zu sortieren und zu verpacken. Mit den LKWs wurden die Spenden dann nach Split gebracht, wo sie mit tatkräftiger Unterstützung durch den genialen Dr. Marijo, unseren bewährten Freund in Kroatien, für den letzten Abschnitt der Reise nach Albanien auf Schiffe verladen wurden. Dort trafen gerade sehr viele Flüchtlinge aus dem Kosovo ein.

Im Lauf der Zeit veränderte sich die Art von Sachspenden, die wir verschickten. Als in bestimmten Gebieten Bosnien-Herzegowinas und Kroatiens wieder eine gewisse Ruhe einkehrte, begannen die Flüchtlinge, in ihre zerstörten, geplünderten Häuser zurückzukehren. Dadurch entstand ein großer Bedarf an Dingen, um wieder ein normales Leben anfangen zu können. Jetzt beluden wir unsere Fahrzeuge also mit Essbesteck, Küchenutensilien und Handwerkszeug.

Eine Gruppe von Leuten, die die Möglichkeit erwogen, wieder heimzukehren, war gut mit uns befreundet. Es waren bosnische muslimische Flüchtlinge, die in Glasgow lebten. Sie waren 1992 aus ihrer Heimatstadt Bosanski Petrovac geflohen, die in einem von Serben kontrollierten Teil von Bosnien-Herzegowina lag, und irgendwann, nach ihrer Evakuierung durch die UNO, waren sie zufällig in Glasgow gelandet. Hier kamen sie jetzt regelmäßig in unser Lager, um uns als freiwillige Helfer beim Vorbereiten der Hilfsgüter zum Transport in ihre Heimat zur Seite zu stehen. Sie wurden regelmäßige Mitarbeiter im Lager-„Team" von Freiwilligen – sie sagten, hier mitmachen zu können gebe ihrem zerbrochenen Leben einen neuen Sinn. Sie wollten nicht nur unbedingt die englische Sprache und den Umgang mit einer ihnen fremden Kultur lernen; sie fanden auch das Leben im 17. Stock eines Wohnblocks in der City sehr anders als ihr früheres Leben auf dem Dorf. Es war eine Gruppe von zwölf Leuten, lauter enge Verwandte, und manchmal luden wir sie nach Dalmally zum Barbecue ein.

Suad und seine Frau Zlata, die einen kleinen Sohn hatten, waren ungefähr in unserem Alter, und es entstand eine enge Freundschaft. Ihr Englisch wurde immer besser, und nun wollten sie uns mehr von dem erzählen, was sie durchgemacht hatten. Sie erklärten, vor dem Krieg hätten in ihrem Dorf Serben und Muslime friedlich miteinander gelebt. Viele Nachbarn waren Serben, die sie schon ihr Leben lang gekannt hatten.

„Wir arbeiteten gerade auf den Feldern, wie wir es immer taten", erklärte Suad. „Plötzlich wurde geschossen. Die Stimmung im Dorf war spürbar gespannt. Wir wussten alle, was in anderen Teilen von Bosnien-Herzegowina geschah. Aber nicht einmal eine Woche davor waren wir von unseren serbischen Nachbarn zu einem Fest eingeladen worden. Die Schüsse kamen aus der Nähe dieses Nachbarhauses, neben unserem Feld. Mein Vater und mein Bruder Mersad fielen zu Boden. Sie bluteten. Ich bin auch getroffen worden." Und er zeigte auf seinen vernarbten Arm.

„Es hat lang gedauert, bis mein Bruder Mersad gestorben ist. Er schrie immer wieder: ‚Suad, hilf mir', aber ich konnte nicht. Ich war selber voller Blut." „Wir haben vom Haus aus alles gesehen", sagte Zlata leise. „Wir wollten zu ihnen aufs Feld hinausrennen, aber der Serbe lauerte in ein paar Büschen in der Nähe und schoss. Er hätte uns umgebracht. Edin, der Sohn von Mersad, war zehn. Er versuchte dauernd zu seinem Papa rauszurennen, und wir mussten ihn zurückhalten. Irgendwann, als es dunkel wurde, schaffte Suad es, ins Haus zu kriechen."

Am nächsten Tag quetschten sie sich in von den Vereinten Nationen bereitgestellte überfüllte Busse, mit denen sie nach Zagreb evakuiert werden sollten. Sie gerieten unter serbischen Beschuss; es war eine entsetzliche Reise in der Hitze, ohne Proviant und Wasser.

„Ich musste mein Hemd als Windel für Zlatan benutzen – er war damals noch ein Baby", erzählte Zlata uns mit Tränen in den Augen.

1995 wendete sich das Blatt. Die Serben hatten die Kontrolle über diesen Teil von Bosnien-Herzegowina weitgehend verloren. Wir konnten wieder anfangen, Hilfsgüter in die Stadt Bihac zu liefern, die eine entsetzliche, drei Jahre während Belagerung hinter sich hatte, und dann auch in die Heimatstadt unserer Freunde, nach Bosanski Petrovac. Suad erhielt jetzt Nachrichten von Leuten, die in ihre Stadt zurückgekehrt waren, und sie drängten ihn, doch auch wieder heimzukommen.

Sie beschlossen daraufhin tatsächlich heimzugehen – obwohl es dort keine Arbeitsplätze gab, keine Sicherheitsgarantien, nur ein schwer beschädigtes Haus und einige Felder, in denen womöglich Minen lagen. Und wir beschlossen, sie zu begleiten. Wir befüllten einen großen Anhänger mit all den Besitztümern, die sie in Glasgow angesammelt hatten, außerdem diverse weitere Waren und Werkzeuge, die ihnen helfen sollten, wieder ganz von vorn anzufangen. In der Zwischenzeit hatten wir außerdem für ein psychiatrisches Krankenhaus in Kroatien, das wir regelmäßig mit Hilfsgütern belieferten, einen Minibus gespendet. Wir planten jetzt also, dass ich die Gruppe in diesem Minibus heimfahren, das Fahrzeug dann im Krankenhaus lassen und mit dem Flugzeug wieder zurückkehren würde. Als die BBC von unserem Vorhaben erfuhr, beschloss man dort, eine Dokumentation über unsere Reise zu drehen. Wir winkten also für die Kameramänner dem prall gefüllten LKW hinterher, als er vor uns von dem Platz vor unserem Lagerhaus in Glasgow wegrollte, und stiegen in unseren Bus. In der Gruppe waren alle Altersstufen vertreten: von einem Zweijährigen bis zur alten Großmutter. Wir brachen auf in Richtung Süden – zur Fähre und dann aufs europäische Festland.

Bei der Ankunft in Belgien hielten wir an der Grenze an und zeigten unsere Pässe. Die Polizei studierte die Papiere der Bosnier und wirkte deutlich gestresst. Sie stellten Fragen und telefonierten. Dann informierten sie uns, dass die Papiere lediglich für die Einreise in Kroatien und Bosnien-Herzegowina gültig waren, aber nicht, um damit die dazwischenliegenden europäischen Länder zu durchqueren. Sie beschlossen daher, uns wieder nach England abzuschieben. Wir stellten auch Fragen und telefonierten, aber das brachte nichts, und schließlich saßen wir dann tatsächlich wieder auf der Fähre nach England.

Mir war klar, dass die Bosnier keine Unterkunft hatten, in die sie in Glasgow zurückkehren konnten, und ihre Habseligkeiten waren – zusammen mit der Film-Crew von der BBC – bereits unterwegs nach Bosnien-Herzegowina. Ich rief Julie an und fragte sie, wie viel Geld wir noch auf dem Konto hätten und was die Flüge von Heathrow kosten würden. Wir stellten fest, dass es genau reichte, um die ganze Gruppe nach Zagreb zu fliegen. Also brachte ich sie vom Fährhafen zum Heathrow Airport und setzte sie ins Flugzeug. Dann fuhr ich erneut Richtung Süden – innerhalb von zwei Tagen bestieg ich meine dritte Kanalfähre und steuerte dann mit dem Bus Zagreb an. Mittlerweile brauchte ich keine Landkarte mehr, um unsere diversen Zielorte im ehemaligen Jugoslawien zu erreichen, und es war toll zu sehen, wie schnell ich – im Vergleich zum langsameren Vorwärtskommen mit dem LKW, an das ich mich mittlerweile gewöhnt hatte – all die Länder durchquerte.

Gleichzeitig arrangierte Julie, dass die bosnischen Familien bei ihrer Ankunft in Zagreb von Marijo in Empfang genommen wurden. Er nahm sie mit zu sich nach Hause, wo sie bleiben konnten, bis ich eintraf. Als ich dann am nächsten Tag ankam, bestiegen alle wieder den Bus für den letzten Abschnitt dieser emotionalen Reise über die Grenze nach Bosnien-Herzegowina hinein. Ich staunte über die Dokumentation, die die BBC über diese Reise gemacht hatte, wie geschickt sie ihr Material zusammengefügt hatten: Nichts deutete auf die Abschiebungen und Flüge hin, die zwischen der Abreise in Glasgow und der Ankunft in Bosnien-Herzegowina stattgefunden hatten!

Nach dem üblichen Überprüfen der Papiere an der bosnischen Grenze wurden wir durchgewinkt. Zlata durchbrach das Schweigen mit einem Ruf.

„Wir sind keine Flüchtlinge mehr!"

Alle im Bus weinten. Und das Schluchzen nahm noch zu, als wir schließlich im zerstörten Bosanski Petrovac ankamen. Jedes Gebäude war voller Einschusslöcher, und viele Häuser waren nur noch erbärmliche Schutthaufen.

Die Begrüßung durch enge Freunde, die sie seit über drei Jahren nicht gesehen hatten, war voller ungestümer Emotionen.

Es gab so viele Neuigkeiten. So viele schreckliche Dinge hatten sie erlebt, die sie nie mit anderen hatten besprechen, nie hatten verarbeiten können. Und so viele Veränderungen in ihrer alten Stadt. Die Serben waren jetzt nicht mehr da. Es war nun eine muslimische Stadt – so muslimisch wie nie zuvor. Während viele Häuser noch zerstört waren, wurde bereits eine neue Moschee gebaut. Muslime wie diejenigen, mit denen ich gerade angekommen war, hatten ihre Religion zuvor gar nicht aktiv praktiziert. Ich hatte während des Krieges sogar einige junge Muslime getroffen, die mir sagten, sie hätten vor dem Krieg überhaupt nicht gewusst, dass sie Muslime waren. Lediglich ihr Familienname signalisierte ihre Religion – und besiegelte damit manchmal ihr Schicksal.

Bosanski Petrovac war zwar ihre Heimatstadt, und sie waren außerordentlich froh, wieder hier zu sein, doch in mancher Hinsicht war es ein fremdes Land. Ich kam mit der Situation nicht gut zurecht. Das Austauschen von Erfahrungen und diese Begegnungen, ich mitten darin – es war alles so persönlich und intim, dass ich eigentlich nur den Wunsch verspürte, sie möchten das, so gut sie konnten, unter sich abklären, ohne mich.

Ich brach sehr früh am nächsten Morgen von Bosanski Petrovac auf. Suad und seine Familie schliefen noch – in ihrem eigenen Haus. Ich hätte mich eigentlich beschwingt fühlen müssen, aber die Fahrt war alles andere als angenehm. Viele Meilen weit fuhr ich durch eine ländliche Gegend und durch Dörfer, in denen es überhaupt keine Menschen mehr gab. Das einzig Lebendige außer mir waren wilde Hunde, die durch Trümmer und Müll stromerten. Ich befand mich hier in einem Teil der Krajina, einem Gebiet, das im Krieg ganz überwiegend von den Serben besetzt gewesen war. Erst vor Kurzem waren sie hier besiegt worden, und mir wurde zunehmend bang, als ich so ganz allein durch diese Ödnis fuhr. Ich fing an, mich zu fragen, ob die Leute in Bosanski Petrovac, die ja auch gerade erst wieder zurückgekehrt waren, tatsächlich über die aktuelle Lage Bescheid wussten, als sie mir sagten, es sei sicher, auf dieser Straße nach Kroatien und zur Adriaküste zu fahren, wo die Leute im Krankenhaus auf den Minibus warteten. Es gab keine Straßenschilder und auch sonst keine Möglichkeit herauszufinden, ob ich auf der richtigen Straße war – ich begann mir Sorgen zu machen, ob ich womöglich in eine Gegend geraten könnte, in der ich nicht willkommen sein würde.

Die Stunden vergingen, ohne dass ich irgendwo Menschen sah. Nicht nur Angst, auch ein neuer, überwältigender Hass auf den Krieg und seine Sinnlosigkeit stieg in mir auf. Ich fragte mich, was jetzt wohl aus all den Serben wurde, die gezwungen worden waren, die jetzt leer stehenden Häuser an der Straße und die Dörfer zu verlassen, in denen sie seit Generationen gelebt hatten. Es war ganz klar, dass es in diesem Krieg keine Gewinner gab, sondern nur Menschen, die jeweils auf eigene, schreckliche Weise zu Verlierern wurden.

Irgendwann fand ich schließlich den Weg aus den Bergen Bosnien-Herzegowinas heraus, und am selben Abend war ich dann in einer anderen Welt – aß fantastischen Fisch, mit Blick auf die glitzernde Adria und in Gesellschaft einiger Freunde aus dem Krankenhaus, die sich über ihren neuen Bus freuten.

Erst im Flugzeug auf dem Rückweg fiel mir wieder unser Bankkonto ein. Die 4200 Pfund, die wir für die Flugzeugtickets nach Zagreb ausgegeben hatten, hatten es praktisch auf null reduziert. Die Bitten um Hilfe würden sich stapeln. Und ich fragte mich auch, wie wir einige offene Rechnungen bezahlen und die nächste Lieferung finanzieren sollten. Als ich zu Hause eintraf, konnte eine lächelnde Julie kaum erwarten, mir das Neueste zu erzählen.

„Heute Morgen traf ein Scheck von einem Priester in Irland ein. Wir kennen ihn nicht. Er will keinen Dankesbrief. Er möchte, dass das anonym bleibt", sagte sie, und ihre Stimme war ganz zittrig. „Es ist ein Scheck über 4200 Pfund."

IV.

Ihr Kinderlein, leidet

Erst ignorieren sie dich, dann lachen sie dich aus,
dann bekämpfen sie dich, dann gewinnst du.
(Mahatma Gandhi)

Es dauerte ziemlich lang, bis ich auf meinem Bahnticket das Gewirr von Zahlen entziffert hatte, das sich auf die Waggons, Abteile und Etagenbetten in dem Nachtzug bezog, der in einer sehr kalten und dunklen Aprilnacht im Jahr 1998 kurz vor Mitternacht den Bahnhof Bukarest in Richtung Transsilvanien verließ. Als ich endlich das richtige Abteil gefunden hatte, musste ich zu meiner Bestürzung feststellen, dass sich darin junge, Bier trinkende rumänische Soldaten drängten. Sie sahen nicht sonderlich begeistert aus, als ich reinkam, und ich fühlte mich etwas eingeschüchtert. Es brauchte einiges an Überredungsarbeit und zahlreiche Hinweise auf mein Ticket (sie sprachen nicht Englisch, und ich sprach kein Rumänisch), bevor schließlich ein muskelbepackter junger Mann mit rasiertem Kopf mein Bett freigab, auf dem er gesessen hatte.

Als der Zug durch eine trostlose Wohnblockgegend in einem Randgebiet der Hauptstadt tuckerte, überraschte mich einer der Soldaten damit, dass er mir einen Schluck aus seiner Bierflasche anbot. Ich nahm die Flasche entgegen, und genau in dem Moment, als ich sie zurückgab, wurde unser Abteilfenster zerschmettert. Ein Stein landete auf dem Boden zwischen den Betten, und überall im Abteil lag zersprungenes Glas herum. Die Reaktion meiner Reisegefährten ließ darauf schließen, dass es sich lediglich um einen willkürlichen Vandalismus-Akt handelte. Als jedoch die kalte Nachtluft in unser Abteil zog und wir uns, so gut wir konnten, unter unseren dünnen Decken zusammenkauerten, fragte ich mich, ob es klug gewesen war, in ein Land zu reisen, von dem ich so wenig wusste. Doch dann musste ich wieder an die E-Mail denken, die mich hierher gebracht hatte. Ich hatte sie aus heiterem Himmel wenige Wochen zuvor von Kristl Killian, einer Amerikanerin, bekommen. Sie stellte sich als ehrenamtliche Helferin vor, die mit Kindern in Rumänien arbeitete, die in den städtischen Krankenhäusern von Targu Mures aufgegeben worden waren, und sie bat uns verzweifelt, ihnen einige Grundversorgungsmittel zu schicken.

„In dem AIDS-Krankenhaus, in dem ich arbeite, haben wir über Weihnachten neun Kinder verloren", schrieb sie. „Die anderen sterben alle entweder an Krankheiten, die mit AIDS zusammenhängen, oder sie verhungern. Die Situation ist schrecklich. Die stärkeren Kinder stehlen von den schwächeren, und da es für vierzig Kinder nur zwei Krankenschwestern gibt, werden die kleineren, schwächeren früher oder später sterben. BITTE helfen Sie uns."

Wir erhielten mittlerweile viele Bitten um Hilfe, doch in dieser Mail schwang ein Ton mit – ein Gefühl tiefer Verzweiflung –, der uns zum Handeln zwang. Unsere erste Truck-Ladung mit Nahrungsmitteln, Kleidung, Spielzeugen und Medikamenten war bereits unterwegs nach Targu Mures, und jetzt war also auch ich hier, um mehr über die Situation in Erfahrung zu bringen und über Möglichkeiten, wie wir helfen konnten.

Als ich früh am nächsten Morgen zitternd aus dem Bahnhof von Targu Mures kam, war ich erleichtert, Kristl zu treffen, eine kleine, hübsche Frau mit kurzen dunklen Haaren und einem breiten Lächeln, das nie für längere Zeit von ihrem Gesicht verschwand. Wir begaben uns in ein Café in der Nähe, und bei einem heißen Getränk, das ich bitter nötig hatte, erzählte sie mir ihre Geschichte. Sie hatte Rumänien zuerst als Touristin bereist, war bei einem Autounfall verletzt worden und musste für kurze Zeit in ein Krankenhaus vor Ort, bevor sie in die USA zurückgeflogen werden konnte. Während sie sich zu Hause wieder ganz erholte, gingen ihr die verlassenen Kinder nicht aus dem Kopf, die sie in den Krankenhausstationen in Rumänien getroffen hatte, und sie beschloss: Wenn sie wieder ganz gesund war, dann wollte sie zurückgehen und helfen, so weit es in ihrer Macht stand. Sie verlegte ihren Wohnort nach Targu Mures, begann die Krankenhäuser zu besuchen, und allmählich schloss sich ihr eine kleine Gruppe rumänischer Freunde an.

Kristl erklärte mir, dass während der 1980er- und frühen 1990er-Jahre Tausende rumänischer Kinder im Zusammenhang mit Routineuntersuchungen im Krankenhaus mit dem HIV-Virus infiziert wurden. Verschmutzte Spritzen, Impfstoffe und Blut hatten die Krankheit übertragen und dazu geführt, dass Rumänien europaweit die höchste Rate an HIV-Fällen bei Kindern hatte. Der Umstand, dass die Mehrheit der Kinder, die auf diese Weise infiziert wurden, offenbar Roma waren – eine marginalisierte und häufig diskriminierte Volksgruppe –, ließ diverse Verschwörungstheorien entstehen. Was auch immer die Gründe für die Verunreinigungen waren – jedenfalls befanden sich in ganz Rumänien Tausende HIV-positive Kinder, die damals erkrankt waren, in Kliniken. Häufig hatten ihre Eltern sie aufgegeben, wozu sie sogar von oben ermutigt worden waren. Gegenwärtig lebten über 100.000 Kinder in Rumänien in irgendwelchen Einrichtungen. Der letzte kommunistische Führer, der infame Nicolae Ceaușescu, der Rumänien 25 Jahre lang regiert hatte, war neun Jahre zuvor gestürzt worden. Er und seine Frau Elena wurden gefasst, zum Tode verurteilt und von einem Exekutionskommando erschossen. Doch die abscheulichen Hinterlassenschaften seiner Herrschaft waren noch immer entsetzlich spürbar, vielleicht vor allem in den Tausenden von Waisenhäusern, Krankenhäusern, und auf den Straßen von Großstädten, wo Kinder, die nie die Liebe ihrer Familien erfahren durften, ihr zerbrochenes Dasein fristeten.

Kristl und ihre treue Helfergruppe besuchten regelmäßig einige Krankenhausstationen in Targu Mures, sie verbrachten Zeit mit den Kindern, versuchten mit ihnen zu sprechen und zu spielen. Die Situation für die Kinder im Krankenhaus für Infektionskrankheiten – derjenigen, die sie in ihrer E-Mail beschrieben hatte – war von allen die fürchterlichste. Die verlassenen Kinder wurden in jeder Hinsicht vernachlässigt. Alle wurden hier den Rest ihres Lebens verbringen, und jede Woche starben Kinder völlig alleingelassen in ihren Gitterbettchen. Zwischen den freiwilligen Helfern und der bezahlten Belegschaft gab es wachsende Spannungen, ja sogar Hass. Kristl und ihre Gruppe wurden einfach nur aus dem Grund als Kritiker empfunden, weil ihr Verhalten gegenüber diesen verlassenen Kindern in einem so eklatanten Kontrast zu dem der Krankenschwestern und Ärzte stand.

Die Worte strömten aus Kristls Mund, als hätte sie schon lang darauf gewartet, irgendjemandem diese ganze Geschichte erzählen zu können. Doch trotz ihrer düsteren Beschreibungen war immer wieder ihr sprühender Humor spürbar. Sie amüsierte sich über ihre eigenen täglichen Fehler in diesem fremden Land, wo sie sich nach Kräften bemühte, sich Sprache und Gebräuche anzueignen.

„Heute Morgen, als ich zu meinem Auto kam, musste ich feststellen, dass ich gestern Abend bescheuert eingeparkt und dabei das Auto von einem meiner Nachbarn blockiert habe. Ich hatte an der Windschutzscheibe einen Zettel", erzählte sie lachend. „Darauf stand lediglich *Cretina*. Ich muss immer noch lachen. Ich muss sehen, dass ich den Nachbarn heute Abend finde, und mich bei ihm entschuldigen."

Ich war überwältigt von ihrer Tapferkeit und ihrer geistigen Wachheit, vor allem aber von ihrem sehr offensichtlichen Glauben an Jesus. Sie war in einer Baptistenfamilie aufgewachsen, und schon in unseren ersten Gesprächen stellten wir fest, dass wir beide die Werke von C. S. Lewis sehr schätzten. Als ich meinen zweiten Kaffee ausgetrunken und den letzten Bissen meines enormen Salamisandwichs verzehrt hatte, wusste ich schon einiges über Rumänien und die Situation, in der sich Kristl und ihre Freunde mit ihrer Arbeit bewegten. Nach dem Ende ihres detaillierten Berichts schlug Kristl vor, dass wir uns direkt in das Krankenhaus für Infektionskrankheiten begeben sollten. Wir stiegen in ihr altes, zerbeultes Auto ein, wo sie beim Anblick des zerknitterten „CRETINA"-Zettels, den sie auf ihrem Armaturenbrett deponiert hatte, noch einmal in Gelächter ausbrach, und wir fuhren durch einige hübsche, von Bäumen umsäumte Straßen, bevor sie vor einem unscheinbaren Ziegelgebäude parkte, das auf den ersten Blick gar nicht als Krankenhaus erkennbar war. Wir gingen durch den Haupteingang und durch schummrige Flure, ohne auf irgendwelche Mitarbeiter zu stoßen. Kristl lachte jetzt nicht mehr.

Nie werde ich den fürchterlichen Gestank nach Krankheit und Fäkalien vergessen, der uns entgegenschlug, und das Schweigen, als wir die „Station" betraten. In einem kalten, tristen, kahlen Saal standen lange Reihen von Gitterbetten, in jedem war ein Kind. Sie waren abgemagert und hatten zerrissene, schmutzige Schlafanzüge an. Die meisten wippten rhythmisch vor und zurück. Hin und wieder wurde das Schweigen von einem Stöhnen oder einem gellenden Schrei zerrissen. Ein Kind schlug seinen schon blutenden Kopf immer wieder gegen die Stäbe seines Betts und schrie dabei. Viele hatten grotesk geschwollene Köpfe. Ihre Gesichter waren runzlig, es wirkte, als hätte man die Köpfe von alten Leuten auf Kinderkörper gepflanzt. Bei einigen standen die Gliedmaßen in völlig grotesken Winkeln vom Körper ab. Sie hatten alle ganz kurz geschnittene Haare, man konnte Mädchen nicht von Jungen unterscheiden. Die meisten hatten offene oder verschorfte Wunden, manchmal sah es aus wie Krätze.

Zuerst schienen sie uns gar nicht zu bemerken, als wir jedoch auf sie zugingen, streckten einige ihre stöckchendünnen Arme zwischen den metallenen Gitterstäben nach uns aus. Wir folgten der Aufforderung, nahmen sie hoch und hielten sie im Arm. Sie klammerten sich wie Kletten an uns, und wir konnten kaum ihre Arme und Beine lösen, um das nächste Kind aufzunehmen, das auch umarmt werden wollte. Einige schenkten mir ein erschütterndes, wunderschönes Lächeln. Als der Schock nachließ (Kristl hatte mir zwar viel erzählt, aber das hier traf mich trotzdem unvorbereitet), fiel mir ein, dass ich wohl einige Fotos machen sollte. Mir war bereits klar, dass ich unbedingt etwas unternehmen wollte, um diesen Kindern zu helfen; und um andere dazu zu bewegen, uns zu helfen, brauchten wir Belege dafür, dass das hier die Wirklichkeit war.

Ich holte meinen Fotoapparat aus meiner Tasche, und Kristl sprach weiter zu den Kindern, während ich einige Bilder knipste. Sie kannte viele beim Namen. Sie erklärte mir, einige von ihnen, obwohl schon neun oder zehn Jahre alt, könnten nicht laufen, einfach weil niemand sie lang genug aus ihrem Bett genommen hatte, damit sie es lernen konnten. Es gab hier vierzig chronisch kranke Kinder und immer lediglich jeweils zwei Krankenschwestern, die sich um sie kümmerten. Offensichtlich hatte man schon vor langer Zeit den Versuch aufgegeben, sich dieser Kinder richtig anzunehmen.

Dann betrat erstmals eine Schwester den Saal. Sie wirkte ziemlich verärgert darüber, uns hier anzutreffen, und die Missbilligung in ihrer Miene verstärkte sich noch, als sie meine Kamera sah. Sie sagte Kristl (die schon ziemlich gut Rumänisch sprach), dass wir mit der Klinikleiterin sprechen müssten, und führte uns durch einige Gänge in ein kleines Büro. Die Leiterin, eine Frau mittleren Alters mit Brille und schlecht gefärbten orangenen Haaren, hielt uns eine kurze Standpauke. Sie forderte uns auf zu gehen. In meinen Ohren klang es wie ein endgültiges Hausverbot für Kristl und ihre Freunde.

Ich war bestürzt, weil ich offenbar die Lage noch verschlimmert hatte, doch in Kristls Wohnung versuchten sie und ihre Freunde, die ebenfalls gekommen waren, um zu besprechen, wie es weitergehen sollte, mich zu beruhigen. Bei Kaffee und Kuchen erklärten sie, es sei nicht das erste Mal gewesen, dass man sie rausschmiss, und die Beziehung zur Belegschaft sei sowieso schon völlig zerrüttet. Sie sagten, dass sogar die Spielzeuge, die Schlafanzüge und die Seife, die sie kürzlich für die Kinder ins

Krankenhaus gebracht hätten, verschwunden und wahrscheinlich vom Klinikpersonal gestohlen worden seien.

„Wir danken Ihnen für all die Sachen, die Sie uns aus England geschickt haben, aber solange die Kinder in diesem Krankenhaus untergebracht sind, können wir ihr Leben nicht ändern", erklärten sie mir.

Später am Abend ging ich allein zum Krankenhaus zurück. Ich stand sehr lang vor den schmutzigen Ziegelmauern und betete. Ich flehte Gott an, sich dieser Kinder zu erbarmen. „Bitte, Herr, gib ihnen ein neues Leben. Schenk ihnen die Erfahrung, geliebt zu sein. Zeig uns, was wir tun sollen. Bitte, Herr!"

Am nächsten Tag sprach ich mit Kristl über die Idee, dass wir für wenigstens einige dieser Kinder ein angemessenes, liebevolles Heim schaffen sollten – vielleicht eine Art Kinderhospiz, wo sie in der kurzen Zeit, die ihnen noch blieb, Fürsorge und Liebe erfahren konnten. Sie sagte mir, sie hätte über so etwas auch schon nachgedacht und dafür gebetet, aber sie erklärte mir auch, dass es riesige Hindernisse gab, die dem entgegenstanden. Die Klinikleitung würde es nicht wollen, dass die Kinder das Krankenhaus verließen, weil sie von der Regierung für deren Pflege finanzielle Mittel bekam. Die meisten Rumänen wussten fast nichts über HIV/AIDS, waren aber voller Angst und Vorurteile hinsichtlich der Krankheit, es würde also wahrscheinlich auf starken Widerspruch der Anwohner stoßen, wenn man ein solches Heim eröffnen würde. Es wäre sicher auch schwierig, qualifizierte, mitfühlende Mitarbeiter zu finden – obwohl die fantastischen freiwilligen Mitarbeiter und Freunde aus Kristls Kirchengemeinde vielleicht schon einmal ein guter Ausgangspunkt waren. Und es gab natürlich auch noch das Problem, die Geldmittel aufzutreiben, um ein solches Heim zu eröffnen und zu betreiben, und den Umstand, dass keiner von uns mit so etwas Erfahrung hatte. Obwohl wir uns der Tatsache bewusst waren, dass wir uns keine großen Hoffnungen machen durften, wurde an jenem Tag ein Traum geboren, und im Rückblick bin ich dankbar, dass wir hinsichtlich des Umfangs der Probleme und Hindernisse, die sich uns in den Weg stellen sollten, so naiv waren.

In der Folgezeit fuhr ich immer wieder nach Targu Mures. Es war eine Stadt, die mir mit ihren zahlreichen Gebäuden aus der österreichisch-ungarischen Zeit und dem herrlichen Marktplatz, der an den Sonntagen für den Autoverkehr gesperrt war, regelrecht ans Herz wuchs. An den Abenden, wenn ich alle meine Termine hinter mir hatte, besuchte ich häufig eine der vielen Kirchen dort. Der Großteil der zahlreichen ungarischen Bevölkerung der Stadt war katholisch. Ich konnte also an den meisten Tagen in einer ihrer Kirchen zur Messe gehen, häufig besuchte ich aber auch die grandiose orthodoxe Kirche, und ich war überwältigt von der Schönheit der Gesänge und von den herrlichen Ikonen dort.

An einigen Sonntagvormittagen ging ich nach der Messe auch in die „Kirche", die Kristl besuchte. Der Gottesdienst fand in einem Tagungsraum in einem Hotel statt, und es wurde viel zu Gitarren- und Klavierbegleitung gesungen. Die Mitglieder der kleinen Gemeinde trugen ihre Gebete und Lobgesänge sehr überzeugend und leidenschaftlich vor. Ich lernte dort mehrere von Kristls engen Freunden kennen, etwa Gusti und seine Frau Ibi, deren begabte Söhne, beide im Teenager-Alter, wichtige Vorsänger in der Kirche waren. Eines Tages erzählte mir Ibi während eines Abendessens bei ihnen zu Hause, dass ihre Kindheit völlig von ihren kommunistischen Eltern geprägt gewesen war und sie nie etwas vom Christentum gehört hatte. Als sie noch klein war, wurde sie krank, und irgendwann wurde Krebs diagnostiziert. Sie kam in dasselbe Krankenhaus, in dem jetzt die aufgegebenen Kinder lebten. Während ihres Aufenthalts dort hatte sie eine mystische Erfahrung, in der ihr Jesus erschien. Sie verließ das Krankenhaus vollständig geheilt – und mit einem glühenden Glauben an Christus, dem sie seither immer treu geblieben war.

Es war wunderbar, mit diesen Menschen zusammen zu sein, die an Wunder glaubten und ausnahmslos in einer Haltung tiefen Glaubens und großer Hoffnung lebten. Gemeinsam begannen wir nach geeigneten Grundstücken für unser Kinderheim zu suchen. Als ich dann wieder in Schottland war, erzählte ich vom Leiden der Kinder in dieser Klinik und wie nötig es war, Mittel zu sammeln, um ihnen ein Heim zu schaffen. Ganz zu Beginn unserer Spendensammlungsaktion für dieses Projekt starb ein Großonkel von mir, Nigel Bruce. Ich kannte ihn kaum, hatte ihn lediglich drei- oder viermal in meinem Leben getroffen, ich war also einigermaßen schockiert, als ich erfuhr, dass er mir in seinem Testament Geld hinterlassen hatte. Die Anwälte schickten mir ein Blatt Papier, auf dem Nigel geschrieben hatte: „Ich bin sicher, dass Magnus weiß, was er mit dem Geld anfangen soll." Die Summe, die er hinterließ, entsprach ziemlich genau dem, was wir als Minimum für den Bau und die Einrichtung eines Heims angesetzt hatten.

Großonkel Nigel hatte recht: Ich wusste wirklich, was ich mit diesem außerordentlichen Geschenk anfangen sollte. Wieder einmal sah es ganz so aus, als würde uns alles zufallen, was wir brauchten. Mittlerweile reagierten außerdem viele großzügige Unterstützer auf unseren Aufruf, uns bei den laufenden Kosten des Heims zu helfen. Zum ersten Mal hatten wir die Leute gebeten, monatlich Geld zu spenden, damit wir einen zuverlässigen Haushaltsplan erstellen konnten, und wir waren erstaunt, wie viele bereit waren, uns regelmäßige Beträge zukommen zu lassen. Alles in allem stellte sich sowieso heraus, dass die Spendensammlung für dieses Vorhaben noch die einfachste Übung war.

Nach einigen Wochen, die wir mit Suchen und dem Anschauen aller möglichen Objekte in Targu Mures und der näheren Umgebung verbrachten, fanden wir einen Platz, der einen idealen Eindruck machte. Es handelte sich um ein großes, zweistöckiges Haus, das zwischen Kornfeldern am Rand einer kleinen Ortschaft lag, eine halbe Stunde entfernt von Targu Mures. Als ich das zweite Mal hinfuhr, wurde ich von meiner Schwester Ruth begleitet, die mittlerweile meine Mitarbeiterin war und mich bei vielen unserer ständig wachsenden Aufgaben unterstützte. Sie war eine begabte Autorin und fing jetzt an, die Kommunikation mit unseren Spendern weiterzuentwickeln, wozu auch die Erstellung unserer ersten Rundbriefe gehörte. Wir fanden das witzig, weil es uns an unsere Kindheit erinnerte. Damals hatten wir gespielt, dass wir eine eigene Zeitung machten. Wir tauften sie *Craig Lodge News*. Sie war sauber in Sparten aufgeteilt: Nachrichten, gemalte Bilder, Werbung, ja sogar eine Leserbriefseite war vorgesehen. Es war nett, jetzt, als Erwachsene, „Zeitungen" herzustellen, von denen wir hofften, dass die Menschen sie auch tatsächlich lesen würden!

Damals hatten wir noch keine genaue Aufgabenteilung. Ruth half mir einfach da, wo es nötig war. Wir hielten uns also zusammen ein paar Nächte in dem Haus in den Feldern auf und versuchten, mehr über die Gemeinde in Erfahrung zu bringen.

Jeden Morgen knallte uns ein rüder Hausmeister ein Glas einge-
legtes Gemüse, ein großes Stück Weißbrot und eine Flasche
Wodka auf den Tisch, während Ruth und ich uns alle Mühe gaben, nicht zu lachen. Ich habe es nie geschafft, mich für saure
Gurken zum Frühstück zu erwärmen.

In Begleitung von Kristl und unseren rumänischen Helfern
sprachen wir mit mehreren Verantwortlichen vor Ort. Wir trafen
den Bürgermeister der Stadt und erklärten, was wir mit dem
Haus vorhatten. Wir baten um seine Zustimmung und freuten
uns, als er einverstanden war. Er unterzeichnete diverse Doku-
mente, die nötig waren, und erklärte offiziell seine Unterstützung für die Eröffnung eines Heims für verlassene, HIV-positive
Kinder. Wir zogen also los und kauften das Haus.

Zwei Wochen später meldete sich der Bürgermeister bei uns
und teilte uns mit, dass es im Ort wegen unseres Projekts gewaltigen Ärger gab, dass er sogar Todesdrohungen erhalten
habe, weil er uns unterstützte. Die Leute waren entsetzt angesichts der Perspektive, dass Kinder mit AIDS in ihrer kleinen
Stadt leben sollten. Und er sagte uns, er ziehe seine Unterstützung zurück. Nach einigen vergeblichen Bemühungen, mit ihm
und denjenigen in der Gemeinde, die sich gegen unseren Plan
aussprachen, noch einmal ins Gespräch zu kommen, mussten
wir einsehen, dass es sinnlos war, daran festzuhalten. Die Zeit,
die den Kindern im Krankenhaus noch blieb, war einfach zu
kurz. Wir bemühten uns also, das Haus wieder zu verkaufen,
und schauten uns gleichzeitig nach einer Alternative um. Gusti,
der ein Kinderheim für eine amerikanische kirchliche Gruppe
leitete, sagte mir, sie würden jetzt in Targu Mures eine Immo-
bilie zum Verkauf anbieten. Ich schaute mir die Sache an: ein
solide gebautes Haus mit großem Gelände in einem ruhigen

Stadtteil. Uns war klar geworden, dass angesichts der Heftigkeit der öffentlichen Gefühle die aussichtsreichste Perspektive darin bestand, das Heim in der Stadt zu eröffnen und nicht in einer kleineren Gemeinde. Das Haus entsprach unseren Vorstellungen perfekt, doch der Preis war viel zu hoch.

„Sind Sie an einem Kauf interessiert?", fragte John, der amerikanische Besitzer, unmittelbar nachdem ich meine Besichtigungstour beendet hatte. Er war ein Mann von Mitte sechzig, sehr rüstig, mit funkelnden Augen und einem entwaffnend geradlinigen Kommunikationsstil.

„O ja, unbedingt", antwortete ich, „aber wir haben nicht genug Geld. Selbst wenn wir das andere Haus schnell verkaufen können, ist es doch nicht so viel wert wie dieses hier, wir müssen also von irgendwoher noch mehr Spenden bekommen. Ich bin sicher, dass wir das schaffen, aber ich habe keine Ahnung, wie lang das dauern wird."

Er forderte mich auf, ihm mehr über unser geplantes Projekt zu erzählen. Als ich fertig war, sagte er lange nichts.

„Ich glaube, dass es sich hier um Gottes Werk handelt", sagte er bestimmt. „Ich bin einverstanden, wenn ihr jetzt zahlt, was ihr könnt, und den Rest dann, wenn ihr ihn habt."

Er wollte keinen unterschriebenen Vertrag, keinen Zahlungsplan, keine Zinsen. Ich war sprachlos. Und aufgrund dieses unglaublichen Angebots kauften wir dann also das Haus. Plötzlich ging alles sehr schnell. Die nächste Hürde war nun die Menge an erforderlichem Papierkram, um die diversen Genehmigungen von der Kommunalverwaltung zu bekommen und diese Kinder offiziell in unsere Obhut nehmen zu dürfen. In einigen Fällen waren wir – natürlich völlig zu Recht – genötigt, die Unterschriften der Eltern einzuholen, obwohl diese seit vielen

Jahren keinen Kontakt mehr zu ihren Kindern gesucht hatten. Sie mussten die Erlaubnis geben, dass ihre Kinder vom Krankenhaus in das neue Kinderheim verlegt wurden. Kristl, bewaffnet mit einer Namens- und Adressenliste, machte sich mit Matt, einem Engländer, mit dem sie sich kürzlich verlobt hatte, auf den Weg, um diese Leute aufzusuchen. Nach Hunderten von Meilen über schlaglochübersäte Straßen und Feldwege und nach endlosem Suchen in Dörfern, abgelegenen Bauernhöfen und städtischen Elendsvierteln lagen sämtliche notwendigen Unterschriften vor. Das war gleichzeitig eine Gelegenheit, die Eltern zu bitten, doch ihre Kinder zu besuchen, wann immer es ihnen möglich war.

Mittlerweile entwickelte sich der wichtigste Teil des Ganzen sehr erfreulich; wir bekamen ein fantastisches Team rumänischer Mitarbeiter und Mitarbeiterinnen zusammen. Viele von ihnen gehörten zu dem Kreis, der Kristl schon – damals noch ehrenamtlich – bei den Besuchen in den Krankenhäusern unterstützt hatte. Das waren alles Menschen, die diese Arbeit machen wollten, weil es ihnen ein Herzensanliegen war, den Kindern zu helfen, nicht weil es ihnen um materiellen Gewinn ging. Wir brauchten allerdings noch jemanden, der das Ganze leitete, und ich besprach die Frage mit Ibi.

Sie war eine Person, die ich sehr bewunderte, allerdings hatte sie eine gute und auch gut bezahlte Stelle als Buchhalterin in der Stadtverwaltung. Sie wollte zwar unbedingt diesen Kindern helfen, beschloss aber, zu diesem Zeitpunkt ihre berufliche Laufbahn nicht abzubrechen. Ich hatte gar nicht lange Zeit, deswegen enttäuscht zu sein, da teilte uns ihr bedächtiger, gesetzter Ehemann Gusti, der außerdem bereits Erfahrung mit der Leitung eines Kinderheims hatte, mit, dass er diese Funktion gerne übernehmen würde. Nachdem ich am letzten Abend eines Besuchs die Details mit Gusti besprochen hatte, flog ich in dem frohen Bewusstsein, dass jetzt alles gut geregelt war, nach Schottland zurück. Praktisch unmittelbar nach meiner Rückkehr rief Ibi mich an und teilte mir mit, dass Gusti direkt nach meinem Aufbruch schwer erkrankt sei. Wie sich in den nächsten Wochen herausstellte, hatte er einen Schlaganfall erlitten und würde sich wohl nie wieder so weit erholen, dass er noch einmal berufstätig werden konnte. Kurz danach rief Ibi mich wieder an. Trotz der Tatsache, dass ihre Welt völlig auf den Kopf gestellt war, dass sie jetzt ihre beiden Teenager-Söhne und ihren kranken Mann versorgen musste, spürte sie Gottes Willen, ihren Verwaltungsjob aufzugeben, um das Heim zu leiten. Sie wollte sicherstellen, dass diese Kinder geliebt wurden. Und für dieses Ziel arbeitet sie seither unermüdlich.

Wir hatten für die erste Umsiedlung vom Krankenhaus die zehn gesündesten Kinder ausgewählt; wir dachten, sie würden wahrscheinlich am meisten von ihrem neuen Heim profitieren, das, so hatten wir beschlossen, „Iona House" heißen sollte, nach der berühmten Hebrideninsel in unserem Teil Schottlands. Im Lauf von zwei Tagen wurden die verängstigten, staunenden Kinder behutsam von Ibi und ihren Helfern von der Klinik in das Heim transportiert. Die ersten paar Tage waren für die Pfleger und Pflegerinnen voller Überraschungen und Herausforderungen. Die meisten Kinder wussten nicht, wie man mit Messer und Gabel umgeht, und sie waren auch nicht daran gewöhnt, zum Essen an einem Tisch zu sitzen. Einige waren zutiefst erschrocken und wollten weglaufen. Viele Kinder aßen solche Mengen, dass sie sich übergeben mussten – noch nie in ihrem Leben hatten sie mehr als genug zu essen vor sich gehabt.

Sämtliche Experten, die uns im Umgang mit HIV/AIDS berieten, betonten, wie wichtig eine angemessene Ernährung war, und wir wollten gleich von Anfang an sicher sein, dass wir diesen Kindern wirklich gute und geeignete Lebensmittel servierten. Die meisten nahmen schnell zu. Die Pfleger fingen dann auch gleich an, einigen von den Kindern richtig Laufen beizubringen. Ein Teil des Gartens war zu einem kleinen Spielpark umgestaltet worden, und meistens waren die Entdeckungstouren im Freien für die Kinder ungeheuer reizvoll. Nachdem der Anfangsschock über den Umzug verklungen war und wir merkten, dass die Kinder dafür bereit waren, beschlossen wir, dass es Zeit war für ein „Eröffnungsfest".

Am Vormittag vor dem Fest – dem ersten, das sie je erlebten – pflückte ich mit den Kindern Äpfel und Haselnüsse von den Bäumen hinter dem Haus. Laci, ein taffer zehnjähriger Bub, kicherte, als er mit den Welpen spielte. Es war ein Tag der Wunder und des Staunens, den ich nie vergessen werde. Mandra trug zum ersten Mal in ihrem Leben ein Kleid. Carla lachte sie aus und sagte, sie würde komisch aussehen – alle anderen sagten, dass sie sehr hübsch aussah, und das stimmte auch. Vasile verbrachte den Nachmittag damit, ein Bild von Vögeln, Flüssen, Bergen und Bäumen zu malen, mit Buntstiften, die vor Kurzem aus Schottland eingetroffen waren. „Ich habe eine sehr gute Vorstellungsgabe", erklärte er mir, als ich ihn zu seinem Bild beglückwünschte. Er war mit seinen sechzehn Jahren etwas älter als die anderen Kinder, und er war über die Behörde, nicht direkt vom Krankenhaus zu uns gekommen. Er erzählte mir seine Geschichte. Sein Vater, ein Alkoholiker, hatte ihn, als er drei Jahre alt war, auf einem Bahnhof ausgesetzt. Seit damals hatte er in mehreren Waisenhäusern gelebt, dann wurde er krank und verbrachte lange Zeit im Krankenhaus. Eines Tages ging ein Arzt, der ihn untersucht hatte, aus dem Zimmer hinaus und meinte, er werde in ein paar Minuten wieder da sein. Als nach einer Stunde noch niemand aufgetaucht war, beschloss Vasile, einen Blick auf die Notizen des Doktors zu werfen, die auf dem Schreibtisch verstreut lagen. Auf diese Weise erfuhr er, dass er HIV-positiv war.

„Ich saß lange Zeit einfach nur da und hielt mich mit beiden Armen umklammert", sagte er leise und schaute zu Boden.

Er erklärte, dass er einige Zeit später, als er wirklich schon konkret über Selbstmord nachgedacht hatte, von lieben Menschen zu einem christlichen Sommerlager eingeladen wurde. „Ich fand es wunderbar. Und danach", sagte er lächelnd, „betete ich jeden Tag, dass Gott mir eine Familie schenken möge. Aber bis heute konnte ich mir beim besten Willen nicht vorstellen, wie Gott das wohl bewerkstelligen würde."

Am Abend grillten wir vor dem Haus. Die Kinder scharten sich um den Grill, glücklich und staunend über dieses seltsame Schauspiel einer Küche im Freien, und lachend, wenn uns der Rauch ins Gesicht wehte. Als die untergehende Sonne wie ein orangefarbener Ball durch die Obstbäume leuchtete, setzten wir uns zusammen hin und genossen unsere Schweinesteaks, die köstlichen Salate und Pommes frites, und prosteten uns mit Wein und Saft zu. Wir hatten lange auf diesen Tag gewartet. Als wir mit dem Essen fertig waren, fingen einige im Dämmerlicht noch an zu kicken. Oben im Haus öffnete eines der Kinder ein Fenster, und Musik strömte in den Garten. Kristl, deren Glaube und Vertrauen uns bis zu diesem Tag geführt hatten, stand auf, nahm Laci in den Arm und zeigte ihm, wie man Walzer tanzt. Ich sah voller Ehrfurcht zu, wie die beiden, selig lächelnd, tanzten.

Zum Zeitpunkt der Eröffnung von Iona House waren im Krankenhaus nur noch 24 Kinder am Leben gewesen. Während sich die zehn Kinder im Iona House allmählich eingewöhnten, kehrten unsere Gedanken zu den vierzehn zurück, die in der Klinik zurückgeblieben waren. Wir beschlossen, auf unserem Grundstück ein zweites Haus zu bauen, wenn wir dafür das Geld zusammenbekamen. In diesen Wochen wurde ich Duncan Bannatyne vorgestellt, einem bekannten schottischen Unternehmer, der im Ruf stand, ein schroffer, harter Selfmademan zu sein. Ich traf ihn zum Lunch in einem Restaurant in der Nähe seines Wohnorts, und bei Fish and Chips erzählte ich ihm von unserer Arbeit in Rumänien und unserem Wunsch, ein zweites Heim zu eröffnen. Er war selbst schon in Rumänien gewesen und außerordentlich interessiert an dem, was wir dort machten. Lediglich eine Stunde, nachdem wir uns kennengelernt hatten, sagte er, er werde uns alles Geld geben, das wir brauchten, um das Heim zu bauen, und er würde selbst gern im nächsten Jahr zur Eröffnung kommen. Er nannte mir das Datum, bis zu dem er erwartete, dass das Haus komplett stand, und ließ keinen Zweifel offen, dass ich mich gefälligst bemühen sollte, bis dahin fertig zu sein.

Gott sei Dank schafften wir es, den Zeitplan einzuhalten, und Anfang 2001 fuhren Duncan und ich nach Targu Mures. Wir wurden begleitet von Schwester Martha, einer jungen Ordensfrau in weißem Habit, die ich kurz zuvor kennengelernt hatte. Ich hatte sie eingeladen, uns auf unserem Besuch zu begleiten, da sie sehr erfahren im Umgang mit behinderten Kindern war, und wir brauchten Hilfe und Rat. Wir drei waren eine reichlich inhomogene Gruppe. Duncan, der, wie ich mittlerweile festgestellt hatte, hinter seinem ruppigen Auftreten als harter Mann ein großes, sensibles Herz verbarg, war fasziniert davon, welchen

Frieden diese schöne junge Frau ausstrahlte, die die Gelübde von Keuschheit, Armut und Gehorsam abgelegt hatte. Duncan fragte sie aus, er wollte unbedingt herausbekommen, warum sie sich für diesen Weg entschieden hatte und warum sie, die in den Augen der Welt nichts besaß, so offenkundig voller Freude war. Wir hatten einige lebhafte Diskussionen über den Sinn des Lebens, und als Reaktion auf Duncans Fragen versprach sie, dass sie jeden Tag für ihn beten werde.

Der Höhepunkt dieses Besuchs war die offizielle Eröffnung von Bannatyne House, in das wir jetzt weitere zehn Kinder aus dem Krankenhaus aufnehmen durften. Dieses neue Haus sollte das Heim für die Mädchen werden, während Iona House nun ausschließlich für die Jungen bestimmt war. Einige aus dieser Gruppe waren schlimmer krank und behindert als die Kinder aus der ersten Gruppe.

In unserem Garten fand dann mit sämtlichen – mittlerweile zwanzig – Kindern ein weiteres Fest statt. Duncan, den die Kinder ganz toll fanden, sagte uns, dies sei einer der schönsten Tage seines Lebens. Nach dem Lunch saßen wir draußen und redeten, während die Kinder um uns herum spielten. Ich bemerkte, dass Duncan irgendwann für eine Zeitlang hinter dem Haus verschwand, und als er zurückkam, sah er aus, als habe er geweint. Offenbar fiel es ihm schwer, etwas zu sagen. Er erzählte uns, er habe gerade eine Gotteserfahrung gehabt.

„Gott wollte, dass ich so werde wie ihr", sagte er und versuchte zu lächeln. „Gott stellte mich vor die Wahl. Ich entschied mich dagegen, und dann verschwand er. Aber ich kann es einfach nicht – ich kann nicht alles aufgeben."

„Aber Gott will dir doch nichts wegnehmen, Duncan", sagte Ibi liebevoll. „Er möchte dir etwas schenken."

Duncan ist und bleibt ein guter Freund, und er hat mich und unsere Arbeit in all den Jahren unglaublich unterstützt. In seiner Autobiografie *Anyone Can Do It* beschreibt er diese Begegnung mit Gott. Ich finde seine offenherzige Darstellung dieser Erfahrung entwaffnend ehrlich und demütig, und ich bete, dass er eines Tages dahin kommt, dieses Geschenk annehmen zu können.

Duncans Großzügigkeit und die Eröffnung des Bannatyne House hatten zur Folge, dass jetzt nur noch vier sehr kranke Kinder auf der Station in der Klinik lagen. Wir machten uns also daran, Geld zu sammeln, um ein kleines Haus zu kaufen, das gleich neben unserem Anwesen lag und das wir in ein passendes Heim verwandeln konnten. Während dieses dritte Heim entstand, machte ich einen weiteren Besuch im Krankenhaus. Eines der Mädchen, Juliana, schlug ständig ihren Kopf, der ganz wund war, gegen die Stäbe ihres Gitterbetts, während ihre dünnen Arme sich um die Metallfedern unter ihrer Matratze klammerten. Ihr Gesicht war völlig ausdruckslos, sie schien nichts von dem wahrzunehmen, was um sie herum vorging. Ich spürte, wie Zorn in mir hochkam. Wie konnten die Leute, die hier arbeiteten, denn so etwas mit ansehen und nicht einmal wenigstens das Bett auspolstern oder ihren Kopf vor den Eisenstangen schützen? Der Stationsarzt, der offenbar unfähig war, auch nur das Geringste in diesen Kindern zu sehen, das seine Fürsorge verdient hätte, und der überhaupt nicht verstehen konnte, warum wir solche Anstrengungen unternahmen, ihnen ein Heim zu bereiten, zeigte auf Juliana.

„Wissen Sie", sagte er, „mir ist ja wirklich völlig schleierhaft, warum Sie noch so ein Heim bauen. Sie ist bestimmt tot, bevor Sie es auch nur eröffnen."

Als ich wenige Monate später wiederkam und zum ersten Mal unser drittes Heim – Rosie's House (es trug den Namen von einem der kleinen Mädchen, die im Krankenhaus gestorben waren) – besuchte, wurde ich am Eingang von Juliana empfangen. Ana Maria, eine Pflegerin, stützte sie. Sie hatte sich unermüdlich Stunde um Stunde um Juliana gekümmert und ihr Laufen beigebracht. Julianas Aussehen hatte sich völlig verändert. Ihr Haar war nachgewachsen, und die Wunden am Kopf waren abgeheilt. Sie hatte schon über zwanzig Kilo zugenommen. Sie nahm mich bei der Hand und zeigte mir ihr Heim. Vor allem wollte sie unbedingt, dass ich ihr schönes, buntes Schlafzimmer sah. Auf ihrem Bett lagen mehrere Kuscheltiere – *ihre* Kuscheltiere. Jetzt war niemand mehr in diesem Krankenhaussaal.

Der Betrieb der drei Heime war für Ibi und ihr Team eine gewaltige Herausforderung. Die Kinder hatten mannigfache dringende medizinische und emotionale Bedürfnisse. Wir mussten um unser Kernteam von Pflegern und Pflegerinnen herum ein Netzwerk von Spezialisten aufbauen, zu dem Ärzte, Physiotherapeuten, Berater, Psychiater, Pastoren und Ordensschwestern gehörten. Erstmals konnten die Kinder jetzt von antiretroviralen Medikamenten und angemessener Ernährung profitieren.

Als ob Kristl und Ibi mit diesem unglaublich anspruchsvollen Projekt nicht schon genug zu tun gehabt hätten, fühlten sie sich gedrängt, noch mehr für die anderen leidenden Kinder von Targu Mures zu tun, vor allem für diejenigen, die in der Gefahr waren, verlassen und ausgesetzt zu werden. In Zusammenarbeit mit den städtischen Behörden begannen sie Familien zu unterstützen, die zu Hause HIV-positive Kinder pflegten. Außerdem setzten sie ihre Arbeit in einer Roma-Gemeinschaft am Stadtrand, in einem verrufenen Viertel mit dem Namen Hill

Street, fort. Zweimal pro Woche fuhren wir einen steilen, unbefestigten, schmutzigen Weg hinauf, der von ärmlichen Hütten gesäumt war. Manchmal waren lediglich ein paar Plastikplanen über dicke Äste geworfen (ein völlig unzulänglicher Schutz gegen Schnee im Winter). Geladen hatten wir Brot und Container mit Eintopf. Wenn unser Lastwagen auftauchte, sauste eine Kinderschar, jedes mit einer Schale oder einem Teller unterm Arm, auf die Schlange zu, die sich bereits formte, während wir einparkten. Dabei war es eigentlich nicht nötig, dass sie rannten. Es gab genug, auch für die langsamsten der siebzig schmuddeligen, langhaarigen, barfuß laufenden Kinder, die hier auf der Straße lebten.

Die Kinder waren Teil einer chaotischen, verachteten Gemeinschaft. Die Menschen überlebten hier zum großen Teil dadurch, dass sie auf der „Rampa" arbeiteten, auf der riesigen Müllkippe der Stadt auf dem Hügel in der Nähe. Hier arbeiteten sie stundenlang, um Sachen zur Wiederverwertung einzusammeln. Keines der Kinder besuchte die Schule. Was sie daran hinderte, war nicht nur die feindselige Einstellung der anderen Eltern, der Lehrer und Schulkinder gegenüber der Gemeinschaft, aus der sie kamen, sondern auch, dass sie keine anständige Kleidung hatten. Und vor allem waren ihre Eltern davon überzeugt, dass die Hilfe der Kinder auf der Müllhalde eine höhere Priorität hatte als der Besuch einer Schule. Als wir mit den Menschen der Hill Street in engeren Kontakt kamen, wurde uns allmählich klar, dass sich hier nichts ändern ließ, wenn die Kinder nicht die Möglichkeit hatten, irgendeine Form von Unterricht zu bekommen. Später bauten wir für die jüngeren Kinder einen kleinen Kindergarten und stellten die Regel auf, dass nur die Kinder, die dort tagsüber hinkamen und sich so allmählich an eine tägliche Lernroutine gewöhnten, etwas zu essen bekamen. Und mit der Aussicht, dass ihre Kinder dort eine Mahlzeit bekamen, ließen ihre Eltern sie – zum ersten Mal überhaupt – einen Ort besuchen, an dem die Kleinen außer den Mahlzeiten auch eine gewisse Vorschulerziehung erhielten.

Währenddessen und in den nächsten paar Jahren veränderte sich das Leben vieler der Kinder, die in unseren Heimen lebten, dramatischer und mit Sicherheit sehr viel positiver, als wir es je erwartet hätten. Eine Kombination aus medizinischer Versorgung, Ernährung, Umarmungen, Liebe und Gebeten hatte wahrhaft wunderbare Folgen. Viele der Kinder wuchsen zu Teenagern und dann zu jungen Erwachsenen heran, und so wurde uns allmählich klar, dass wir eigentlich gar nicht in erster Linie ein Hospiz eröffnet hatten. Allerdings sind in diesen Jahren, seit wir sie aus dem Krankenhaus geholt haben, doch auch sieben Kinder gestorben.

Nach zwei Jahren im Iona House war Claudiu das erste Kind, das wir – ganz plötzlich – verloren. Er war ein Junge mit Lernschwierigkeiten und einem fröhlichen Charakter. Die anderen Kinder, die ja in ihrer Zeit im Krankenhaus daran gewöhnt gewesen waren, ihre Freunde sterben zu sehen, hatten es fast geschafft, den Tod zu vergessen. Sie waren tief bestürzt über Claudius Tod. Dann starb Ioana, ein hübsches, freundliches Mädchen, immer fröhlich und immer in Bewegung. Eine Woche bevor sie starb, teilte sie uns mit, sie habe beschlossen, ihr Leben ganz Jesus zu schenken.

Und dann Attila, ein hyperaktiver kleiner Junge, der nicht richtig sprechen konnte und im Frühjahr des folgenden Jahres sehr friedlich einschlief. Eine Woche bevor er starb, hatte Ibi, obwohl medizinisch nichts darauf hindeutete, eine Vorahnung und beschloss, seine Geburtstagsfeier vorzuziehen. Als die anderen Kinder den Raum verlassen und ihre Luftballons und ihr Lachen mit sich genommen hatten, überraschte er Ibi damit, dass er sie darum bat, für ihn zu singen, was sie natürlich machte.

Sany war zu dem Zeitpunkt, da er starb, von einem ungewöhnlich reizenden kleinen Jungen zu einem typisch ungelenken Teenager herangewachsen. Die große Codruta, die blind war, aber nie aufhörte zu reden; dann die tapfere Olimpia, die eine Tumoroperation unter ihrem Auge überlebt hatte und so unendlich gern mit ihren Puppen spielte; und zuletzt die kleine Codruta, die ganz in ihrer eigenen Welt lebte, in die sie uns nur gelegentlich einen winzigen Einblick gewährte ... sie alle starben im Lauf der nächsten paar Jahre.

Ibi und die anderen Pflegerinnen und Pfleger liebten sie alle, als wären es ihre eigenen Kinder, und jeder Tod erschütterte sie zutiefst. Jedes Mal hatten sie mit ihrer eigenen großen Trauer zu kämpfen, und gleichzeitig versuchten sie, die verstörten Kinder mit all der Liebe zu trösten, die diese jetzt noch nötiger hatten. Die Gewissheit, dass jedes dieser Kinder gestorben war, nachdem es die Erfahrung von Freude hatte machen dürfen, und im Bewusstsein, dass es kostbar war und geliebt wurde – diese Gewissheit ermöglichte es Ibi und den anderen, weiterzumachen. Und was natürlich außerdem immens half, waren die Wunder, die sich im Leben der anderen Kinder ereigneten.

Die meisten Kinder, die wir damals aus dem Krankenhaus geholt haben, sind jetzt junge Erwachsene. Einige werden immer intensive Betreuung brauchen, andere hingegen leben unabhängig oder fast unabhängig ihr eigenes Leben. Juliana, das Mädchen, das ständig mit dem Kopf gegen ihr Gitterbett hämmerte, das Mädchen, von dem der Arzt gesagt hatte, sie würde sterben, noch bevor unser Heim fertig gebaut wäre, ist jetzt eine junge Frau. Sie braucht viel Betreuung, aber sie ist glücklich, und sie lebt! Einige der jungen Männer haben mittlerweile bezahlte Jobs. Einige haben es geschafft, zum ersten Mal in ihrem Leben eine Beziehung zu ihrer Familie aufzubauen. Bei einem Besuch vor nicht allzu langer Zeit bat mich Laci, jetzt ein kräftiger, untersetzter junger Mann, der erst vor Kurzem seine Familie gefunden und besucht hatte, um ein Gespräch unter vier Augen. Wir fanden ein stilles Zimmer, und es kam noch Ibi dazu, um zu übersetzen. Ich hatte Laci immer besonders gemocht. Er strahlte schon seit jeher eine ruhige Verlässlichkeit und Treue aus. Ich erinnere mich an einen Zwischenfall aus der Zeit, als er noch ein kleiner Junge war. Damals hatte Ibi ihm die Aufgabe übertragen, sich um einige Gemüsebeete im Garten zu kümmern. Wenige Wochen später sahen ihn ein paar Mitarbeiter, wie er in strömendem Regen die Pflanzen goss, und sie fragten ihn, was er denn da mache.

Seine Antwort: „Ibi hat mir gesagt, ich soll sie jeden Tag gießen!"

Während er da nun vor mir saß und anfing zu sprechen, sah ich, dass die lange, gebogene Narbe, die sich über seinen Hals, sein Kinn und seine Wange zog, markanter hervortrat, wahrscheinlich weil die Bartstoppeln sich weigerten, auf der alten Wunde zu wachsen. Zu meiner Schande muss ich gestehen, dass ich erwartete, er würde mich um Hilfe bitten, womöglich sogar um Geld.

„Ich möchte Ihnen zunächst dafür danken, dass Sie mich aus dem Krankenhaus geholt haben", übersetzte Ibi seine ersten Worte. „Dafür, dass Sie mir Nahrung und Kleidung gegeben haben. Dafür, dass Sie meiner Familie Nahrung und Kleidung gegeben haben." Er zögerte einen Moment, schaute Ibi an und sprach dann weiter. „Jetzt möchte ich Ihnen mitteilen, dass ich beschlossen habe heimzugehen." Er räusperte sich, als wolle er klarmachen, dass das, was er jetzt sagen wollte, das Wichtigste war – der springende Punkt. „You see, I love my mum" (Denn wissen Sie, ich liebe meine Mama), sagte er in perfektem, gut eingeübtem Englisch.

Die Arbeit mit Ibi und den Kindern in Rumänien hat mich vieles gelehrt, und sie hat mich verändert. Sie zeigte mir, dass vertrauensvolle, bedingungslose Liebe – die Art Liebe, mit der diese Kinder in all den Jahren zuverlässig umgeben waren – auch noch die hoffnungslosesten Situationen verwandeln kann. Die Erfahrungen dort vermittelten mir auch ein Verständnis davon, was echte Wohltätigkeit – Caritas – ist. Die außerordentliche Großzügigkeit von Menschen wie Mrs. Duncan Jones oder auch meiner eigenen Eltern hatte einige Samen ausgestreut, und die Dinge, die ich dann in Rumänien sah und erfuhr, ließen in mir den ganz starken, tiefen Eindruck entstehen, dass Wohltätigkeit ohne Leiden oder Opfer, womöglich sogar Scheitern, in Wahrheit etwas anderes ist. Philanthropie vielleicht? Oder aktive Unterstützung? Möglicherweise auch internationale Entwicklung? Lauter gute Dinge, wenn sie gut gemacht werden, aber keine echte Wohltätigkeit. Wohltätigkeit, Caritas – Liebe war es, die mich anzog und mich mit ihrer Schönheit entzückte. Sie wurde zu einem Inhalt, den ich mir ganz zu eigen machen und umsetzen wollte.

Im Sommer des Jahres 2010, neun Jahre nach der Eröffnung von Iona House, kehrte ich zu einem weiteren Fest im Garten dorthin zurück. Es sollte die außerordentlichste Feier bislang werden: Ich trug sogar meinen Kilt. An jenem Tag geschah es, dass drei der Mädchen – Adela, Carla und Ilidi – ihren Liebsten heirateten. In ihren weißen Kleidern tanzten sie mit ihren frisch angetrauten Ehemännern auf dem Rasen. Und noch bis tief in die Nacht hinein tanzten auch wir. Und jede von ihnen wurde später Mutter eines gesunden Kindes.

V.

Nach Afrika

Friede bedarf der heroischsten Anstrengungen
und der schwersten Opfer. Für den Frieden
ist mehr Heldentum nötig als für den Krieg.
(Thomas Merton)

Father Pat Maguire kam normalerweise mit seinem riesigen röhrenden Motorrad in voller Biker-Ledermontur an. Es gab viele regelmäßige Besucher des Craig Lodge House of Prayer, die gute Freunde waren, aber wenn er auftauchte, waren meine Kinder immer besonders entzückt. Father Pat war einer unserer wichtigsten Verbündeten bei den Spendensammlungen für Bosnien-Herzegowina. Sein Haus in Dunblane war zu einem Sammelpunkt für Hilfsgüter aus diesem Teil Schottlands geworden, und ich besuchte ihn häufig, um das, was sich dort angesammelt hatte, von seiner Garage in meinen Lastwagen zu verladen. Wenn dann die Knochenarbeit erledigt war, erzählte er mir bei einer Tasse Tee von seiner Zeit als Missionar in Afrika und von seiner Liebe zu diesem Kontinent. Er sprach viel vom Bürgerkrieg in Liberia, wo mehrere Priester seines Ordens (der Society of African Missions SMA – Gesellschaft der Afrikamissionen) eingesetzt waren. Er erklärte mir, dass über die Hälfte der Bevölkerung in riesigen Vertriebenenlagern in der Nähe der Hauptstadt Monrovia lebten, und bei ihnen war auch ein englischer Priester eingesetzt, Father Garry Jenkins. Er sprach von dem Leiden und den Nöten der Menschen dort; es hörte sich an, als sei die Notlage noch akuter als in Bosnien-Herzegowina, und er fragte, ob wir uns nicht vorstellen könnten, auch dort zu helfen.

Wir holten Informationen über Transportkosten ein und sprachen mit Father Garry detaillierter über das, was gebraucht wurde, und wie man die Spenden vom Hafen zu den Menschen in den Lagern bringen konnte. Father Garry wollte unbedingt, dass wir es versuchten, und versicherte uns, er werde die gesamte Logistik und Verteilung übernehmen, wenn wir die Container nur bis nach Monrovia schaffen würden. Wir machten uns also im Jahr 1996 daran, eine neue „Bedarfsliste" zu erstellen, dieses Mal für die Vertriebenen von Liberia, und starteten zu deren Gunsten eine neue Hilfsaktion. Außer dem, was wir ins ehemalige Jugoslawien geschickt hatten – Nahrungsmittel, Kleidung und Medikamente –, wurden als dringend benötigte Sachen für Menschen, die in extremer Hitze und Luftfeuchtigkeit leben, Handtücher und Seife genannt.

Nicht weit von Father Pats Wohnort liegt das weltberühmte Golfhotel Gleneagles. Eine der Hauswirtschafterinnen dort, eine Freundin von Father Pat, hörte von seinem dringenden Bedarf an Seife. Sie und ihre Kolleginnen begannen daraufhin, die Seifenstücke einzusammeln, die bislang nach einem Mal Benutzung durch die Hotelgäste weggeworfen wurden, und sie in Plastiktüten für unsere Sammlung aufzuheben. In den folgenden Jahren wurde ich so zu einem regelmäßigen Besucher von einem der weltweit exklusivsten Hotels, und eine Zeitlang roch mein Lastwagen superfein. Nicht nur Seife, auch Kerzen (die in Liberia dringend gebraucht wurden, im Gleneagles-Hotel aber lediglich einmal angezündet wurden) wurden Teil der für meine Sammelaktion zusammengestellten Lieferungen.

Wenn ich das Hotelgelände in meinem Lastwagen verließ, konnte ich nicht umhin zu lächeln. Diese luxuriösen Dinge, die von sehr reichen Leuten weggeworfen wurden, zu den Menschen zu transportieren, die in äußerster Armut lebten, rief in mir ein Gefühl tiefer Befriedigung wach. Und obwohl alles in Absprache mit dem Hoteldirektor geschah, schaffte ich es, mich ein bisschen wie Robin Hood zu fühlen, und das Pertshire-Moor, durch das meine Straße führte, wurde für einen Moment zum Sherwood Forest. Als wir einige Zeit später unser Programm formulierten, gehörte dazu auch die Vision, „dass alle, die mehr haben, als sie brauchen, mit denen teilen, denen sogar das Nötigste fehlt". Die freundlichen Hauswirtschafterinnen im Gleneagles-Hotel setzten das in spektakulär direkter Art und Weise um.

Es wirkte konsequent, dass fast zehn Jahre später die englische Regierung, die mit der Ausrichtung des G8-Gipfels im Jahr 2005 betraut war, das Gleneagles-Hotel als Versammlungsort wählte und beschloss, dass dieses Gipfeltreffen sich mit dem Klimawandel und mit der wirtschaftlichen Entwicklung Afrikas beschäftigen sollte. Als sie diese Entscheidung trafen, wussten sie leider nichts von der Seifen- und Kerzen-Recycle-Initiative, die von hier ihren Ausgang genommen hatte. Aber immer wieder, wenn ich zu Treffen eingeladen war, bei denen Politiker über internationale Hilfe und Entwicklung sprachen, habe ich mich, wenn in mir Gefühle von Deplatziertheit und Verzweiflung aufkamen, bemüht, den Duft dieser Seife und die Stimmung heraufzubeschwören, in die er mich versetzt hatte.

Und bald füllten und verschickten wir von unseren Lagern in Glasgow aus außer den Lastwagen, die für Bosnien-Herzegowina bestimmt waren, auch noch Schiffscontainer und erhielten Berichte und Dankschreiben von Father Garry und den Empfängern dieser Spenden. Father Garry schrieb uns einen witzigen Bericht darüber, wie die riesigen, schweren Schiffscontainer von den Trucks heruntergeholt wurden, die sie vom Hafen ins Land transportierten (einige der Container wurden nicht leer wieder zurückgeschickt, sondern als abschließbarer Lagerraum genutzt). Da es keinen Kran gab, banden sie den Container fest an einen Baum, dann fuhr der Lastwagen an, und der Container knallte auf den Boden. Manchmal funktionierte es nicht gleich auf Anhieb, und mehrere Palmen wurden abgeknickt.

Anfang 1997 hatten die Kämpfe in Liberia nachgelassen, und Father Pat und ich beschlossen, dass man jetzt selbst einmal hinfahren könnte. Leider machte ich meine erste Erfahrung mit Afrika in einer vom Krieg verwüsteten, düsteren Stadt. Es gab in Monrovia – einer Stadt von über einer Million Einwohnern – keinen Strom, und als wir am späten Abend vom Flughafen im Auto durch die Straßen fuhren, sah ich Gruppen von Menschen, die in den gespenstischen Gerippen von Gebäuden ohne Dächer um flackernde Feuer herum saßen. Die SMA-Väter hatten ein kleines Apartment im Stadtzentrum, das wie praktisch jedes Gebäude hier vollständig ausgeplündert worden war. Sogar die Glühbirnenfassungen und Steckdosen waren herausgerissen – aber sie hätten uns ja sowieso nichts genützt. Wir packten im schwachen Licht unserer Taschenlampen unsere Taschen aus und legten uns hin, um in der heißen, schwülen Dunkelheit wenigstens ein paar Stunden zu schlafen.

Liberia wurde 1847 von befreiten Sklaven aus Amerika gegründet und war die erste unabhängige afrikanische Republik. Die Abkömmlinge dieser Amerikaner bildeten die Führungsschicht des Landes, und in den 1970er-Jahren galt Liberia als relativ wohlhabende Nation mit einem aufgrund seiner gewaltigen Bodenschätze und sonstigen natürlichen Ressourcen enormen Potenzial. Ein Staatsstreich im Jahr 1980 hatte jedoch eine Phase allmählichen Abstiegs und schließlich, gegen Ende des Jahrzehnts, einen Bürgerkrieg zur Folge. Mehrere bewaffnete Gruppen, definiert durch Stammesgrenzen und angetrieben von dem Wunsch, die lukrative Gold-, Diamanten-, Eisen-, Gummi- und Holzindustrie unter ihre Kontrolle zu bekommen, hatten sich in einen brutalen Konflikt verwickelt, der bereits über 150.000 Liberianern das Leben gekostet hatte. Über 60.000 Menschen hatten zu den Waffen gegriffen. Unter ihnen waren viele Kinder, die von bewaffneten Gruppen versklavt oder zu „Kindersoldaten" gemacht wurden, nachdem sie die Heimatdörfer der Kinder verwüstet und ihre Eltern getötet hatten. Der berüchtigte Warlord Charles Taylor, Anführer der National Patriotic Front of Liberia, NPFL, die bereits seit mehreren Jahren einen Großteil des Landes kontrollierte, war kurz zuvor als Sieger aus den Kämpfen hervorgegangen, und seit einigen wenigen Monaten herrschte ein fragiler Friede. ECOMOG, eine westafrikanische Friedenstruppe, half bei der Aufrechterhaltung der Stabilität, und für Mai waren Wahlen geplant.

Als wir beim ersten Tageslicht aus der Stadt herausfuhren, wurden wir immer wieder an Kontrollpunkten angehalten, an denen Soldaten aus Guinea unsere Pässe zu sehen verlangten. An einer Tankstelle war ein riesiger verrosteter Panzer geparkt; es sah aus, als warte er auf einen Tankwart, der fragen würde, ob er volltanken sollte. Jedes Gebäude in der Stadt trug die Spuren von Gewehrfeuer, und viele Häuser waren ausgebombt. In den Trümmern hatten die Leute mit Plastikplanen mehr schlecht als recht notdürftige Behelfsunterkünfte für ihre Familien geschaffen. Während der Fahrt gab uns Father Garry aktuelle Informationen über den Krieg, er erklärte die komplexe Situation und beantwortete unsere Fragen mit farbigen, teils auch sehr verstörenden Anekdoten. Ganz offensichtlich liebte er dieses Volk aus ganzem Herzen. Ich hatte den Eindruck, dass er sehr mit ihnen litt. Er sprach mit großem Nachdruck über Gerechtigkeit und über die Unmöglichkeit eines stabilen Friedens ohne Gerechtigkeit. Er zitierte zu diesem Thema Propheten aus dem Alten Testament. Außerdem erzählte er uns ein wenig aus seinem Leben, davon, dass er aus einer methodistischen Familie stammte und mit 16 sein Elternhaus verlassen hatte, um zur britischen Armee zu gehen. Er war eine eindrucksvolle Person; ein Krieger-Priester, wie ich zuvor kaum einen getroffen hatte.

Wir überquerten die Hauptbrücke über den St.-Paul-Fluss (die ich als Schauplatz von erbitterten Gefechten wiedererkannte, die in den Nachrichten gezeigt worden waren) und kamen am Hafen vorbei, wo unsere Container aus Schottland eingetroffen waren. Endlich erreichten wir dann die endlosen Camps am Rand der Stadt, wo Hunderttausende Menschen lebten, die aus ihren Dörfern vertrieben worden waren. Diese endlosen Reihen von hastig zusammengeklatschten Hütten aus Ästen und Lehm waren jetzt die Heimat des Volks der Gola, bei denen Father Garry über zwanzig Jahre lang gelebt und gearbeitet hatte. An diese Leute hatte er den Inhalt der Container verteilt.

Und die Gaben waren auch sofort sichtbar, als wir zwischen den Hütten hindurchgingen und mit Father Garrys Freunden sprachen, die herauskamen, um uns zu begrüßen. Viele trugen schottische Fußballtrikots oder andere T-Shirts, von denen ablesbar war, woher sie stammten. *Glasgow's 10k Sponsored by*

Irn-Bru stand auf einem Shirt, das ein Junge in einer Gruppe junger Leute trug, die sich um uns versammelten und unbedingt Father Garry und seine Gäste begrüßen wollten. Einige wie etwa Abraham, der in einem Rollstuhl saß, den er aus Schottland bekommen hatte, wollten uns für die Gaben danken. Wir saßen lange mit ihnen zusammen und unterhielten uns. Das Gespräch war teilweise angespannt. Einige meinten, es sei an der Zeit, eine Rückkehr in ihr Dorf Jawajeh zu riskieren, aus dem sie drei Jahre zuvor in Panik geflohen waren, als eine der politischen Gruppen, Ulimo J, diesen Teil Liberias besetzt hatte. Die Männer hatten gerade ermutigende Informationen von Bekannten bekommen, die das Lager bereits verlassen hatten und wieder in ihre Dörfer zurückgekehrt waren – sie meinten, die Kämpfer hätten sich aus diesen Gegenden jetzt zurückgezogen. Sie baten Father Garry um Rat. Er schlug dann vor, wir sollten später in dieser Woche alle zusammen in das Dorf zurückkehren. So konnte er sie im Auto mitnehmen und noch einige Sachen transportieren. Mir fiel auf, dass dieses Angebot zwar bei einigen offensichtliche Freude auslöste, aber über einige Gesichter huschte auch Furcht, ja Grauen.

Später besuchten wir noch viele Familien in ihren behelfsmäßigen Unterkünften. Die meisten kannten Father Garry offenbar schon seit vielen Jahren und begrüßten ihn mit großer Herzlichkeit. Wenn wir uns in den kleinen Räumen zu Gesprächen zusammendrängten, war es nett, in dieser völlig anderen Umgebung den Geruch der wunderbaren Gleneagles-Seife wahrzunehmen und auch die Kerzen wiederzuerkennen, die, wenn es dunkel wurde, das einzige Licht spendeten. Viele Kinder waren offensichtlich schrecklich unterernährt, einige hatten geschwollene Bäuche und entfärbtes Haar aufgrund von Kwashiorkor. Sie hielten meine Hände fest und streichelten meine Unterarme; sie waren offenbar fasziniert von dieser riesigen, sehr behaarten weißen Person. Einige der ganz kleinen Kinder fingen an zu weinen, wenn sie mich sahen, und kuschelten sich eng an ihre Mütter, die mich entschuldigend anlächelten. Später drängten wir uns alle in eine kleine Behelfskapelle, wo Father Garry und Father Pat die Messe feierten, und die Leute sangen inbrünstig und beteten, dass Gott sie aus diesem Lager erlösen und heil wieder in ihre Dörfer zurückbringen möge. Und sie beteten für die Leute in Schottland, die ihnen in ihrer schlimmen Notlage beistanden.

Anschließend erfuhr Father Garry, dass unser letzter Container unerwartet früh vom Hafen freigegeben worden war und sich schon auf dem Weg hierher befand. Father Garry bat die Umstehenden, die die Information mitbekommen hatten, das nicht weiterzusagen. „Bitte erzählt es keinem", sagte er, „wir wollen die Sachen aus diesem Container nicht sofort verteilen; wir möchten sie in den nächsten Wochen an diejenigen weitergeben, die in ihre Dörfer zurückgehen. Wir möchten die Leute ermutigen und unterstützen, nach Hause auf ihre Höfe zurückzugehen und nicht auf Dauer hier in den Lagern zu bleiben. Wir werden den Inhalt des Containers also erst mal in unser Vorratslager schaffen und können deshalb hier jetzt keine größeren Menschenmengen brauchen." Ich schaute in Richtung des „Vorratslagers", auf das er zeigte. Es handelte sich um einen bereits geleerten Schiffscontainer aus Schottland. Auf seine Türen war mit rasch hingeworfenen Buchstaben „WITH LOVE FROM SCOTLAND" gesprüht. Ich musste lächeln – das stammte von Debbie, einer unserer freiwilligen Helferinnen, die uns alle, unmittelbar bevor der Truck mit diesem Container aufbrach, mit einer ganz eigenen Aktion überrascht hatte. Als der LKW-Fahrer schon in seiner Kabine saß, um seine lange Reise zum Hafen anzutreten, war sie wieselflink auf einen Palettenstapel neben dem Lastwagen geklettert und hatte aus ihrer Jacke eine Dose mit weißer Sprühfarbe herausgezogen. Wir brachen in schallendes Gelächter aus, während sie – eine offenbar äußerst erfahrene Graffiti-Künstlerin – virtuos ihre Botschaft anbrachte. Als ich zuletzt nachschaute, stand dieser Container immer noch in unserem Hauptquartier in Liberia und dieser Gruß war nach immerhin achtzehn Jahren so deutlich sichtbar wie eh und je.

Father Garrys Bitte stieß allerdings auf taube Ohren. Als der Truck heranrumpelte, hatten sich schon Hunderte Leute in zerlumpten Kleidern eingefunden und boten ihre Hilfe an. Ihre Verzweiflung war nicht zu übersehen. Mir hatte das Be- und Entladen von LKWs immer Freude gemacht – vor allem, wenn ich beim Verteilen von Dingen dabei sein konnte, die ich in Glasgow mit eingeladen hatte. Ich hatte sogar die meisten der Sachen in dieser Ladung persönlich eingesammelt, von Wohnhäusern, Schulen und Kirchen in ganz Schottland. Viele Spender kannte ich persönlich. Normalerweise war es ganz wunderbar, nach Hause zurückzukommen und all diesen guten Menschen versichern zu können, dass ich mit eigenen Augen gesehen hatte, wie ihre Gaben an diejenigen weitergegeben wurden, die sie so dringend brauchten.

Aber in der Situation jetzt war das Abladen ganz und gar kein Vergnügen. Father Garry und Father Pat waren weggefahren, um in einem anderen Lager die Messe zu lesen, und übertrugen uns die Verantwortung. Die Menschen um uns herum waren hungrig. Und sie hatten hungrige, nackte Kinder daheim.

Sie waren in einer verzweifelten Notlage, und es war ihnen fast nicht zu vermitteln, warum wir ihnen ausgerechnet den Inhalt dieses Containers nicht weitergeben konnten. Da es keinen abgegrenzten, gesicherten Bereich gab, beschlossen wir, eine Menschenkette zu bilden, um die Hilfsgüter so schnell wie möglich in das Vorratslager zu schaffen, und andere versuchten, so gut sie konnten, die vorwärtsdrängende, ständig noch größer werdende Menschenmenge zurückzuhalten. Es wurden schon zornige Rufe laut, und mittlerweile hatten sich in der einbrechenden Abenddämmerung mehrere tausend Menschen eingefunden. Zinnah, der seit vielen Jahren mit Father Garry zusammenarbeitete und mit ruhiger Überlegenheit das Team organisierte, sagte mir, ich solle mir keine Sorgen machen; er hätte sich darum gekümmert, dass Leute von der ECOMOG kämen und uns helfen würden. Zu meiner großen Erleichterung kletterten nur wenige Minuten später mehrere nigerianische Soldaten von einem Pritschenwagen herunter und stellten die Ordnung wieder her. Rollstühle, Kleiderbündel, landwirtschaftliche Geräte, Schachteln mit Brillen und tütenweise feinste Seife wurden schnell in den anderen Container umgelagert, der dann mit einem Vorhängeschloss gesichert wurde, während sich die verärgerte Menge auflöste.

Das Ausladen des Containers war wirklich schwer, vor allem für die Notleidenden, die daneben standen und zuschauen mussten. Aber ich konnte gut verstehen, wie fundamental wichtig es war, die Menschen zu ermutigen, in ihre Dörfer und auf ihre Höfe zurückzukehren, und sie dabei zu unterstützen. Dort würden sie ihr unabhängiges Leben wieder aufnehmen können. Es bestand die Gefahr, dass sich in den Lagern die Abhängigkeit von externer Hilfe zu einem Dauerzustand entwickelte. Aber es war ja vollkommen nachvollziehbar, warum es viele gab, die alles andere als begeistert waren bei dem Gedanken an eine Rückkehr. Abgesehen von den traumatischen Umständen, unter denen sie ihre Dörfer hatten verlassen müssen, stellte die Perspektive, auf von Unkraut überwucherte Höfe und in Gebiete zurückzukehren, in denen es aktuell keine Gesundheitsversorgung und keine Schulen gab, die Familien vor eine Entscheidung, die ihnen natürlich nicht leichtfiel. Doch die starken Männer, die sich, mit ihren Buschmessern in der Hand, einige Tage später in Father Garrys Truck drängten, waren ganz offenbar entschlossen, ihr altes Leben neu aufzubauen. In einer Gruppe von vierzehn Leuten quetschten wir uns in den Pick-up und fuhren aus der Stadt heraus, vorbei an Kontrollpunkten der ECOMOG und in Gebiete hinein, die viele Jahre in der Hand der Rebellen gewesen waren. Bei unserer Fahrt durch die vom Krieg zerstörte Landschaft, vorbei an Ruinen rechts und links der Straße, begannen die Männer immer wieder einmal zu singen. Ich spürte, wie emotional aufgewühlt diese Rückkehrer aus dem Exil – auch Father Garry selbst – waren.

Irgendwann kamen wir in Tubmanburg an, der Bezirkshauptstadt und ehemaligen Bergbaustadt, wo Father Garry gelebt hatte. Er zeigte uns, was von seinem Haus übrig war – kaum mehr als ein Trümmerhaufen –, und wies in Richtung seiner ausgeplünderten Kirche. Er hatte beschlossen, während der längsten Zeit des Kriegs hier, hinter den feindlichen Linien, zu bleiben, um den Hilflosesten zu helfen – den Blinden, den Leprakranken, den Amputierten, alten Leuten und anderen Kranken –, die sich um seine Kirche herum eingefunden hatten. Fünfzehn Monate lang hatte er keinerlei Kontakt zu seinen Kollegen in Monrovia. Während dieser Zeit hatte er selbst Hunger gelitten, hatte bewaffnete Überfälle durchgemacht und war zu

Fuß aus Hinterhalten und vor Artillerieangriffen geflohen. Im Jahr 1996 starben hier über dreihundert Kinder an Hunger und an durch den Hunger ausgelösten Krankheiten. Er zeigte uns die kleinen Erdhügel in der Nähe seiner Kirche, wo er sie beigesetzt hatte.

„Während diese Kinder verhungerten, hörten die Leute, die für ihren Tod verantwortlich waren, nicht auf, immer weiter nach Diamanten zu graben", sagte er traurig. „Hier erzählt man sich jetzt, dass sogar die Bäume weinen, weil die Kinder fehlen. Diese Mangos, unter denen sich die Zweige nach unten biegen, weil keine Kinder da sind, die sie pflücken – das sind ihre Tränen."

Wir quetschten uns dann wieder in den Pick-up und setzten unsere Reise fort. Die geteerten Straßen ließen wir jetzt hinter uns und bewegten uns langsam auf überwachsenen Waldwegen voran. Manchmal mussten wir anhalten und warten, bis die Männer mit ihren Macheten umgestürzte Bäume oder überhängende Äste entfernt hatten, die unseren Weg blockierten. Irgendwann hielten wir auf einer Lichtung an, über der sich einige riesige Baumwollbäume erhoben. Als die Männer aus dem Auto kletterten, wurde mir klar, dass wir in Jawajeh angekommen waren. Ich sah jetzt auch unter all dem Gestrüpp einige eingestürzte Gebäude. Die Männer hieben gleich ein paar der überhängenden Zweige weg und begannen mit der Erkundung des Geländes. Aber dann blieben sie stehen und warteten auf Father Garry und Father Pat. Leise unterhielten sie sich mit ihnen und ließen sich dann in einem Kreis unter den Bäumen nieder. Sie hatten die beiden Priester gebeten, dort in den Überresten ihres Dorfs die Messe zu lesen. Unter den Bäumen bemerkte ich einen Mann und eine Frau, die vor einem heruntergekommenen Lehmziegelhaus saßen, das mit Graffiti von Ulimo J. beschmiert war. Sie beobachteten uns.

„Ein Kämpfer", sagte einer der Männer ruhig, gab dann aber nicht weiter auf sie Acht, als die Priester in ihren weißen Soutanen anfingen, die Gebete für die Messe zu sprechen. Nachdem wir die Kommunion empfangen hatten, standen die Männer auf und begannen, zuerst leise, zu singen: „Jesus komm, Teufel geh weg." Während wir durch das Dorf schritten, vorbei an ihren zerstörten, überwucherten, mit Graffiti beschmierten Häusern, sangen sie immer lauter, und die Priester verteilten mit einem Palmwedel üppige Mengen Weihwasser um sich herum. In einer Lücke, wo einst ein Haus gestanden hatte, lagen zwei Totenschädel.

Paul, der ungefähr so alt war wie ich – er war faktisch der Dorfvorsteher –, zeigte mir sein eigenes Haus, dessen Dach eingestürzt war. „Ich glaube, ich muss es abreißen und wieder neu aufbauen", sagte er traurig nach einer kurzen Inspektion.

Bevor wir die Männer in ihrem Dorf zurückließen, hatten sie bereits mit ihren Macheten einen grimmigen Angriff auf den alles verschlingenden Wald unternommen. Sie wollten Gelände freilegen, auf dem sie etwas anpflanzen konnten. Das hatte für sie die oberste Priorität. Sie mussten neue Früchte anpflanzen, ihre Häuser bewohnbar machen und sicherstellen, dass ihr Dorf nicht mehr gefährdet war. Erst dann konnten sie ihre Frauen und Kinder aus den Lagern nachkommen lassen.

Noch in derselben Woche fuhren wir noch einmal nach Jawajeh. In unserem Pick-up transportierten wir eine Menge Früchte, Reissäcke, Manioksamen, neue Macheten, Hacken, Draht für Tierfallen sowie einen Hahn und eine Henne, die für eine neue Hühnerpopulation im Dorf sorgen sollten. Es war unglaublich, wie viel die Männer von dem Wald bereits mit ihren eigenen Händen gerodet hatten. Sie waren begeistert von den Sachen, die wir ihnen brachten, und meinten, bis zum August würden sie Maniok ernten können. Bis dahin wollten sie von dem leben, was sie fangen oder in den Wäldern finden konnten. Sie klärten mich über wilde Yam-Wurzeln auf, über Palmkohl und andere wild wachsende Nahrungsmittel, die es im Wald gab, und sie baten uns, ihnen außerdem noch hin und wieder Reis zukommen zu lassen.

Für unsere Arbeit in Liberia begann damit eine neue, hoffnungsvolle Phase. Eine Zeitlang verschob sich unser Schwerpunkt von der Notfallhilfe darauf, die Menschen zu unterstützen, die in ihre Heimatdörfer zurückkehrten und alles daransetzten, ihr Leben wieder selbst in die Hand zu nehmen. Die meiste Zeit während meines ersten Besuchs verbrachte ich damit, den Ankauf von Sachen zu organisieren, die die Heimkehrer in siebzehn weiteren Dörfern in der Region Bomi brauchten. Wir verwendeten Geldspenden, um Tausende Macheten, riesige Mengen Saatgut und andere wichtige Hilfsmittel zu kaufen. Außerdem finanzierten wir den Wiederaufbau der Dorfschulen und die Einrichtung eines mobilen Krankenhauses, mit dem diese Region versorgt werden konnte. Die Arbeit war ungeheuer direkt und effektiv. „Für 1,75 Pfund bekommt man eine Machete", schrieben wir in unserem Newsletter, „für 10.000 Pfund kann man eine Dorfschule wieder aufbauen." Die Leute spendeten, und wir kauften Macheten und bauten Schulen wieder auf. Unsere Spender hatten großes Vertrauen in unsere direkte Vorgehensweise, und ihnen war klar, dass alles, was wir taten, auf einer echten Partnerschaft mit unseren Freunden vor Ort beruhte. Wir versorgten die Leute mit vielen der grundlegenden Dinge, die sie unbedingt brauchten, um wieder unabhängig zu werden. Die mobile Klinik, die wir finanzierten, wuchs und fing an, die Dörfer in der gesamten Region Bomi regelmäßig anzufahren; sie bot die einzige medizinische Grundversorgung überhaupt. Die aus der Region stammenden Krankenschwestern und Hebammen, die für uns arbeiteten, und die Ärzte, die wir mitbrachten, retteten jeden Tag Leben. Als die Farmen dann wieder Lebensmittel produzierten, hofften alle, dass das Volk der Gola in eine neue Ära des Friedens und der wirtschaftlichen Unabhängigkeit eintreten würde. Aber leider war der Friede nicht von langer Dauer.

Charles Taylor, der Präsident gewordene Sieger, hörte nicht auf, die Bevölkerung zu terrorisieren und das Land zu seinem eigenen persönlichen Vorteil seines natürlichen Reichtums zu berauben und auszubluten. 1999 bildete sich eine neue Rebellengruppe, die LURD, und Liberias „Zweiter Bürgerkrieg" begann. Dieser Krieg war barbarisch wie alle Kriege; besonders schlimm war jedoch, dass wahrscheinlich kein Konflikt in den vergangenen hundert Jahren in einem solchen Ausmaß Kindersoldaten benutzte. Sowohl Taylor als auch die LURD machten sich dieses infamen Verbrechens schuldig, und im Lauf der Zeit wurden rund 20.000 Kinder gezwungen, „Munitionsträger" oder Kindersoldaten zu werden.

Auch andere Menschenrechtsverletzungen und Grausamkeiten griffen um sich. Die militärische Herrschaft vieler Warlords beruhte auf einem verworrenen, dunklen Mystizismus, und um sie besser kontrollieren zu können, wurden die jungen Soldaten häufig von Kokain, Khat und anderen Drogen abhängig gemacht. Es gab zahlreiche Berichte von Folter, Kannibalismus und Ritualmorden. Vergewaltigungen von Frauen waren an der Tagesordnung. LURD errang schnell die Herrschaft über die ländlichen Gebiete, darunter auch den Großteil der Region Bomi, und die Menschen in diesen Dörfern, die weiter nichts wollten als ihre Felder bebauen und friedlich ihre Kinder aufziehen, waren erneut gezwungen, um ihr Leben zu rennen. Die Geschichte wiederholte sich. Unsere Freunde waren wieder in den Lagern vor Monrovia, und wir mussten uns wieder darauf verlegen, ihnen akute Notfallhilfe zu leisten.

Aber Father Garry beschloss, nicht in die Hauptstadt zu fliehen. Als die Streitkräfte der LURD auf Tubmanburg vorrückten, verließen alle anderen Ausländer und Hilfsorganisationen die Stadt. Der Erzbischof von Monrovia wollte Father Garry dazu überreden, dasselbe zu tun. Doch mittlerweile hatten sich schon wieder diejenigen, die am dringendsten Hilfe brauchten, um die Kirche herum versammelt. Und daher – nicht zuletzt in Erinnerung an die 1996 verhungerten Kinder – beschloss er zu bleiben. Ich rief ihn regelmäßig an. Wenn er mit mir telefonierte, stand er auf einem Tisch unter einem bestimmten Mangobaum. Lachend erzählte er mir, das sei der einzige Ort, wo er einen einigermaßen guten Empfang hatte. Über libanesische Freunde, die einen Supermarkt in Monrovia hatten und die ihm Spenden oder dringend benötigte Lebensmittel brachten, konnten wir ihn regelmäßig mit dem versorgen, was er brauchte.

Unterdessen kamen die Streitkräfte der Rebellen immer näher. Und im Mai 2002 erfuhren wir dann, dass die Soldaten von LURD Tubmanburg angegriffen und eingenommen hatten. Drei Wochen lang hatte keiner von uns mehr irgendwelchen Kontakt mit Father Garry. Wir waren völlig verzweifelt und befürchteten das Schlimmste. Aber dann erfuhren wir zu unserer großen Freude und Überraschung, dass er in Guinea war. Wenige Tage später rief er uns an und erzählte uns seine Geschichte. Die jungen Soldaten, die die Stadt nach erbitterten Kämpfen eingenommen hatten, waren völlig überrascht, dort inmitten der armen Bevölkerung einen exzentrischen englischen Priester anzutreffen. Sie nahmen per Funk mit ihrem Anführer Kontakt auf, der ihnen befahl, ihn nicht umzubringen. Sie nahmen ihn also gefangen. Als Zinnah und Matthew, die beiden Mitarbeiter von Father Garry, erfuhren, was vor sich ging, baten sie die Jungen von LURD, sie ebenfalls mitzunehmen. Sie wollten bei ihm bleiben und ihn so gut es irgend ging beschützen. Es schloss sich nun ein dreiwöchiger Marsch durch den Dschungel an, bevor sie die Gefangenen im benachbarten Guinea freiließen.

„Ich habe viel gelernt", berichtete mir Father Garry, als ich ihn das nächste Mal traf. „Jahrelang habe ich Gemeinschaften geleitet und anderen geholfen. Und dann geriet ich in eine Situation völliger Hilflosigkeit, mit sechzehn blutjungen Soldaten, die im Prinzip mit mir machen konnten, was sie wollten. Ich war von ihnen völlig abhängig. Eines Tages rettete mir einer von ihnen das Leben, als ich beim Überqueren eines tiefen Flusses ausrutschte. Ein anderes Mal beobachtete ich, wie sie eine Panzerfaust in einen Teich abfeuerten und die toten Fische zum Abendessen herausholten. Ich wurde auf völlig neue Art mit Machtlosigkeit, Verletzlichkeit und physischer Schwäche konfrontiert. Dabei empfand ich durchaus auch Sympathie für meine Häscher. Ich war selbst im Alter von 16 Jahren in die Armee eingetreten, man kann also wohl sagen, dass ich in meinem Leben auch einmal ein ‚Kindersoldat' gewesen bin. Ich danke Gott für diese Erfahrung, für diese Reise."

Ende 2003 trat dann nach grausamen Kämpfen in Monrovia Charles Taylor endlich zurück, er wurde ausgeliefert und später wegen Kriegsverbrechen vor Gericht gestellt. Der Krieg war vorüber, und es wurde die weltweit größte UNO-Friedensmission gestartet. Kurze Zeit danach besuchte ich noch einmal Tubmanburg. Man unternahm jetzt gewaltige Anstrengungen, die Bevölkerung, darunter auch die Kindersoldaten, zu entwaffnen. Einige Jungen liefen auf der Straße immer noch mit ihren AK47 und Granatwerfern herum. Sie behielten auch noch ihre „Kriegsnamen" bei: Kill the Woman, Quick to Fire, Dissident Baby, und ein zerzauster Elfjähriger namens Down to my Level gehörten zu den Kindern, die wir trafen und mit denen wir Fußball spielten. Doch sie lieferten ihre Waffen dann alle ab, und wenn sie ihre „Kriegsnamen" aussprachen, dann klang es, als würden sie von einer anderen Person reden. Zweimal während jenes Besuchs, einmal an einer Tankstelle am Rand von Monrovia und einmal auf einem einsamen Waldweg, begegneten wir ehemaligen Kidnappern von Father Garry. Sie begrüßten ihn herzlich und umarmten ihn. Die gegenseitige Zuneigung und der Respekt voreinander waren offensichtlich. Mittlerweile wollten sie einfach nur ihre Kindheit zurück und eine Möglichkeit, zur Schule zu gehen. Sie fragten Father Garry, wann er die St. Dominic's School wieder eröffnen würde.

Man spürte bei all den jungen Menschen, die ich damals zu Beginn des neuen Schuljahrs traf, einen immensen Hunger nach Schulbildung und das verzweifelte Wissen, dass ohne Schulbildung ein Ausweg aus drückender Armut nicht denkbar war. Manchmal war der Kontrast zu der ganz anderen Angst, die meine Familie in Schottland zu Beginn unseres Schuljahrs befiel, sehr krass – und sie unterschied sich auch erschütternd deutlich von meinen eigenen Kindheitserinnerungen, etwa daran, wie mir jedes Mal vor dem Ende der Ferien gegraut hatte.

Erst kürzlich hatte ich am Schultor erleichtert zugesehen, wie die Tränen trockneten und Marthas Griff, mit dem sie sich an ihrer Mutter Julie festgeklammert hatte, lockerer wurde, bis sie endlich so weit war, dass sie sogar vergaß, sich zu verabschieden, bevor sie zu ihren Freundinnen flitzte. Hier in Liberia wurde ich Zeuge, wie sich eine Frau in einem Rollstuhl Father Garry näherte, als er von der Frühmesse heimging, um zu frühstücken. Sie wurde von einem Jungen von ungefähr fünfzehn Jahren geschoben und hatte sich strategisch geschickt auf dem ausgetretenen Weg zwischen der Kirche und Father Garrys Haus positioniert. Sie erklärte, dass sie neun Kinder habe und zwei Stunden von ihrem Zuhause in der Nähe von Monrovia bis hierher gereist sei, um Father Garry anzuflehen, eines ihrer Kinder in seine Oberschule aufzunehmen. Er versuchte ihr zu erklären, dass er keine Plätze mehr habe und dass die Schule sowieso lediglich Kinder aus den drei umliegenden Regionen aufnehme. Sie brach in protestierendes Jammern aus. Er entschuldigte sich noch einmal und gab ihr das Fahrgeld für die Rückfahrt mit dem Taxi nach Monrovia. Sie saß dann still weinend in ihrem Rollstuhl, und der Junge, der sie geschoben hatte, versuchte, sie zu trösten.

Uns wurde dann auch klar, dass der Krieg bereits vielen älteren Teenagern und jungen Erwachsenen gänzlich die Möglichkeit genommen hatte, überhaupt je die Schule zu besuchen. Für sie bauten wir eine kleine Berufsschule. Wir hofften, dass Berufskenntnisse wie Schreinern, Maurerarbeit, Nähen und Computerarbeit ihnen helfen würden, eine Stelle zu finden und für sich selbst zu sorgen. Wir fügten diesem Projekt dann noch eine Lehrfarm hinzu, auf der Landwirtschaft unterrichtet wurde – viele, die in den Lagern gelebt oder im Krieg gekämpft hatten, hatten verlernt, was sie früher gewusst hatten. Dieser Farm, die ganz in der Nähe des (mittlerweile mit einem Kreuz versehenen) Ortes liegt, wo sich die Gräber der Kinder befinden, die während des Krieges gestorben waren, gaben wir den Namen „The New World". Wir züchten dort Schafe und Ziegen, mit der Perspektive, sie dann später in die Dörfer umzusiedeln, in denen der Viehbestand völlig vernichtet worden war.

Allmählich begannen die Menschen sich wieder an den Frieden zu gewöhnen. Allerdings ist es schwer, den Frieden aufrechtzuerhalten, solange keine Gerechtigkeit herrscht. Einer der jüngeren Schüler vertraute Father Garry an, dass er jeden Morgen auf seinem Schulweg dem Mann begegnet, der, wie er mit eigenen Augen mit ansehen musste, seine Mutter umgebracht hatte.

Die meisten Gewehre waren jetzt verschwunden, sie verrosteten in irgendwelchen UNO-Lagern, allerdings war deren Beseitigung in gewisser Hinsicht die leichtere Übung gewesen. Wahrheit und Versöhnung in einem Land einzuführen, in dem Zehntausende Kinder drogenabhängig gemacht und auf Töten gedrillt worden waren, ist ein schwieriges Geschäft. Ich sprach eines Tages darüber mit Moses Flomo, einem alten Freund in Tubmanburg, einem Arzthelfer und langjährigen Mitglied des Teams unserer mobilen Klinik, und er meinte: „Weißt du, es geht hier ja nicht nur um Gewehre. Wir Liberianer müssen unsere Herzen abrüsten."

Das Gedeihen unserer Arbeit in Liberia war nur möglich, weil auch die Unterstützung zu Hause immer weiter zunahm. Mittlerweile besuchte eine stattliche Gruppe, bestehend aus fünfzig Freiwilligen aus der Gegend um Glasgow, jeden Sonntag eine andere Gemeinde, in der die Gemeindemitglieder zuvor darum gebeten worden waren, ihre nicht mehr gebrauchten Kleidungsstücke und sonstige Dinge auf ihrem Weg zur Kirche hinten in unseren Lastwagen zu legen. Die Sachen wurden dann in unsere Lager transportiert und dort kategorisiert. Einige wurden in Container verpackt und auf den Weg nach Liberia gebracht, andere landeten in unseren Second-Hand-Läden, die ebenfalls von mehreren fantastisch engagierten Freiwilligen betrieben wurden. Das Team, das in den Gemeinden die Sachspenden einsammelte, begann dann auch damit, bei Gemeindezusammenkünften auf Einladung der Pfarrer Vorträge zu halten und anschließend vor der Kirche Lotterielose zu verkaufen, wenn sich die Versammlung auflöste. Mit der Zeit kam ein sagenhaft eifriges Team zusammen – Teenager gehörten dazu, ältere Leute, eine Dame im Rollstuhl, ein blinder Mann –, und es waren genügend Leute, dass sie jedes Wochenende in mindestens drei Gemeinden vor Ort sein konnten. Sie trieben mehrere hunderttausend Pfund ein. Durch sie entstand hohe Aufmerksamkeit und großer Respekt für unsere Arbeit. Sie sind nach wie vor aktiv, opfern ihre Wochenenden, ganz egal, wie das Wetter ist, und mit ihrem Optimismus und ihrer selbstlosen Liebe beschämen sie mich und lehren mich vieles. Ich beschreibe unsere Arbeit gern einfach als eine Reihe von vielen, vielen kleinen Akten der Liebe, und wenn ich das tue, dann denke ich eigentlich immer an diese Menschen, die trotz des nicht enden wollenden horizontalen schottischen Regens unverdrossen vor einer Kirche stehen und lächeln.

VI.

Ein Hungerland

Die Liebe: Sie fragt, sie sucht, sie klopft an,
sie findet, und sie glaubt an das, was sie findet.
(Augustinus)

Während der ersten Hälfte des Jahres 2002 berichteten unsere Zeitungen und Fernsehsender ausführlich über eine Hungersnot, die sich in Südafrika auszubreiten begann. Millionen Menschen in mehreren Nationen waren vom Verhungern bedroht. Am schlimmsten betroffen war Malawi, von dem wir in den Berichten am häufigsten hörten: Dort, so hieß es, waren drei Millionen Menschen unmittelbar gefährdet. Obwohl es, wie ich später erfahren sollte, zwischen Schottland und Malawi enge historische Verbindungen gab, wusste ich nur sehr wenig über dieses langgestreckte, von Mosambik, Sambia und Tansania eingeschlossene Land – lediglich, dass es früher Teil des britischen Empire gewesen war und heute zu den zehn ärmsten Nationen der Welt gehört. Als wir anfingen, über Malawi zu reden, und überlegten, ob wir irgendetwas tun konnten, um dort zu helfen, fragten wir uns natürlich gleich alle: „Was mag wohl aus Gay Russell geworden sein?"

Gay war die Frau, die uns vor fast zwanzig Jahren einen Brief geschrieben und um weitere Informationen über Medjugorje gebeten hatte, nachdem sie den Artikel von Ruth über unsere dortigen Erfahrungen gelesen hatte. Über sich selbst hatte sie geschrieben, dass sie eine Pilotin sei, die in Malawi mit einem kleinen Flugzeug unterwegs war. Das beschwor für uns romantische Bilder herauf, die wahrscheinlich teilweise von dem Buch *Jenseits von Afrika* inspiriert waren, das die ganze Familie liebte. Wir hatten damals über tausend Briefe bekommen, aber Gay war diejenige, die uns in Erinnerung geblieben war. Mum hatte ihr einen Brief geschrieben, eine ganz reizende Antwort bekommen, und dann noch einmal geschrieben. Das war dann das letzte Mal, dass wir von ihr hörten.

Während wir also darüber redeten und uns laut unsere Gedanken über Gay machten, die einzige Person, zu der wir in Malawi je Kontakt hatten, hielt sich wie immer eine Gruppe interessierter Leute zu Einkehrtagen in der Craig Lodge auf. Zu ihnen gehörte auch Tony Smith, ein Geschäftsmann aus den englischen Midlands. Wir kannten ihn vorher nicht. Als Tony uns eröffnete, dass er nicht nur ein Bekannter von Gay war, sondern sogar gerade in Malawi mit ihr arbeitete, konnten wir es nicht fassen. Tony erzählte uns, wie er nach seiner persönlichen Bekehrungserfahrung in Medjugorje vor einigen Jahren eine Inspiration hatte, und zwar den Bau einer Imitation des riesigen Kreuzes von Medjugorje auf einem Berg irgendwo in Afrika – für diejenigen, die es sich nie würden leisten können, von Afrika aus eine Pilgerreise nach Medjugorje zu unternehmen. Er war dann irgendwann Gay vorgestellt worden, und zusammen arbeiteten sie jetzt an der Errichtung des Betonkreuzes auf dem Berg, der sich über der Stadt Blantyre erhebt, wo Gay lebte. Tony brachte uns in E-Mail-Kontakt mit Gay, und nach einer achtzehnjährigen Pause nahmen wir unseren herzlichen Briefkontakt wieder auf. Unter anderem erfuhren wir so auch, dass sie und ihr Mann David Hungerhilfeprojekte in ihrem Land unterstützten. Begeistert luden sie uns ein, sie, sobald es irgend möglich war, zu besuchen.

Gleichzeitig nahmen wir mit anderen Personen Kontakt auf, die in Malawi Notstandshilfe leisteten. Zu ihnen gehörte auch eine Anthropologin der St. Andrews University, die schon seit Längerem im Land lebte und Studien über die matrilineare Gesellschaft des Stammes der Chewa in einigen Dörfern im Landesinneren betrieb. Sie arbeitete in diesen Dörfern mit Freunden zusammen und hatte ein Projekt angestoßen, um hier Nahrungsmittelhilfe zu leisten. Das Projekt hatte zwei Ziele: Zum einen sollte es die Menschen vor dem Verhungern retten, zum andern sollte es ihnen aber auch möglich gemacht werden, in ihren Dörfern zu bleiben und auf der Suche nach Nahrungsmitteln nicht in die Städte gehen zu müssen. Das würde sie in die Lage versetzen, auch weiterhin anzupflanzen und sich um die nächste Ernte zu kümmern, und damit wurde verhindert, dass ihre ganze Lebensstruktur zusammenbrach (was in Hungersnöten so häufig geschieht).

Wir starteten also einen weiteren Hilfsaufruf an unsere stetig wachsende Zahl großzügiger Unterstützer, diesmal für die Hungernden in Malawi. Hunderte Schecks, von guten Menschen unterzeichnet, trafen in Dalmally ein, und sehr bald konnten Ruth und ich Pläne für unseren ersten Besuch in Malawi machen. Wir hatten vor, Gay und die Gruppen, mit denen sie im Süden arbeitete, zu besuchen, aber zunächst wollten wir an der ersten Lebensmittelauslieferung an die beiden Dörfer in der Zentralregion teilnehmen.

Als wir vom Flughafen in Lilongwe Richtung Süden zu diesen Dörfern fuhren, kamen wir an riesigen Getreidesilos der

Regierung vorbei. Wir kannten den Anblick von kurz zuvor veröffentlichten Zeitungsartikeln: Die Getreidereserven, die hier aufbewahrt werden sollten für den Katastrophenfall genau der Art, wie er momentan vorlag, waren von der Regierung verkauft worden. Die Silos, in denen 167.000 Tonnen Mais gelagert werden konnten, waren komplett leer. Die Verantwortlichen behaupteten, der Internationale Währungsfonds habe ihnen geraten, die Reserven zu verkaufen, um einen Teil der Schulden des Landes bezahlen zu können – eine Aussage, die der IWF abstritt; man habe keine Zahlung erhalten. Mittlerweile ergab eine Untersuchung des Antikorruptionsbüros, dass Spitzenpolitiker und Privatpersonen von dem Verkauf immens profitiert hatten. Zu den Beschuldigten gehörte auch der Minister, der das Programm zum Abbau der Armut leitete.

Nachdem wir die Stadt verlassen hatten, erhielten wir die ersten Eindrücke von der Landschaft Malawis. Wir waren überwältigt. An beiden Seiten der Straße wimmelte es nur so von Menschen: Frauen mit Feuerholz auf dem Kopf, Männer, deren Fahrräder mit unglaublichen Kohlestapeln beladen waren, und Kinder, die in grellbunten Eimern Wasser transportierten. Neben der Straße bewirtschafteten die Menschen die Felder, bearbeiteten die Erde mit Hacken und bereiteten sie für die Aussaat vor. Häuser aus Lehmziegeln oder aus Lehm und Flechtwerk mit ausladenden Reetdächern gruppierten sich an der Straße zu kleinen Dörfern. Ein kurioser Anblick waren die witzig aussehenden Baobab-Bäume, deren enorme Stämme in relativ kleine Kronen ausliefen, was sie wie Bäume wirken ließ, die verkehrt herum standen. Im Nebel wurden in der Ferne allmählich seltsam geformte Hügel sichtbar. Am südlichen Horizont erhob sich der Bunda mit seinem abgerundeten Gipfel und der

Nkhoma, steiler und in einer gezackten Bergspitze endend. Unvermittelt stiegen sie aus der Ebene empor, die Unterstützung von Bergausläufern hatten sie nicht nötig.

Der Lastwagen, hinter dem wir herfuhren, war voll beladen mit Säcken voller Bohnen und Maismehl, der ersten Lebensmittellieferung für „unsere" Dörfer, die wir bei Händlern in der Stadt gekauft hatten. Während ich mit den anderen die Beschaffung dieser Rationen in der Stadt organisierte, begann ich zum ersten Mal über die Tatsache nachzudenken, dass Hunger und Unterernährung nur sehr selten dadurch verursacht sind, dass es keine Lebensmittel gibt. Die Menschen verhungern, weil sie nicht genug Geld haben, sich etwas zum Essen zu kaufen. Kinder sind unterernährt, weil ihre Eltern es sich nicht leisten können, die täglichen Grundbedürfnisse zu befriedigen. Über diesen Umstand, dass Hunger durch Armut verursacht wird, dachte ich nach, als wir die asphaltierte Straße verließen und mit einer Staubwolke hinter uns unsere Reise auf holprigen Wegen fortsetzten, auf denen sich abgemagerte Menschen dahinschleppten.

Als wir nach Ngwanda, ein zwischen riesigen Felsen gelegenes Dorf, hineinfuhren, war das Erste, was mir auffiel, eine Gruppe Männer, die dicht aneinandergedrängt auf den Stufen eines Hauses saßen. Sie hatten sich um ein kleines Transistorradio versammelt. Später erfuhr ich von ihnen, dass sie dem knisternd-krachenden Kommentar zu Malawis wichtigstem Fußballereignis seit Jahren lauschten – einer Begegnung mit dem benachbarten Sambia. Sobald sie aber den Lebensmittel-LKW den steilen Weg zu ihrem Dorf herunterrumpeln sahen, standen sie auf und begrüßten uns mit breitem Lächeln. Frauen eilten aus ihren Hütten, einige mit auf den Rücken gebundenen Babys, und aus allen Richtungen kamen Kinder angerannt. Als wir aus unserem Auto ausstiegen, sangen und tanzten die Frauen zu unserer Begrüßung. Die knisternde Stimme des Radioreporters ging in ihrem Singen und ihren Jubelrufen unter.

Der Mais und die Bohnen, die wir mit dem Lastwagen hergebracht hatten, waren für die Leute im Dorf eine wahre Gebetserhörung. Natürlich hatte man sie über unser Kommen informiert. Unsere Freunde hatten mit den Gemeindeleitern zusammengearbeitet, um die Größe der Dorfbevölkerung und deren Bedürfnisse in Erfahrung zu bringen und um sicherzustellen, dass die Verteilung in ordentlichen Bahnen verlief. Die Menge an Lebensmitteln, die wir mitbrachten, sollte ausreichen, um die Dorfbewohner in den nächsten zwei Monaten zu ernähren. Trotzdem schienen die Menschen im Dorf erstaunt zu sein, dass hier, direkt vor ihren Augen, die Nahrungsmittel tatsächlich vorhanden waren, die ihr Leben und das ihrer Kinder retten würden. Womöglich hatten sie mehr als einmal die Erfahrung machen müssen, dass Versprechen nicht gehalten wurden.

Fast 85 Prozent der Menschen in Malawi sind Selbstversorger, sie leben in Dörfern wie Ngwanda von dem, was sie auf ihren Kleinbauernhöfen anbauen, die weniger als einen Hektar groß sind. Für diejenigen, die von den Feldfrüchten leben, ist Hunger eine ständige Gefahr. Ihr Grundnahrungsmittel ist Mais, weißer Mais, den sie zu Mehl verarbeiten, in der Sonne trocknen und mit kochendem Wasser zu einem Brei kochen. Das ergibt ein Gericht namens Nsima, das für meinen überreizten westeuropäischen Gaumen fast keinen Geschmack zu haben scheint – und das ich kaum hinunterbringe. Mais kommt eigentlich aus Amerika und wurde im 16. Jahrhundert von Europäern in Malawi eingeführt. Mit seinen hohen Erträgen ersetzte er bald Hirse und Sorghum, zuvor seit Tausenden von Jahren die wichtigsten Nahrungsmittel in Afrika. Heute werden auf weniger als zehn Prozent der gesamten Anbaufläche diese einheimischen Getreidearten angepflanzt, wohingegen Mais als Grundnahrungsmittel für Malawi dasselbe geworden ist wie Reis für Asien.

Mais ist allerdings eine durstige, hungrige Pflanze und entzieht der Erde große Mengen an Wasser und Nährstoffen, und mehrere Trockenzeiten während der 1990er-Jahre lösten in Verbindung mit fehlendem Dünger für das zunehmend ausgelaugte Erdreich eine Spirale immer schlimmer werdender Hungersnöte aus. In einem guten Jahr erntete ein Bauer gerade so viel, dass er seine Familie ein Jahr lang ernähren konnte. Mittlerweile waren allerdings die meisten Jahre nicht so gut. Dezember, Januar und Februar wurden daher „Hungermonate" genannt – die Zeit, in der die selbst angebaute Nahrung knapp wurde und die Lebensmittelpreise in die Höhe schossen. In diesem Jahr waren die kleinen Läden in den Dörfern schon viele Monate vorher leer, und mittlerweile aßen die hungernden Menschen in ganz Malawi in ihrer Verzweiflung Baumwurzeln, Maiskolben, Sägespäne, Seerosenknollen und diverse andere Dinge, die sie normalerweise gar nicht als Nahrungsmittel eingestuft hätten.

Nachdem das Empfangskomitee von Ngwanda seine Gesänge beendet hatte, rief eine der älteren Frauen die Leute zur Ordnung. Sie setzten sich in langen Reihen in den Staub und warteten ab, bis ihr Name aufgerufen wurde. Ein Mitglied jedes Haushalts, meistens eine Mutter oder Großmutter, kam dann vor, um ihre Ration Mais und Bohnen in Empfang zu nehmen.

Jede Ration wurde je nach der Größe der Familie sorgfältig abgewogen und in Säcke gefüllt. Ich war betroffen von der Geduld derer, die da saßen und warteten, und ich beobachtete während dieser sehr langen Prozedur eine alte Frau und ihren Enkel, die in dem roten Staub knieten und sorgfältig die paar wenigen Bohnen auflasen, die danebengefallen waren. Sie legten ihren kostbaren Fund in eine kleine Schüssel, um ihn mit nach Hause zu nehmen. Irgendwann – es wurde jetzt schnell dunkel, und ich erinnerte mich daran, wie kurz die Abenddämmerung hier war; und wir hatten eigentlich vor, nicht nach Einbruch der Dunkelheit unterwegs zu sein – rief der Dorfchef den letzten Namen seiner Liste aus. Jetzt hatten alle im Dorf genug Nahrung, um die nächsten beiden Monate zu überstehen. Wir versprachen, dass wir Nachschub bringen würden, noch bevor die jetzt ausgeteilten Lebensmittel ausgingen, und dass wir auch Saatgut mitbringen wollten, damit sie die Ernte für das nächste Jahr anpflanzen konnten – eine Ernte, die sie dann hoffentlich von unserer Hilfe unabhängig machen würde.

Wir verließen die Einwohner von Ngwanda viel später, als wir es eigentlich vorgehabt hatten. Die Sonne war schon untergegangen, als wir hinter dem jetzt nur noch halb vollen Lastwagen herfuhren, um den Nkhoma-Berg herum in ein noch abgelegeneres Dorf ganz am Ende der Straße. Wir hatten ein schlechtes Gewissen, denn wir wussten, dass die Menschen in Mgonzo den ganzen Tag auf uns gewartet hatten. Als wir dort ankamen, warf das Vollmondlicht Schatten zwischen die kleinen Häusergruppen neben einem steil aufsteigenden Hügel. Hier wurden wir mit geflüsterten Grüßen empfangen. Die Menschen hier waren noch hungriger und offenbar noch viel geschwächter. Sie erklärten uns, sie hätten in den zurückliegenden Wochen

Blätter, Wurzeln und unreife Bananen gegessen. Irgendwie war der leise, fast sprachlose Dank dieser Leute noch bewegender als die demonstrativ lebhafte Begrüßung, die wir zuvor erlebt hatten. Mehrere Minuten nach dem Ausladen saßen wir neben dem dunklen Haufen der Lebensmittelsäcke in vollständigem Schweigen – einem tiefen, dankbaren Schweigen, das ich nie vergessen werde –, und nur widerwillig standen wir irgendwann auf und verabschiedeten uns. Die friedvollen Dorfbewohner flüsterten ihre Abschiedsworte, und nach unserem ebenfalls geflüsterten Versprechen, wiederzukommen, ließen wir sie, erneut in tiefem Schweigen, an ihren verglimmenden Feuern zurück.

Am nächsten Tag bestiegen Ruth und ich einen überfüllten Bus, der uns von Lilongwe nach Blantyre bringen sollte. Die Ausblicke während der vierstündigen Reise waren atemberaubend; von einer höher gelegenen Stelle der Straße aus meinten wir, den Malawisee in der Ferne glitzern zu sehen und dahinter die schwache Kontur der blauen Hügel von Mosambik zu erkennen. Als der Bus schließlich im Stadtzentrum von Blantyre anhielt, sahen wir auf dem Gehweg ein weißes Paar stehen, das dem Bus entgegenwinkte. Der Mann, ungefähr sechzig Jahre alt, etwas übergewichtig und mit ungewöhnlich dicken Brillengläsern, trug ein Sweatshirt, auf dem die Aufschrift *Russell Athletic* prangte.

„Das sind sicher David und Gay!", sagte Ruth lachend und winkend, als wir nach unseren Taschen griffen und aus dem heißen Bus ausstiegen. Wir wussten nicht, was da auf uns zukam, aber der erste Eindruck eines Mannes mit einem selbstironischen Sinn für Humor hatte uns, wie wir bald feststellten, nicht getrogen. Nach herzlichen Umarmungen und einer halbstündigen Autofahrt saßen wir dann im Wohnzimmer ihres Hauses, das oben auf einem Hügel lag und eine atemberaubende Sicht über die Stadt, die dunstige Ebene und die Berge jenseits davon bot. Während des Abendessens erzählten sie uns ihre Geschichte. Wir erfuhren, dass beide praktisch ihr ganzes Leben in Afrika verbracht hatten. Aufgewachsen waren sie in Simbabwe (damals noch Rhodesien), und nach ihrer Heirat waren sie nach Malawi umgezogen, wo David für eine bedeutende Immobilienfirma und als Wirtschaftsberater für die Regierung arbeitete, während Gay im Auftrag einer großen Zuckerfirma als Pilotin unterwegs war. Sie unterhielten uns mit einer grandiosen Anekdote nach der anderen. Anschließend erzählte Gay, sie habe nach Mums Brief im Jahr 1986 selbst zum ersten Mal Medjugorje besucht. Danach hatte sie an der Gründung von Gebetsgruppen und Medjugorje-Zentren in ganz Südafrika mitgewirkt und außerdem mehrere große Pilgergruppen von Malawi nach Medjugorje organisiert. Im Jahr 2000 hatte sich Tony Smith mit ihr in Verbindung gesetzt, und gemeinsam fingen sie an, einen Kreuzweg am Stadtrand von Blantyre zu bauen, eine Nachbildung des Kreuzwegs von Medjugorje. Er war für all diejenigen gedacht, die sich eine Reise nach Europa nicht leisten konnten.

„Ach, und übrigens", sagte Gay, „den Brief habe ich immer noch." Sie verließ den Raum und kam ein paar Minuten später mit Mums handgeschriebener Notiz zurück. Ein verblasstes Foto von Ruth und mir als Teenagern war beigefügt, aufgenommen mit den Sehern in Medjugorje, das Mum ihr offenbar mit dem Brief geschickt hatte. Wir mussten gleichzeitig lachen und weinen. Gay ging es genauso. Wir hatten das intensive Gefühl, dass sich in unserem Leben Gottes Plan entfaltete. „O, dass ihr auch immer Gott belästigen müsst!", rief David aus. „Das ist doch alles nur Unsinn!"

An jenem Abend und dann noch an vielen anderen machte David sich über Gay und uns lustig, aber er schaffte es nie, wirklich zynisch zu klingen, und bald wurde klar: Wenn es um Großzügigkeit und gute Werke ging, dann konnte er denjenigen, die hier im Raum „Gott belästigten", eine Menge beibringen. Später erzählte uns Gay, dass es David gewesen war, der ihr ihre Flüge nach Medjugorje geschenkt und darauf bestanden hatte, dass sie hinflog. Und es sah ganz so aus, als würde die Hälfte der Priester und Nonnen in Malawi Gays und Davids Haus als regelmäßigen Rückzugsort nutzen; durch ihre offene Tür gab es ein ständiges Kommen und Gehen. Außerdem waren Gay und er stark engagiert in Hungerhilfeprojekten, sie unterstützten mehrere Gruppen und versorgten Leute wie uns, die hofften, irgendwie nützlich sein zu können, mit jeder Menge lokalem Wissen und Erfahrungen.

„Ihr habt hoffentlich nichts dagegen, dass wir ein paar ziemlich hektische Tage für euch beide organisiert haben!", eröffnete uns Gay schließlich, als wir hundemüde ins Bett gingen.

„Und ganz bestimmt nehmen wir euch auf den Berggipfel mit, wo wir dieses alberne Kreuz aufbauen", sagte David.

Und in den nächsten Tagen waren wir dann auch tatsächlich sehr beschäftigt. Wir besuchten mehrere Freunde von Gay, die in der Hungerhilfe und anderen wohltätigen Organisationen arbeiteten. Junge Volontärinnen aus Israel gehörten dazu, die an den Ufern des Malawisees eine kleine Grundversorgungsklinik betrieben. Um nach Chembe zu kommen, wo sie arbeiteten, nahmen wir eine ungemütlich holprige Straße und lachten über die Paviane, die an den Bäumen am Straßenrand hingen. Beim Anblick des berühmten Sees schnappten wir nach Luft: funkelndes Azurblau, und ein kleines Dorf aus Strohhütten, das sich am Rand eines ausgedehnten weißen Sandstrands entlangzog. Es wirkte wie ein Bild aus dem Hochglanzmagazin eines Reisebüros, inklusive der Fischer neben ihren Einbaum-Kanus, die ihre Netze flickten.

Auf den ersten Blick sah es aus wie die reine Idylle, aber es war alles andere als das. Irit und Yogi, die beiden jungen israelischen Frauen, begrüßten uns in ihrer Klinik und lieferten uns eine höchst informative und deprimierende Übersicht über das Leben in diesem Uferdorf, das für sie zur Heimat geworden war. Bei unserem Gang durch das Dorf erklärten sie, von den 11.000 Menschen, die hier lebten, seien bereits 800 Waisen und diese Zahl stieg rapide an. Die AIDS-Epidemie schnitt eine gewaltige Schneise in die Bevölkerungsgruppe der Gebärfähigen, und übrig blieben Kinder, die von ihren Großeltern oder anderen, entfernteren Familienmitgliedern versorgt werden mussten. Dieses entsetzliche Geschehen spielte sich in jedem Dorf in Malawi ab, dem Land mit der weltweit zweithöchsten HIV/AIDS-Rate: 16,4 Prozent der Menschen zwischen 15 und 49 Jahren waren infiziert. Diese Zahlen waren schon bestürzend genug, und nun kam noch der chronische Hunger hinzu, der eine katastrophale Situation noch entsetzlicher machte. Die durchschnittliche Lebenserwartung war auf 39 Jahre abgestürzt. Jetzt schon starben pro Tag rund 140 Menschen, und dabei war Malawi noch Jahre entfernt von seinem AIDS-Höchststand. Wir wussten aus Rumänien, dass eine gesunde Ernährung mit viel Eiweiß die wichtigste Voraussetzung für HIV-positive Personen ist. Und hier, in diesem Dorf, mussten die Leute womöglich drei aufeinanderfolgende Tage ganz ohne Nahrung auskommen. Um uns sammelten sich ein paar Kinder, während wir den Gang durchs Dorf fortsetzten, sie drängten sich um die Plätze direkt neben uns. Irit zeigte auf einen Friedhof hinter dem Dorf, wo sich Sandhügel bis zum Fuß des Bergs hinzogen.

„Mittlerweile haben wir jeden Tag vier oder fünf Beerdigungen", erklärte sie, während ein älterer Mann sie grüßte und uns nachdrücklich in seinen Hof bat. Dort lag seine Frau auf einer Matte und versuchte, ihr Enkelkind zu trösten. Das magere Kind hörte nicht auf zu stöhnen, und sie erklärten uns, seine Eltern seien gestorben, und jetzt seien sie für das Kind „Mutter und Vater", nicht mehr die Großeltern. Irit untersuchte den kleinen Jungen und überraschte uns dann mit der Frage, ob wir das Fahrgeld für einen Wagen übernehmen könnten, der ihn in eine richtige Klinik brächte. „Er muss sofort Medikamente bekommen", sagte sie, als wir ihr das kleine bisschen Geld gaben, das sie brauchte.

Nachdem sie das organisiert hatte, führte uns Irit weiter durch das Dorf. Eine Frau mit einem riesigen, mit Wasser gefüllten Metalleimer auf dem Kopf hielt an und begann sich mit Irit zu unterhalten. Der Eimer hatte ein Loch, und Wasser tropfte heraus. Während sie lächelte und mit Irit scherzte, hielt sie einen kleinen Blechbecher darunter, um das kostbare Wasser aufzufangen, das vergeblich versuchte, sich davonzumachen.

In der Nähe machten wir bei einem kleinen Markt Halt, wo Irit für unser Mittagessen Fisch kaufte. „Der Hunger hier ist nicht nur deshalb so furchtbar, weil die Ernten ausgefallen sind, sondern auch weil der See überfischt ist." Sie zeigte auf die Tische zum Trocknen. Auf einigen lagen ein paar wenige kleine silbrig glänzende Fische, andere waren völlig leer. „Früher war hier alles voll mit Fischen. Die Leute haben sie getrocknet und verkauft. So hatten sie nicht nur etwas zu essen, sondern auch eine Einkommensquelle."

Wir nahmen den Fisch zu Mrs. Kaswaya mit, einer Freundin von Irit, die bei sich zu Hause für uns ein Mittagessen zubereitete. Sie begrüßte uns schüchtern und legte eine Matte auf den Boden, auf der wir Platz nehmen konnten. Wir saßen bei ihr und aßen den Fisch und das Nsima mit der Hand, was nicht ganz einfach war, weil die Speisen ziemlich heiß waren. Mrs. Kaswaya und ihre vier Kinder lachten leise über uns. Auf dem Rückweg sagte Irit, sie wolle uns einer Freundin vorstellen, Teresa, einem 18-jährigen Mädchen, das, um nicht zu verhungern, angefangen hatte als Prostituierte zu arbeiten. Jetzt hatte sie AIDS und lag im Sterben. Irit stand vor ihrer Tür und rief sie, und irgendwann hörten wir eine Bewegung. Teresa schleppte sich langsam heraus. Ihre stöckchendünnen Beine konnten sie nicht mehr tragen; Irit war genauso schockiert wie wir. Wir setzten uns im Sand neben Teresa und Irit hin, und Irit unterhielt sich eine Weile leise mit ihr. Sie hielt zärtlich ihre Hand, und irgendwann verabschiedete sie sich von ihr. Sie hatte nichts, das sie ihr geben konnte.

Wir verließen Chembe dann irgendwann und holperten die unwegsame Straße zurück, an den Pavianen vorbei, schweigend – uns war klar, dass das, was wir an jenem Tag gesehen hatten, ein Mikrokosmos von Malawi war. Der Kampf gegen Hunger, AIDS und entwürdigende Armut fand hierzulande in jedem einzelnen Dorf statt. Ich hatte den Eindruck, dass diese unterernährten, geschwächten Menschen, die nicht über die Waffen Bildung und Gesundheit verfügten, in einen hoffnungslos einseitigen Kampf verstrickt waren.

Der Plan, den die Russells für die letzten Tage unseres Aufenthalts für uns zusammengestellt hatten, lieferte uns noch viele weitere Gelegenheiten, Malawi kennenzulernen sowie einige von den Kämpfern und Kämpferinnen zu treffen, die sich weigerten aufzugeben. Zu ihnen gehörte eine kleine, aber unglaublich starke Ordensfrau von den Philippinen, die in Blantyre Tageszentren für Kinder im Kindergartenalter betrieb. Die meisten waren Waisen und brauchten dringend Essen und Betreuung. Die Ordensfrau unterstützte und trainierte einheimische Freiwillige, die das Projekt mittragen sollten; sie wollte sicherstellen, dass die Einheimischen es als „ihre eigene Sache, ihre eigene Verantwortung" ansahen, nicht als diejenige irgendeiner ausländischen Organisation.

„Das hier sind eure Kinder, nicht meine. Ihr habt größere Verantwortung für sie als ich", sagte Sister Lilia ziemlich schroff zu der Gruppe Freiwilliger an einem ihrer Unterrichtstage, zu dem sie uns eingeladen hatte. Zuerst war ich etwas bestürzt über ihren scheinbaren Mangel an Entgegenkommen – immerhin opferten diese Volontäre ihre Zeit, um unter erschwerten Bedingungen einer sehr lobenswerten Tätigkeit nachzugehen. Aber ich kapierte schnell, dass ihre Philosophie nicht einem Mangel an Liebe entsprang, sondern im Gegenteil wahrer, echter Nächstenliebe, die diesen Menschen dabei helfen sollte, sich aus ihrer Abhängigkeit von fremder Hilfe zu befreien.

Jede der 21 Kinderkrippen in ihrem Projekt wurde von einem Verwaltungsgremium mit Mitgliedern aus der Ortsgemeinde betrieben, die die Verantwortung übernahmen. Ihre neu entdeckten Kompetenzen und das Training, das sie bekamen, führten häufig dazu, dass sie neues Selbstvertrauen gewannen. Vor Kurzem war eine Neuerung eingeführt worden: Man nahm jetzt auch Kinder von Eltern auf, die für „Kinderbetreuung" Geld ausgeben konnten. Mit diesen Einnahmen konnte ein gewisser Prozentsatz des Geldes, das man für die Mahlzeiten für die armen Kinder brauchte, abgedeckt werden, und man war nicht mehr vollständig von Spenden und Zuschüssen abhängig.

Ich war völlig fasziniert davon, wie das Projekt funktionierte. Ständig wuchs mein Unbehagen über die Art und Weise, wie Hilfsmittel in Dorfgemeinschaften hineingepumpt, manchmal regelrecht aufgenötigt wurden, und zwar so, dass von der Würde und dem Verantwortungsgefühl der Menschen nichts mehr übrig blieb. Auch wurde kaum einmal über eine Zukunft *nach* solchen Soforthilfemaßnahmen nachgedacht. Natürlich war Notfallhilfe wichtig – gegenwärtig ging es einfach darum, Millionen Menschenleben in Malawi zu retten, und unser Projekt spielte dabei auch eine kleine Rolle. Aber mir wurde immer klarer, dass den Krieg gegen Armut und Hunger, der hier ausgetragen wurde, nur die Menschen in Malawi selbst gewinnen konnten, nicht die Helfer von außen, gleichgültig, wie wichtig und gut gemeint unsere Hilfe auch sein mochte.

Und es war eine solche Freude, diese U6-Zentren [Kinderhorte für Kinder von sechs Jahren und darunter] zu besuchen! In jedem Hort wurden wir von sechzig oder siebzig Knirpsen begrüßt, sie saßen in Reihen und bekamen von ihren ehrenamtlich arbeitenden Lehrern Zahlen und Buchstaben beigebracht. Wenn wir ankamen, wurden wir von einem Kind begrüßt, das aufstand und uns mit einer wohl einstudierten Begrüßungsformel willkommen hieß.

„Vorstellung. Mein Name ist Paul. Ich bin vier Jahre alt. Ich bin ein Junge." Dann stand das nächste Kind auf und wiederholte die Formel. „Vorstellung. Mein Name ist Veronica. Ich bin fünf Jahre alt. Ich bin ein Mädchen." Und nach mehreren solcher „Vorstellungen" sangen sie und klatschten und ließen unsere Herzen schmelzen.

Einige von diesen kleinen Kindern lebten mittlerweile in sogenannten „Kinderhaushalt-Familien". Wo keine erwachsenen Unterstützer da waren, kümmerten sich ältere Geschwister, die selbst teilweise noch im Grundschulalter waren, um diese Waisen. Die Mahlzeiten, die in den Zentren ausgegeben wurden, retteten das Leben dieser Kinder, und dass sie unterrichtet wurden, war ein Geschenk, das womöglich einen Ausweg aus der Armut weisen konnte. Die Zentren waren außerdem Orte, wo die Kinder sicher waren, wo man sich um sie kümmerte, während die ältere Schwester oder der ältere Bruder in die Schule ging oder arbeitete, um das zum Überleben nötige Geld zu verdienen.

Am letzten Morgen dieses ersten Besuchs, bevor wir zum Flughafen fuhren, standen wir früh auf und stiegen den bewaldeten Hang zur Spitze des Michuru-Bergs hinauf, wo man mit der Arbeit an den Fundamenten für das riesige Betonkreuz begonnen hatte. Die Aussicht von dort oben war atemberaubend. Die Stadt Blantyre lag ausgebreitet unter uns und dahinter die weiten Ebenen und Hügel. Wir beteten mit Gay einen Rosenkranz, während wir die überwältigende Aussicht auf uns wirken ließen. Als wir fertig waren, nahmen wir einige Kieselsteine aus der Tasche, die wir von unserem Hügel in Schottland mitgebracht hatten – dem Hügel hinter der Craig Lodge, auf dem Dad einen Kreuzweg angelegt hatte –, und einige Steine vom Hügel in Medjugorje, wo die Jungfrau zuerst erschienen war. Wir legten sie in die offenen Fundamente, in denen schon viele Steine aus Malawi lagen, und wir erbaten den göttlichen Segen für dieses Projekt und für ganz Malawi. Und ich versprach den Russells, dass ich sehr bald wiederkommen würde.

Nach unserer Rückkehr fingen wir sofort wie besessen an, Spenden zu sammeln. Einige der Leute, die wir in Malawi getroffen hatten und die so grandiose Arbeit leisteten, brauchten unbedingt weitere Mittel, um noch mehr Menschen vor dem Hungertod retten zu können, und wir hatten versprochen, unser Möglichstes zu tun. Gay übernahm die Koordination in Malawi, wir konnten also sofort damit anfangen, die Spenden an unsere neuen Freunde zu schicken. Wir schrieben in unseren Newsletters über unsere Erfahrungen in Malawi, und es gelang uns, eine gewisse mediale Aufmerksamkeit zu bekommen.

Jedes Mal, wenn ich von einer Auslandsreise zurückkam, hielt ich vor den Ehrenamtlichen und Mitgliedern der Jugendgemeinschaft, die in Craig Lodge lebte, einen kleinen Vortrag und zeigte Bilder. Die Jugendlichen opferten ein Jahr, um bei uns zu beten und bei der Versorgung der Gäste zu helfen, die hier Exerzitien machten. Häufig wuchs unsere Arbeit durch die Menschen, die zu Exerzitien in die Craig Lodge kamen. Es war also wichtig, dass die Mitglieder der Gemeinschaft immer auf dem Laufenden waren, dass sie Anteil nahmen an unseren Anstrengungen, damit sie mit unseren Gästen, die interessiert waren und mehr erfahren wollten, darüber reden konnten. Drei Tage nach meinem Bericht über Malawi sprach mich Maureen Callaghan an, die zur Gemeinschaft gehörte, und sagte mir, sie hätte, als ich von Malawi erzählte, gespürt, wie in ihrem Herzen ein Feuer brannte. Dauernd musste sie an das denken, was sie gehört hatte, und sie wollte unbedingt vor Ort sein und helfen. In den beiden Nächten seither hatte sie nicht schlafen können. Sie war noch nie in einem Entwicklungsland gewesen und hatte bisher auch nicht den Wunsch danach verspürt. Zwei anderen Mädchen aus der Gemeinschaft, Lisa und Nicola, ging es genauso. Die drei fassten also den Entschluss, eine „Missionsreise" dorthin zu machen, die vom Craig Lodge Trust (der Stiftung zur

Verwaltung des Gebetshauses) finanziert wurde. Gay freute sich, als sie davon erfuhr, und bemühte sich gleich um ein kleines Haus, das sie am Fuß ihres „Kreuzbergs" in Blantyre für die drei Frauen mieten konnte. Dort lebten sie dann fünf Wochen lang unter den Ärmsten der Armen, unterstützten Schwester Lilia und arbeiteten mit dem Pfarrer zusammen, um die Kinder zu finden, die am nötigsten Hilfe brauchten.

Drei Monate nach meinem ersten Besuch, im November 2002, fuhr ich wieder nach Malawi. Dieses Mal wollte ich die Leute besuchen, die wir bereits unterstützten, und andere Gruppen, von denen Gay wusste, dass sie Hilfe brauchten. Zwei Journalisten vom *Herald*, Schottlands meistverkaufter Tageszeitung, begleiteten mich. Sie wollten einen Artikel über die Situation in Malawi und unsere Unterstützungsaktionen schreiben. Mittlerweile hatten sich wie vorhergesagt die Auswirkungen der Hungersnot verschlimmert. Auch wenn es keine Hungersnot gab, markierte der November häufig den Anfang der Hungermonate. In diesem Jahr aber hatten die Menschen bereits seit Langem sämtliche Reserven aufgebraucht.

Mir war mittlerweile klar geworden, dass die effektivsten Nahrungsmittelverteilungs-Projekte von den Kirchen organisiert wurden. Die Kirchen hatten den Vorteil, eine dauerhafte Struktur zu bieten, die zur Schaffung von Freiwilligen-Netzwerken innerhalb der Gemeinden mobilisiert werden konnte. Bei meinem jetzigen Besuch traf ich mit mehreren Gruppen von Ordensschwestern und Priestern zusammen, die unglaubliche Arbeit in großem Umfang leisteten. Keiner schien sonderlich schockiert zu sein über die Hungersnot, verfügten sie doch über altbewährte Methoden, die sie im Lauf vieler Jahre entwickelt hatten und auf die sie sich verlassen konnten.

In Namitembo, einer abgelegenen, besonders stark von der Hungersnot betroffenen Gegend, lebten zwei Missionare, Father Owen O'Donnell aus Glasgow und Father Frank aus Liverpool. Ich verbrachte mehrere Tage mit ihnen. Beide sprachen sie zwar jeweils im unverkennbaren Tonfall ihrer Heimatstädte, doch stellte ich fest, dass sie sich, wenn sie abends unter sich waren, in Chichewa unterhielten, der Landessprache, und ich hatte den Eindruck, sie waren mittlerweile hier mehr zu Hause, als sie es je wieder am Ufer des Clyde oder Mersey sein würden. Ihre Gemeinde war riesig. Innerhalb ihrer Grenzen lebten 80.000 Menschen. Ein gewaltiges Netzwerk aus freiwilligen häuslichen Pflegern und Pflegerinnen war ausgebildet und organisiert worden, die sich um die kranken Menschen in der Gemeinde (die meisten, die hier AIDS hatten, würden zu Hause sterben) und Waisen kümmerten.

Am ersten Abend meines Aufenthalts zeigte mir Father Owen die neu gebaute Realschule, die einzige im gesamten Gebiet. Hier gab es alles, sogar Laborräume. Der Bau dieser Ausbildungsstätte war ganz offensichtlich eine Herzensangelegenheit gewesen. Bei genauerem Hinsehen stellte ich fest, dass die kleinen versenkten Becken in den Labors aus Kuchenformen hergestellt waren. Neben der Schule befanden sich riesige Hallen, in denen säckeweise Nahrungsmittel lagerten, um den Bedarf von 880 Familien für einen weiteren Monat zu decken. Father Owen machte sich allerdings jetzt schon Sorgen, ob er für den Monat Februar genug bekommen würde. Er musste die Nahrungsmittel bald hierher schaffen lassen, bevor der Regen die Straßen unpassierbar machte.

Die Pflanzsaison hatte bereits angefangen. Regenfälle vor einiger Zeit ermutigten viele dazu, Mais anzupflanzen, doch seither hatte es nicht ein einziges Mal geregnet, und die Leute hatten schreckliche Angst, dass diese Ernte ausfallen könnte. Es war kein Saatgut mehr übrig. Das Überleben hing hier an einem seidenen Faden.

Ich stand früh am Morgen auf, um in der einfachen Dorfkirche die Messe zu besuchen, während die ersten Sonnenstrahlen durch die Fenster fielen. Es war eine kleine Gemeinde: Menschen mit abgearbeiteten Händen in abgerissener Kleidung, die aussahen, als seien sie unterwegs auf die Felder. Am Ende der Messe, während die meisten die Kirche schon verließen, bemerkte ich eine Frau, die mit einem Bündel auf dem Kopf nach vorne zum Altar ging. Sie legte das Bündel auf der Altarstufe nieder, und Father Owen trat hinzu, sprach ein Gebet und segnete es. Dann nahm die Frau das Bündel wieder auf den Kopf und ging mit ernster Miene nach draußen in Richtung der Sonne, die jetzt über den Feldern aufging. Mir wurde bewusst, dass sie in ihrem Bündel die kostbare Saat trug, die sie an diesem Tag ausbringen wollte.

In der „Stille nach der Messe" dachte ich eine Weile über den Glaubensakt nach, dessen Zeuge ich gerade geworden war. Die Samen stellten die Zukunft dieser Frau und ihrer Familie dar. Sie bargen all ihre Hoffnungen, all ihre Ängste. Alles. Sogar Leben und Tod. Die Frau hatte es geschafft, all das in einer einzigen, einfachen, von Herzen kommenden Geste vor Gott hinzulegen und ihn um seinen Segen zu bitten. Wie viel schwerer wäre es doch für mich, ein vergleichbares Opfer zu bringen! Für uns Menschen im Westen mit all den Schichten aus Sicherheit und Komplexität, die uns umschließen, wäre das eine echte Herausforderung. Wie fühlte es sich wohl an, so völlig abhängig vom nächsten Regen zu sein – und von dem Gott, der ihn schickte? Oder sich dessen zumindest ganz klar bewusst zu sein?

Später am gleichen Tag fuhr ich mit Father Owen zu einem seiner vielen sterbenden Gemeindemitglieder. Fostino, ein 35-jähriger Mann, der früher als Schneider gearbeitet hatte, lebte bei seiner Schwester, die sich in einem Haus um ihn kümmerte, das allein in der Nähe der trockenen Felder stand. Fostino trug kein Hemd, und er war entsetzlich dünn. Alle seine Rippen standen heraus, und seine Arme waren völlig abgemagert. Er ächzte, während seine Schwester ihm half, sich aufrecht hinzusetzen. Er sah aus, als würde er innerhalb der nächsten Stunden sterben. Sie erzählten uns, dass sie außer ein paar Mangos, die auf einem Baum in der Nähe wuchsen, seit fast einer Woche nichts mehr gegessen hatten. Er hatte AIDS und war sicher, dass die Krankheit eine Strafe dafür war, dass er früher einmal einem Mann sein Fahrrad gestohlen hatte. Er sehnte sich verzweifelt nach der Vergebung jenes Mannes, glaubte er doch, dass ihn das heilen würde. Father Owen sprach ihm gut zu und betete mit ihm, dann spendete er ihm die Kommunion. Fostino und seine Schwester, deren Namen ich mir einfach nicht merken konnte, schienen etwas zur Ruhe gekommen zu sein, als wir aufbrachen. Als wir den Weg vom Haus weggingen, kam die Schwester hinter uns her und gab uns mit einem schüchternen Lächeln ein paar Mangos von ihrem kostbaren Baum – ein Geschenk für unsere Heimreise.

Es gab Begegnungen während der Tage damals, die mich tief bewegten, die mich veranlassten, Dinge infrage zu stellen und sie in neuem Licht zu sehen. Hier ging es ständig und in allem um Leben und Tod, und es gab kaum etwas von dem Kram, der diese letzten Dinge häufig verdunkelt. Ich hatte das seltsame Gefühl, dass ich mich auf etwas vorbereitete und hier eine Art Intensivtraining mitmachte. Vor meinem Aufbruch hatte mich

Julie, die unser viertes Kind erwartete, daran erinnert, dass seit unseren ersten Fahrten nach Bosnien-Herzegowina fast zehn Jahre vergangen waren. Ich überraschte sie mit meiner Antwort: Aus irgendeinem Grund hätte ich das Gefühl, als seien diese zehn Jahre, so fantastisch sie auch waren, eine Vorbereitung für etwas anderes gewesen. Aber ich erwartete nicht, dass meine nächste Begegnung mit einer Familie in Not mein Leben so verändern würde, wie es dann geschah, und dass dies die Geburtsstunde von Mary's Meals sein würde.

Wenige Stunden Fahrt auf einer unbefestigten Straße durch trockene Felder von Namitembo entfernt liegt die Gemeinde Balaka. Nach meiner Ankunft führte mich der italienische Priester in eine Kirche, die wir durch eine Seitentür betraten. Ich war total überrascht, als ich mich neben dem Altar stehend fand, von wo aus ich auf 550 kleine Kinder hinunterschaute, die dort unten schweigend in Reihen saßen. Es waren lauter Waisen. Vor zehn Jahren hatten die hiesigen Priester beschlossen, Unterstützer in Italien zu suchen, um den zehn Waisen aus ihrer Gemeinde zu helfen. Mehr hatten sie nicht vor, weil der Bedarf nicht da war. Jetzt gab es in ihrer Gemeinde 8000 Waisen, und die Zahl nahm täglich zu. Und so unglaublich es klingt: Hier und in ganz Malawi wurden fast alle Kinder, die durch AIDS ihre Eltern verloren hatten, von Mitgliedern aus dem engeren oder weiteren Familienkreis versorgt. Noch gab es in Malawi weder Straßenkinder noch Waisenhäuser. Ich fragte mich, wie anders wohl die Reaktion im Westen aussehen würde, wenn wir uns mit einer Katastrophe konfrontiert sähen, die zur Folge hätte, dass Hunderttausende von Kindern ihre Eltern verlieren würden.

Father Gamba, ein junger freundlicher Priester, fragte mich dann, ob ich ihn begleiten wollte zu einer Frau aus seiner Gemeinde, die bald sterben würde. So kam es, dass ich die Familie traf, deren Bild nach wie vor über meinem Schreibtisch hängt: Emma, umgeben von ihren sechs Kindern, darunter der 14-jährige Edward, der, als ich ihn fragte, was er sich von seinem Leben erhoffte, diese Antwort gab, die ich nie vergessen werde. „Ich möchte genug zu essen haben, und ich möchte eines Tages eine Schule besuchen können" – so lautete seine schlichte, erschütternde Antwort auf meine Frage.

Dieser Vierzehnjährige hatte das, was er sich vom Leben wünschte, ausgesprochen, als wäre es ein kühner Traum, und das bewegte mich aus mehreren Gründen zutiefst. Die größte Rolle spielte eine Unterhaltung, die ich mit Tony Smith gehabt hatte, dem Mann aus England, der uns wieder mit Gay zusammengebracht hatte. Er unterstützte nach wie vor den Bau des Kreuzes, wobei sich das gesamte Projekt mittlerweile vergrößert hatte: Irgendwann sollte eine exakte Nachbildung der Kirche von Medjugorje entstehen und entlang des Aufstiegs auf den Michiru-Berg identische Kreuzwegstationen angelegt werden. Seine Besuche in Gays Haus überschnitten sich mit meinen, und er hatte mir von einem Ereignis erzählt, das ihm vor rund zwei Jahren widerfahren war.

Er war bei Gay zu Besuch gewesen und fühlte sich deprimiert von dem Leiden, das er in Malawi mitbekam, vor allem dem der hungernden Kinder. Eines Abends saß er in Gays Wohnzimmer, schaltete den Fernseher ein und stieß auf eine Rede des amerikanischen Senators George McGovern, in der dieser mit leidenschaftlicher Dringlichkeit darauf hinwies: Wenn Amerika sich nur entschließen könnte, jedem Kind in den ärmsten Ländern der Welt an einer Schulbildungsstätte täglich eine Mahlzeit zu finanzieren, dann würde das wie ein „Marshall-Plan" wirken und könnte die Entwicklungsländer von der Armut befreien. Tony erzählte, als er diese Rede gehört habe, sei ihm der Gedanke gekommen: Wenn jemand dieses Konzept übernehmen, es Maria, der Mutter Jesu, aufopfern und dem Ganzen den Namen „Mary's Meals" geben würde, dann würde es Realität werden. Er hatte damals mit Gay darüber gesprochen und mit ihr überlegt, wie man in Malawi ein solches Programm anstoßen könnte. Dann begann sich allerdings in Malawi die Hungerkatastrophe auszubreiten, und die Gelder, die er Gay unter der Bezeichnung „Mary's Meals" zuschickte, wurden stattdessen für die Verteilung dringend benötigter Notrationen in einer Gegend namens Chipini verwendet, welche von einigen Ordensschwestern durchgeführt wurde, die wir ebenfalls kennengelernt hatten und unterstützten.

So viele unserer Erfahrungen in den vergangenen zwanzig Jahren waren in dieser einen schlichten Idee enthalten. Unsere Verehrung Marias, der Mutter Jesu, und unsere überraschende Begegnung mit ihr in Bosnien-Herzegowina, als wir noch Teenager waren; in den Jahren danach die vielen Begegnungen mit Kindern, die aufgrund von Armut und Hunger keine Schule besuchen konnten; die Worte, die ich gerade erst von Edward gehört hatte, und die ständig zunehmende Gewissheit, dass die Probleme, die die ärmsten Gesellschaften der Welt belasteten, nur von Menschen bewältigt werden können, die gesund sind und wenigstens eine Grundschulbildung haben. Das Versprechen einer täglichen Mahlzeit würde es diesen Kindern, die für ihr tägliches Brot arbeiten mussten, ermöglichen, stattdessen den Unterricht zu besuchen; und die Eltern wären motiviert, ihre Kinder nicht zur Unterstützung daheim zu behalten, sondern sie in die Schule zu schicken. Dass das funktionierte, hatten

Mary's-Meals-Mahlzeiten für Vorschulkinder in Blantyre, Malawi.

Der Wallfahrtsort Medjugorje in Bosnien-Herzegowina

Magnus, Fergus, Ruth, Ken
und ihre Cousins bei einer
Erscheinung mit den Sehern
in Medjugorje, 1983

Julie und Magnus beim Kartenstudium auf der Fahrt nach Bosnien-Herzegowina, 1993

Attila, eines der ersten Kinder in unseren Heimen in Rumänien, das gestorben ist.

In einer Dorfschule in Liberia, 2014. *Colin Mearns*

Gerard Butler (rechts) und Magnus lernen in Liberia, wie man Wasser trägt (2014). *Chris Watt*

Father Garry Jenkins unterwegs mit den Gola in Liberia, 2004.
Colin Mearns

Dieser Container mit der Aufschrift „WITH LOVE FROM SCOTLAND"
dient Father Garry seit Jahren als Vorratslager. *Colin Mearns*

Emma und ihre Kinder. Der Wunsch von Edward (14, links hinten),
„Ich will genug zu essen haben und irgendwann in die Schule gehen
können" war 2002 der zündende Funke für Mary's Meals. *C. Furlong*

Gay Russell vor dem Flugzeug, mit dem sie für eine Zuckerfirma als
Pilotin im südlichen Afrika unterwegs ist.

Likuni Phala, eigens abgepackt für Mary's Meals, in einer Fabrik in Blantyre, Malawi. Sämtliche Inhaltsstoffe stammen aus lokalem Anbau.

Freiwillige Helferinnen kochen Likuni Phala (Malawi).

Schüler in einer Schule in Blantyre, Malawi, mit ihren Tellern.

Hollywood-Star Gerard Butler besuchte 2014 Mary's-Meals-Schulen in Liberia.

Nahrung gibt Hoffnung. Bub in Malawi.

Ein Mädchen in Indien lernt schreiben.

Ein Junge in Myanmar verspeist
sein Mary's Meal.

Father Tom Hagan in einer seiner Schulen im Slum Cité Soleil von Port-au-Prince (Haiti), 2006. *Angela Caitlin*

Anstehen in Reih und Glied für die Mary's-Meals-Mahlzeit in Cité Soleil, Haiti, 2006. *Angela Caitlin*

Ein Kind in Cité Soleil, Haiti, 2006. *Angela Caitlin*

Magnus mit Milona Habsburg beim Erzbischof von Wien, Christoph Kardinal Schönborn

Die Sterne-Köche Helmut Österreicher (li.) und Johann Reisinger kochen exquisiten Brei bei einer Benefizveranstaltung von Mary's Meals in Wien.

Magnus und Julie (nicht im Bild – sie steht hinter Magnus) treffen Papst Franziskus (2013).

Die österreichische Ski-Nationalmannschaft (sitzend Olympiasiegerin Claudia Lösch, stehend Präsident Peter Schröcksnadel) überreichte 2016 Papst Franziskus eine Spende für Mary's Meals.

Kinder aus der Grundschule in Dalmally helfen, den Schuppen zu streichen, in dem Mary's Meals seinen Sitz hat (2011).

wir schon vor einigen Jahren in kleinem Umfang bei unserem Projekt mit den Roma-Kindern von Targu Mures gesehen.

Edward war natürlich nicht der Einzige, der nicht in die Schule ging. Rund 30 Prozent der Kinder im Grundschulalter in Malawi waren, obwohl es keine Schulgebühren gab, nicht in einer Schule angemeldet. Die Notwendigkeit, Nahrung aufzutreiben, Lebensmittel anzubauen, bezahlte Gelegenheitsarbeit zu verrichten, sich um sterbende Eltern und jüngere Geschwister zu kümmern – all das verhinderte, dass Kinder zur Schule gehen konnten. Und selbst wenn sie angemeldet waren, konnten sie sich nur allzu häufig nicht konzentrieren und richtig lernen, weil sie Hunger hatten, oder sie kamen lediglich sporadisch, weil sie selbst krank waren. Hungrige, unterernährte Kinder können keine guten Schüler sein, und viele hatten genau wie Edward noch nicht einmal die Möglichkeit gehabt, es zu versuchen.

Über ein Drittel der Kinder, die jedes Jahr auf der Welt sterben, sterben aus unmittelbar mit Hunger zusammenhängenden Gründen. Hunger und Mangelernährung sind auch im 21. Jahrhundert noch die gewaltigsten globalen Gesundheitsbedrohungen, sie verursachen mehr Todesfälle als AIDS, Malaria und Tuberkulose zusammen.

Die Ursache von Hunger ist Armut, und die Ursache von Armut ist Hunger. Menschen leiden nicht aus dem Grund chronisch Hunger, weil es keine Lebensmittel gibt, sondern weil sie es sich nicht leisten können, sie zu bezahlen. Weltweit wird erheblich mehr als genug Nahrung für alle produziert. Selbst in der damaligen verzweifelten Hungersnot hätte Edward, wenn er Geld gehabt hätte, in die Stadt fahren und für seine Familie Essen kaufen können. Aber er hatte kein Geld, und deshalb verhungerten sie.

Chronisch hungrige Kinder können sich körperlich und geistig nicht richtig entwickeln, und sie können in der Schule nicht richtig lernen, und aus diesen beiden Gründen ist ihnen die Fähigkeit vorenthalten, produktive Arbeit zu leisten und als Erwachsene ihre Familie zu ernähren. Sie können nicht das Leben in Unabhängigkeit und Würde leben, das jede Person anstrebt. In den Entwicklungsländern sind 43 Prozent der Kinder unterentwickelt. Sie werden ihr ganzes Leben lang von kleinerer Statur sein, als sie es eigentlich sein könnten (und womöglich wird ihr Leben sehr kurz sein, bedenkt man, dass täglich rund 18.000 Kinder aus Gründen sterben, die mit Unterernährung zu tun haben), während 775 Millionen Erwachsene, die nicht lesen und schreiben können, einen nahezu aussichtslosen Kampf austragen, um genug zu verdienen, dass es fürs Überleben reicht.

Das Erste, was ein hungriges Kind braucht, ist etwas zu essen. Das weiß jede Mutter, jeder Vater, jeder Mensch. Aber es ist klar, dass eine grundlegende Schulbildung ebenfalls nötig ist, wenn tatsächlich wirksam gegen chronischen Hunger vorgegangen werden soll. Wie sollen Menschen lernen, wie sie ihre Felder bewässern, wie sie Dünger herstellen oder ihre Ernten verteilen, wenn sie nicht lesen oder schreiben können? Wie können sie andere Mittel und Wege finden, ihren Lebensunterhalt zu verdienen und einen gewissen Wohlstand zu erwerben über das hinaus, was sie zum Essen brauchen? Wie können Analphabeten ihre Regierungen zur Verantwortung ziehen? Wie können sie sich gegen Korruption wehren? Oder die Ausbreitung von HIV/AIDS bekämpfen? Wie können andere zentrale Gesundheitsbedürfnisse gestillt werden, wenn man nicht zuallererst sicherstellt, dass ein heranwachsendes Kind genug zu essen hat?

Die Mission von Mary's Meals, hungernde, arme Kinder täglich an einer Schulbildungsstätte mit einer guten Mahlzeit zu versorgen, begann also mit Edwards Worten.

Natürlich ist die Idee von Schulspeisungen nicht sonderlich originell. Für die meisten Schulkinder ist das Essen in der Schule eine tägliche Selbstverständlichkeit. Für mich war es das ganz bestimmt. Jeden Morgen kam in unserer kleinen Grundschule im schottischen Hochland eine gewisse Spannung auf, wenn vor unseren Toren der Lastwagen mit den Stahlcontainern eintraf, in denen sich das Essen befand. Es wurde in der größeren Schule am anderen Ende des Loch zubereitet. Jedenfalls glaube ich, dass es von dort stammte – so ganz habe ich das nie herausgefunden. Wir trugen sie nach drinnen und rätselten, was es wohl heute geben würde. Wenn wir feststellten, dass die größeren Container dampfende Fleischklößchen und Kartoffelbrei enthielten, dann war es ein guter Tag, was allerdings womöglich nur eine kurze Freude war, wenn das Lüften der kleineren Deckel Rhabarberstreusel enthüllte. Ich kann mich jedenfalls nicht erinnern, dass ich je einen Tag in der Schule ohne Essen zubringen musste oder mir überhaupt nur darüber Gedanken machte.

Schulmahlzeiten sind in sämtlichen Industriestaaten eine Selbstverständlichkeit, ob sie nun von der Regierung finanziert sind oder von Eltern, die ihren Kindern „Essensgeld" in die Schule mitgeben. Faktisch bekommen auf der ganzen Erde täglich 368 Millionen Kinder ein Essen in der Schule, doch während in den reichsten Ländern der Welt fast jedes Kind von dieser Einrichtung profitiert, erhalten in den Entwicklungsländern lediglich ungefähr zwanzig Prozent der Kinder Schulspeisungen, wobei das Welternährungsprogramm der Vereinten Nationen fast 15 Millionen von ihnen versorgt. Mittlerweile be-

suchen 57 Millionen in Armut lebende Kinder die Schule überhaupt nicht, und 66 Millionen kommen hungrig in die Schule,
können also gar nicht richtig lernen.

Je mehr wir über Mary's Meals sprachen und nachdachten,
desto begeisterter waren Ruth und ich von der Idee. Der Vorstand und alle an der Scottish International Relief Beteiligten zu
Hause unterstützten den Vorschlag, diese neue Aktion zu starten, von Anfang an. Wir beschlossen, in Malawi einen Zweig der
Scottish International Relief zu gründen, um dort mit dem Projekt anzufangen (sowie diverse andere Projekte zu begleiten, bei
denen wir uns engagierten). Gay Russell nahm unglaublich viel
Arbeit auf sich, damit die Organisation gleich von Anfang an auf
soliden Beinen stand, sie spannte einen befreundeten Anwalt in
Blantyre ein, und nicht lange danach schloss sie sich Tony Smith
und mir als den ersten Treuhändern der neuen Organisation in
Malawi an. Gleichzeitig begannen wir, für unsere neue Kampagne „Mary's Meals" Spenden zu sammeln. Wir waren uns
einig, dass es das Ziel von Mary's Meals sein sollte, dass jedes
Kind an seinem Unterrichtsort täglich eine Mahlzeit bekommt.
Es gab viel zu tun. Jetzt mussten wir nur noch entscheiden, wo
wir anfingen.

VII.
Eine Schale Porridge

Das Gestern ist vorüber. Das Morgen ist noch nicht da.
Wir haben nur das Heute. Fangen wir also an.
(Mutter Teresa)

Am Fuß des Michuru-Bergs (auf dessen Gipfel das Kreuz errichtet wurde) lag eine verarmte kleine Gemeinde namens Chilomoni. Sie zog sich entlang einer Straße hin, die sich aus Blantyre herausschlängelte. Rechts und links der Straße hatten Obstverkäufer, Friseure, Mechaniker und viele andere Kleinbetriebe ihre kleinen Läden und Werkstätten. Reihen kleiner Häuser zogen sich dahinter den Berg hinauf. Hier lebte eine stetig wachsende Bevölkerung. In der Mitte der Siedlung befanden sich eine große Pfarrkirche und eine Schule.

Zwei Stunden nördlich davon, auf einer Ebene am Fluss Shire, im Regenschatten einer Bergkette, lag die abgelegene Region Chipini, die nur über lange, holprige, staubige Straßen zu erreichen war. Mehrere kleine Dörfer aus Lehmziegelhäusern mit Reetdächern waren umgeben von kleinen Maisfeldern, die häufig nicht richtig gediehen. Inmitten dieser Dörfer gab es eine von Ordensschwestern, den Medical Missionaries of Mary, geleitete Klinik. Wir hatten mit den Schwestern bei der Verteilung von Lebensmitteln während der Hungersnot bereits zusammengearbeitet.

Diese beiden Orte boten sich als Start für Mary's Meals an. Gay kannte Leute in Chilomoni durch ihre Arbeit im Zusammenhang mit der Organisation des Kruzifix-Baus und weil die Mädchen von der Craig Lodge hier einige Wochen in einem kleinen Haus, das Gay für sie organisiert hatte, verbracht hatten. Durch ihren Aufenthalt hatten wir tieferen Einblick in die bedrängte Lage der Waisen in dieser Gemeinde, und die Mädchen hatten eine Liste aufgestellt mit den Dingen, die am dringendsten benötigt wurden. Gay kam nun mit den Menschen dort ins Gespräch, um ihre Situation besser zu verstehen und sie mit unserem Konzept vertraut zu machen. Sie äußerten größtes Interesse an Mary's Meals, und in Zusammenarbeit mit den Wortführern der Gemeinde fing Gay an, die Einführung von Mary's Meals in der kleinen Grundschule neben der Kirche zu planen. Nach kurzer Zeit hatten sie eine einfache kleine Küche und ein Lager gebaut; dem Start des Projekts stand also nichts mehr im Weg.

Von Anfang an waren wir überzeugt, dass Mary's Meals nur dann auf Dauer effektiv funktionieren konnte, wenn es der Ortsgemeinde „gehörte". Wir hatten das sichere Gefühl, dass jede Schulbelegschaft an dieses Projekt glauben und mindestens so stark wie wir an seiner Fortführung interessiert sein musste. Wir wollten unter allen Umständen den Fehler vermeiden, den Menschen eine Idee aufzuzwingen; im Gegenteil: Es sollte mehr ihre Sache sein als unsere. Uns schwebte eine von Respekt getragene Partnerschaft vor, in welcher die Dorfgemeinschaft geben sollte, was sie konnte, um die Ausgabe täglicher Mahlzeiten an ihre Kinder sicherzustellen, und wir wollten helfen, indem wir die Nahrungs- und sonstigen Hilfsmittel zur Verfügung stellten, die die Menschen hier nicht selbst beisteuern konnten. Insbesondere hing die Umsetzung von einheimischen Freiwilligen ab, die sich dazu verpflichteten, die tägliche Arbeit der Essenszubereitung und -ausgabe zu organisieren und zu erbringen. Wir wollten unbedingt sicherstellen, dass hier kein weiteres Notspeisungsprojekt entstand, sondern eine sehr spezifische, von der Gemeinde getragene Maßnahme mit Schulkindern als Zielgruppe und grundsätzlich gekoppelt mit Schulbildung. In Chilomoni stellte sich schnell heraus, dass die Eltern-Lehrer-Vereinigung (Parent Teachers' Association, PTA) die Körperschaft war, welche ideal dafür geeignet war, die Organisation zu übernehmen. Nach einigen Gemeindeversammlungen, bei denen allgemein große Zustimmung und Begeisterung für das Mary's-Meals-Projekt geäußert wurde, erklärte sich die PTA einverstanden, die Verantwortung für die Erstellung eines Dienstplans für Eltern und Großeltern zu übernehmen, die bereit waren, jeweils im Wechsel einen Vormittag zu opfern, um die Mahlzeiten vorzubereiten.

Es gab noch eine weitere Sache, die uns sehr am Herzen lag: Das Essen, das wir zur Verfügung stellten, sollte wenn irgend möglich aus einheimischer Produktion stammen und nicht importiert werden müssen. Wir wollten, wo immer es möglich war, die Landwirtschaft und die lokalen Bauern unterstützen. In Malawi gab es damals einen äußerst beliebten Brei (Porridge) für Kinder: „Likuni Phala" („Likuni" ist der Name des Orts, wo das Gericht vor mehreren Jahren von einigen genialen Ordensschwestern erfunden wurde, und „Phala" bedeutet einfach Brei). Es besteht aus Mais, Soja und Zucker sowie Zugaben von Vitaminen und Mineralstoffen und hatte sich zu einem weit verbreiteten Gericht für die Kinder Malawis und ihre Familien entwickelt. Gay kannte eine Firma, die Likuni Phala herstellte und die Rohzutaten von Kleinbauern aus ganz Malawi kaufte.

Die Zutaten wurden dann zu einer Fertigmischung verarbeitet, die vor dem Servieren nur noch in kochendes Wasser eingerührt werden musste. Die Entscheidung für dieses Produkt war sehr einfach. Die Zutaten – abgesehen von einigen der zugesetzten Vitamine, die aus Südafrika stammten – wurden alle in Malawi angebaut, und das Produkt war problemlos zu besorgen, einfach zu transportieren und leicht zu kochen. Außerdem war es fantastisch preisgünstig!

Im Monat Januar 2003 wurden die ersten Mary's Meals in Chilomoni zubereitet und ausgegeben. Genau in derselben Woche fand dasselbe zum ersten Mal in den abgelegenen, hungernden Dörfern in Chipini statt. Dort hatten die tatkräftigen Medical Missionaries of Mary das Schulspeisungsprogramm organisiert, ausgehend von genau demselben Modell freiwilliger Helferinnen, die Likuni Phala in sieben kleinen Grundschulen zubereiteten. Dort waren die Raten unterernährter Kinder besonders hoch, und viele Kinder kamen aufgrund von Hunger und Armut nicht in die Schule. Mary's Meals begann also gleichzeitig in einem städtischen und in einem ländlichen Kontext.

Mein erster Besuch in Chipini nach dem Start von Mary's Meals fand bedrückenderweise auch wieder während einer Hungersnot statt: Im Jahr 2003 war der Mangel an Nahrungsmitteln in dieser Region schlimmer als je zuvor. In der Grundschule von Chinyazi standen abgemagerte Kinder mucksmäuschenstill für ihre Mary's Meals an. Viel zu still. Viele Kinder gingen an mir, dem weißen Mann mit dem Fotoapparat, vorbei, als wäre ich gar nicht da: nichts von dem üblichen Lachen und Gerangel, um auch mit aufs Bild zu kommen. Es war schon Mittag, und ihnen war es wichtiger, zum ersten Mal an diesem Tag etwas zu essen zu bekommen. Kleine Gruppen von Kindern saßen im Staub und verzehrten schweigend ihr Porridge. Für die meisten war das die einzige Mahlzeit des Tages. In der Nähe der Schule sah ich vor einer Lehmhütte eine „Gogo" (Großmutter) mit ihren jüngsten Enkeln sitzen, und ich stattete ihr einen Besuch ab. Sie erklärte, ihre Tochter, die Mutter der Kinder, sei gestorben, und nun war sie die Einzige, die sich um die Kinder kümmerte. Sie erzählte mir mit verzweifelter Stimme, dass es in der gesamten Gegend keinen Mais zu kaufen gab, den sie sich leisten konnte. Später kamen dann ihre beiden älteren Enkel, Allieta und Kondwande, aus der Schule zurück, in den Händen ihre fleckigen Übungshefte und die leeren Schüsseln, aus denen sie ihre Mary's-Meals-Mahlzeit gegessen hatten. Jetzt hatten sie mehr Energie. Sie lachten, als sie sahen, dass ich bei ihnen zu Hause war, und zeigten ihrer Oma stolz, was sie in der Schule gearbeitet hatten. Und sie sagten, dass die tägliche Portion Porridges es ihnen zum ersten Mal ermöglichte, die Schule zu besuchen.

Nur wenige Monate nachdem wir mit Mary's Meals angefangen hatten, zeichneten sich einige Dinge ab. Zunächst: Ganz offensichtlich war das alles mehr als nur eine nette Idee. Es war eine Idee, die tatsächlich richtig gut funktionierte. Die Schulen berichteten, dass Kinder, die wegen Krankheit und Hunger nur sporadisch gekommen waren, nach der Einführung der täglichen Mahlzeiten täglich zur Schule gingen. Auch die Anmeldezahlen stiegen in die Höhe. Kinder, die bisher überhaupt noch nie in der Schule gewesen waren, kamen zum ersten Mal: Ihre Eltern schickten sie hin, weil sie wussten, dass sie in der Schule etwas zu essen bekamen, und daher verzichteten sie auch gern auf die Hilfe zu Hause oder auf dem Feld.

Außerdem gab es eine gewaltige, dringliche Nachfrage nach Mary's Meals. Wenn andere Dörfer und Gemeinden von Mary's

Meals erfuhren, baten sie darum, in das Programm mit aufgenommen zu werden. Allerdings merkten wir auch sehr schnell, dass diese Mahlzeiten eine so magnetische Wirkung ausübten, dass es problematisch werden konnte. Zu Beginn hatten wir natürlich den Wunsch, dass die tägliche Mahlzeit Kinder in die Schule lockte, doch hatten wir nicht bedacht, dass das Kinder dazu veranlassen könnte, Schulen in der Nachbarschaft den Rücken zu kehren und sich in den Schulen anzumelden, wo die täglichen Mahlzeiten angeboten wurden, auch wenn das jeden Tag einen Marsch von mehreren Meilen bedeutete. Eine solche Migration von Schülern war von uns nicht beabsichtigt, und die Ablehnung der Nachfragen aus den Dörfern, aus denen die Kinder jetzt abwanderten, wurde entsprechend problematischer.

Wir bemühten uns nun noch intensiver, Spenden einzutreiben und die Menschen zu informieren. Wir hatten den Eindruck, dass wir da ein leicht nachvollziehbares Modell entwickelten, welches das Leben vieler Menschen retten und verändern konnte und die Zukunft der ärmsten Gesellschaften der Welt zu verwandeln vermochte. Wir wollten, dass die ganze Welt davon erfuhr! Aufgrund unserer kostengünstigen Methode, Spenden zu sammeln, die sich weitgehend auf freiwillige Helfer stützte, und der Werbung, die hauptsächlich auf Mundpropaganda beruhte, wussten wir, dass das gewiss nicht über Nacht passieren würde, aber allmählich erkannten wir, dass wir in ganz unerwartetem Ausmaß Unterstützung erfuhren, wenn wir Mary's Meals vorstellten. Ich war froh und dankbar über jede Gelegenheit, anderen Menschen unser Konzept vorzustellen und zu erklären, wie es funktionierte. Es war schön zu sehen, wie die Gesichter aufleuchteten, wenn den Menschen aufging, dass etwas so Einfaches wie eine tägliche Mahlzeit in der Schule sowohl das akute

Bedürfnis eines hungernden Kindes stillen konnte als auch gegen die zugrunde liegende Ursache der Armut anging. Die Leute konnten sich für diese einfache Lösung rasch erwärmen. Und ihre Begeisterung nahm noch zu, wenn sie erfuhren, dass nur fünf Pfund nötig waren, um ein Kind ein ganzes Schuljahr lang mit Essen zu versorgen! Einige Interessenten brauchten natürlich etwas mehr Überzeugungsarbeit, um einzusehen, dass das ein realistischer Betrag war, was wir nur zu gern erklärten: Möglich war es hauptsächlich dadurch, dass die gesamte Arbeit von unbezahlten Freiwilligen verrichtet wurde, und weil die Lebensmittel, die wir in großen Mengen einkauften, aus lokalem Anbau stammten und bemerkenswert billig waren.

Mittlerweile fühlte ich mich nicht mehr unwohl, wenn ich in der Öffentlichkeit reden musste – jedenfalls nicht, wenn es um Mary's Meals ging. Faktisch war mir kein Publikum zu groß oder zu klein, ich war einfach für jede Möglichkeit dankbar, den Menschen diese frohe Botschaft zu bringen. Ich stellte fest, dass die Geschichte von Mary's Meals die Zuhörer zum Lächeln brachte, und sie weckte nicht nur spontane Spendenbereitschaft, sondern motivierte die Menschen auch, ihrerseits missionarisch davon weiterzuerzählen. Binnen Kurzem wurden Freunde zu Unterstützern, und so ging es immer weiter. Unser Datenbestand wuchs schneller an als je zuvor, und dasselbe galt für unsere Einkünfte.

Es war unmöglich, sämtlichen Anfragen nach Mary's Meals sofort zu entsprechen, aber wir konnten jetzt Expansionspläne machen. Um etwas gegen die Migration von Kindern aus anderen Schulen zu tun, beschlossen wir, zusammenhängende Distrikte abzudecken, indem wir uns von bereits existierenden Schulen nach außen vorarbeiteten. Wenn wir gleich zu Beginn erkannt hätten, dass das der empfehlenswerte Weg war, dann wären wir vielleicht für den Anfang nicht gleich in zwei Schulen gegangen, andererseits war es doch auch in vielerlei Hinsicht günstig, dass wir unsere Aktion in einer Schule am Rand von Malawis größter Stadt und in einer anderen Schule in einem abgelegenen Dorf gestartet hatten. So konnten wir sowohl in der städtischen als auch in der sehr anderen ländlichen Umgebung Erfahrungen sammeln.

Als wir anfingen, weitere Schulen zu erschließen, verfeinerten wir allmählich auch die Vorgehensweisen und das Grundmodell. Am Beginn stand in jeder neuen Schule ein Treffen mit der Gemeinde und mit den Schulleitern, um sicherzustellen, dass sie das, was wir machten, wirklich wollten und sich entsprechend verpflichteten, die Verantwortung für die tägliche Arbeit zu übernehmen. Wir verpflichteten uns unsererseits, eine Küche und ein Lager auf einem Gelände in der Nähe der Schule zu bauen, das wir dann der Gemeinde für ihren eigenen Gebrauch stifteten. In den Zeiten, wenn in der Küche nicht gekocht wurde, konnte dieser Teil des Gebäudes als kleines Gemeindezentrum herhalten oder manchmal in der Regenzeit an den Nachmittagen auch als zusätzliches Klassenzimmer. Im Lauf der Zeit ging uns auf, dass die Gemeinde noch darüber hinaus ihren Beitrag leisten konnte, indem sie beim Bau mithalf. In den meisten Dörfern stellten die Menschen ihre Lehmziegel selbst her, wir kauften die Ziegel daher nicht mehr von irgendwelchen Zulieferern, sondern baten die jeweilige Gemeinde, sie zur Verfügung zu stellen. Und wir fragten die Männer des Dorfs, ob sie den Bauarbeitern helfen konnten, um die Kosten niedrig zu halten und schneller fertig zu werden. Da die meisten Freiwilligen in der Küche Mütter und Großmütter waren, bot sich damit auch eine gute Möglichkeit, die Männer stärker mit einzubeziehen.

In dieser ersten Organisationsphase waren wir auf den Rat von Peter Nkata angewiesen, einem bemerkenswerten, aus Malawi stammenden Mann. Er war Geschäftsmann und ein Bekannter der Russells; David kannte er über den Rotary Club, Gay aus der Kirchengemeinde. Als ich ihn kennenlernte, arbeitete Peter in seiner Freizeit sehr eng mit Sister Lilia zusammen, der Ordensschwester von den Philippinen, von der wir so viel gelernt hatten und die die U6-Zentren für Waisen in Blantyre leitete. David stellte mich Peter gleich zu Beginn unserer Mary's-Meals-Aktion vor, weil er wusste, dass Peter verzweifelt nach einer Möglichkeit suchte, diese Zentren zu erhalten.

Beim Dinner in Gays Haus erklärte Peter, die Anzahl notleidender Kinder, die noch nicht im Schulalter waren, nehme mit alarmierender Geschwindigkeit zu. Es gebe immer mehr Waisen, und viele lebten jetzt in „Kinderhaushalt"-Familien ohne jegliche Unterstützung durch Erwachsene. Für diese Kinder bildeten die Tageszentren den Unterschied zwischen Leben und Tod, sie waren der Ort, wo sie garantiert jeden Tag eine Mahlzeit bekamen. Wir wussten, dass dies die wichtigste Zeit in der kindlichen Entwicklung war und dass durch Fehlernährung verursachte Wachstumsstörungen in dieser Phase später nicht mehr wiedergutzumachen waren. Ich erinnerte mich genau an den Besuch in diesen Zentren mit Sister Lilia im Jahr zuvor und daran, und wie unglaublich bewegt ich war von der hinreißenden Art, wie diese Kleinen sich mir vorgestellt hatten. Es dauerte gar nicht lang, bis Peter uns davon überzeugt hatte, die Finanzierung der neunzehn Zentren zu übernehmen. Praktisch von Anfang an versorgte Mary's Meals also nicht nur Schulen, sondern auch Kindertagesstätten mit täglichen Mahlzeiten. Das Grundprinzip war ja dasselbe – eine tägliche Mahlzeit an einem Ausbildungsort –, die Kinder waren einfach nur jünger.

Peter war mit seinen Ortskenntnissen und seinem Erfahrungsschatz als Unternehmer für uns eine enorme Hilfe; es dauerte nicht lang, und wir baten ihn, die Leitung unserer Aktion in Malawi zu übernehmen. Wir waren hoch erfreut, als er sich einverstanden erklärte und umgehend mit dem Aufbau der Organisation begann, die wir jetzt brauchten, indem er ein Mitarbeiterteam zusammenstellte, sich um einen Büroraum kümmerte sowie mit diversen Zulieferern Abläufe und Verfahren vereinbarte. Sehr wichtige Mitglieder im wachsenden Team waren die Kontrolleure. Sie hatten die Aufgabe, die Schulen regelmäßig, mindestens zweimal pro Woche, zu besuchen. Sie überprüften die Vorräte, stellten sicher, dass alles hygienisch und sicher gelagert war und dass zwischen den monatlichen Lieferungen alles mit rechten Dingen zuging. In einem Land, in dem so viele hungerten und Korruption an der Tagesordnung war, hatte der Schutz der Nahrungsmittelvorräte für uns oberste Priorität. Schnell erkannten wir, dass neben den Kontrollen von außen die Selbstkontrolle bei diesem jeweils ortseigenen Modell genauso wichtig war. Die meisten Freiwilligen waren Mütter, denen es nicht gleichgültig sein konnte, wenn jemand sich Lebensmittel unter den Nagel riss, die ihren eigenen Kindern gehörten. Bei ihren Besuchen in den Schulen fragten die Kontrolleure außerdem Anmelde- und Anwesenheitszahlen sowie die Notenentwicklung ab, um allmählich einen Datenbestand zu bekommen, an dem der Einfluss der täglichen Schulmahlzeiten ablesbar war.

Außerdem sollten sie mit den Schulleitern und den Verantwortlichen der Eltern-Lehrer-Vereinigung dafür sorgen, dass genügend geeignete Freiwillige da waren, damit die Mahlzeiten auch rechtzeitig fertig wurden. Wir wollten uns aber auf gar keinen Fall zu intensiv auf die Organisation dieser Freiwilligen einlassen. Bei den zwei oder drei Gelegenheiten, bei denen sich herausstellte, dass ungeeignete Freiwillige mitarbeiteten, unterbrachen wir das Programm. In allen Fällen meldeten sich innerhalb von zwei Wochen die Leiter der Gemeinde, die sich ja im Vorhinein darauf festgelegt hatten, dass das ihre und nicht unsere Verantwortung war, in unserem Büro und erklärten, sie hätten das Problem – üblicherweise ein lokaler Kleinkrieg – gelöst, und sie versprachen, dass das Programm normal weiterlaufen könne, was dann auch unweigerlich geschah. Solche Probleme waren extrem selten.

Der Geist, der diese Freiwilligen beseelte, die oft selbst hungrig waren und täglich ums Überleben kämpfen mussten, erfüllte mich mit Demut und Bewunderung. Sie standen noch vor Tagesanbruch auf, um die Feuer anzuzünden, auf denen sie den Porridge kochten, und während sie in den riesigen Töpfen rührten, sangen sie oft. Eine von ihnen war Teresa. Ich sprach einmal mit ihr, während sie in einem riesigen Porridge-Topf herumrührte.

„Es muss ein großes Opfer für Sie sein, das jeden Tag zu machen. Wie schaffen Sie das?", fragte ich sie.

„Na ja, jeden Morgen, bevor ich herkomme, mache ich Doughnuts und schicke sie auf den Markt, wo sie verkauft werden. So ernähre ich mich und meine Tochter – und die Kinder meiner Schwester. Und danach kann ich dann herkommen. Ich tu das gern!", sagte sie strahlend, als wäre es die einfachste und leichteste Sache der Welt, jeden Tag diese unbezahlte Arbeit zu tun, während sie gleichzeitig kämpfen musste, um ihre große Familie zu ernähren.

Ein paar Jahre später führten wir eine Umfrage unter den Zehntausenden Freiwilligen durch, die mittlerweile ehrenamtlich Mary's Meals zubereiteten und an die Kinder ausgaben, um besser zu verstehen, was sie motivierte.

„Warum opfern Sie Ihre Zeit für diese ehrenamtliche Tätigkeit auf?", lautete ganz direkt die Frage, die wir stellten.

„Weil unser Herz es uns sagt!", sagte eine Frau daraufhin, und mit dieser perfekten Antwort machte sie den Rest der Umfrage überflüssig – sie sprach allen, die in dieser Mission tätig sind, aus der Seele.

Im Jahr 2005 wurden die Besuche in Schulen, die von Mary's Meals profitierten, zu aufregenden Ereignissen. In der Grundschule von Goleka empfing uns der Schulleiter, Herr Sapuwa, mit strahlendem Lächeln und bat uns in sein kleines Büro. Seine Schule bekam seit einem Jahr Mary's Meals, und er wollte uns unbedingt mitteilen, was sich seither verändert hatte. Er zeigte auf die Tabellen an seiner Wand.

„Die Zahl unserer Schüler hat sich von 1790 auf 1926 erhöht", sagte er, „und die Regierung stellt uns drei weitere Lehrer zur Verfügung! Die Anwesenheitsquoten sind sehr hoch, viel besser als früher. In den Schulen in der Nähe, wo die Kinder keine Mahlzeiten von Mary's Meals bekommen, sind die Fehlquoten immer noch furchtbar."

Doch am allermeisten freute er sich offensichtlich über die nächste Statistik.

„Aufgrund ihrer Prüfungsergebnisse wurden 43 unserer Schülerinnen und Schüler in diesem Jahr staatlich geförderte

Plätze in weiterführenden Schulen angeboten", strahlte er. „Vor der Einführung von Mary's Meals hat das nicht einer aus meiner Schülerschaft geschafft."

In Malawi ist der Besuch der Grundschule zwar kostenlos und für alle offen, doch Plätze an weiterführenden Schulen gibt es nur wenige. Abgesehen von den wenigen Schulgeld zahlenden Schülern an Privatschulen sind die anderen Schüler, denen diese Möglichkeit eröffnet wird, diejenigen, die einen geförderten Platz bekommen, weil sie bei den Abschlussprüfungen an der Grundschule hervorragend abgeschnitten haben. Es war kaum zu glauben, dass eine so dramatische Leistungssteigerung an der Goleka-Grundschule innerhalb eines einzigen Jahres nur auf Mary's Meals zurückzuführen war, und wir vermuteten, dass da noch weitere Faktoren mit hineinspielten. Aber sowohl hier als auch an anderen Schulen zeigte sich eindeutig, dass Kinder, die täglich die Schule besuchten und nicht nur dann und wann; Kinder, die sich konzentrieren konnten und sich nicht durch einen ganzen langen Tag hindurchkämpfen mussten, ohne etwas gegessen zu haben, schulisch deutlich besser abschnitten. Unsere ersten Erhebungen von Prüfungsresultaten an beteiligten Grundschulen zeigten bei Vergleichen der Werte vor und nach Einführung von Mary's Meals einen Anstieg der Erfolgsquoten um neun Prozent.

Im Büro von Herrn Sapuwa war von draußen fröhliches Lärmen zu hören, und als wir herauskamen, sahen wir Hunderte lachender Kinder, die für ihre Morgenmahlzeit anstanden. Jedes hatte eine farbige Schale in der Hand. Wir hatten mittlerweile beschlossen, jedem Schüler eine solche Schale zu geben, damit es bei der Verteilung gerecht zuging. Mehrere freiwillige Helferinnen versorgten die Kinder aus riesigen Töpfen. Eine von ihnen, Esther, erzählte mir, sie habe selbst vier Kinder in der Schule, und sie opferte gerne alle paar Wochen einen Vormittag, um beim Kochen zu helfen. „Jetzt sind sie nur noch an den Wochenenden hungrig", sagte sie, als sie eine Portion in die Schale des nächsten Kindes füllte. „Bitte hören Sie nie auf mit Mary's Meals!"

Zwei ältere Jungen in der Schlange zeigten stolz ein kleines Schild, das sie für mich geschrieben hatten. Mit ernsten Gesichtern hielten sie es hoch. Darauf stand geschrieben: *Thank you for giving us porridge.* Sie lächelten breit, als ich sie fotografierte. Dann kam der Dorfchef und bedankte sich ebenfalls. Er sagte, dass Mary's Meals die Situation für seine gesamte Gemeinde verbessert habe.

Mittlerweile wiederholten sich Szenen wie diese mit denselben Ergebnissen in vielen Schulen in ganz Blantyre. In einigen Fällen waren die bereits angespannten Schulkapazitäten durch den Zustrom neuer Schüler überfordert. An der Volksschule von Namame verdoppelte sich innerhalb weniger Monate nach dem Beginn unserer Aktion die Zahl der angemeldeten Schüler von 2000 auf 4000 – eine Anzahl, die von der Schule nicht mehr zu bewältigen war. Wir hatten wieder den Eindruck, dass viele Kinder von Schulen überwechselten, an denen noch keine Schulmahlzeiten ausgegeben wurden, und wir machten schon Pläne, auch diese Schulen mit Mary's Meals zu versorgen, damit die Schülerzahl in Namame wieder auf ein erträgliches Maß zurückging. Wir sahen im Lauf der Zeit dann aber auch, dass einige Schulen, in denen Mary's Meals zu einer deutlich vermehrten Anmeldungszahl geführt hatte, von der Regierung beim Bau neuer Klassenzimmer und der Einstellung zusätzlicher Lehrer bevorzugt berücksichtigt wurden.

Mary's Meals wurde rasch zu einer bekannten Größe in Malawi. Die immense Begeisterung war ansteckend und sorgte dafür, dass sich die Idee schnell ausbreitete. Jede Woche bekamen wir weitere Anfragen von Schulen, die darum baten, an Mary's Meals teilnehmen zu dürfen. Wir waren bereit, schnell zu wachsen, wenn die entsprechenden Spendengelder da waren. Ruth und ich berieten unaufhörlich über neue Wege, die Botschaft zu all denen zu bringen, die unsere Arbeit sicher unterstützen würden, wenn sie nur davon erfuhren.

Doch es wussten bereits immer mehr Leute von uns, immer mehr Menschen unterstützten unsere Arbeit, und es taten sich ganz unerwartete Türen auf. Häufig entstanden neue Beziehungen und Möglichkeiten im Craig Lodge House of Prayer oder durch Medjugorje. Millionen Menschen aus der ganzen Welt hatten mittlerweile das kleine Dorf in den Bergen von Bosnien-Herzegowina besucht und dort Erfahrungen gemacht, die ihr Leben veränderten. Sie bildeten ein riesiges weltweites Netzwerk von Menschen, die, wenn sie von Mary's Meals hörten, oft das tiefe Bedürfnis verspürten, diese Arbeit zu unterstützen, die sie als Frucht von Medjugorje empfanden und als eine weitere Möglichkeit, in ihrem Leben praktische Nächstenliebe zu üben.

Über einige Jahre hinweg kam Milona von Habsburg regelmäßig ins Craig Lodge House of Prayer. Sie war Erzherzogin der berühmten Familie von Habsburg, die jahrhundertelang auf den Thronen Europas saß, vor allem auf jenen des österreichisch-ungarischen Reichs. Aber Milona lebte überhaupt nicht wie eine „kaiserliche Hoheit". Sie gehörte zu denen, deren Leben in Medjugorje völlig umgewandelt wurde. In den frühen 1980er-Jahren war sie das erste Mal dort gewesen und hatte sich mit den Sehern angefreundet. Sie konnte sich in sieben europäischen Sprachen fließend ausdrücken, was für die Seher und Priester, die mittlerweile von Pilgermassen aus der ganzen Welt besucht wurden, ein großartiges Geschenk war. Milona fing an, als Sekretärin für einen Priester zu arbeiten, für Pater Slavko (er wurde bekannt als Sprecher und Verfasser von Büchern über die Erscheinungen von Medjugorje), sowie als Übersetzerin. In den dunkelsten Tagen des Bosnien-Krieges blieb sie bei den Sehern in Medjugorje, und sie reiste dann auch mit ihnen, wenn sie zu Vorträgen und Einkehrzeiten eingeladen wurden, in viele Teile der Welt. Zu unserer Freude nahmen sie mehrfach Einladungen zu Besuchen im Craig Lodge House of Prayer an, und es versammelte sich dann immer eine große Menge Menschen in einem großen Zelt, das wir für diese Ereignisse im Garten aufstellten.

Milona wurde in Medjugorje zu einer geliebten und hoch geschätzten Person. Sie war ein Mensch, der nicht nur über die Botschaften Marias sprach, sondern sie auch in ihrem Leben konkret umsetzte. Unsere Familie freundete sich eng mit ihr an, und nachdem Pater Slavko im Jahr 2000 gestorben war, luden wir sie auch weiterhin ins House of Prayer ein: zu Einkehrzeiten, die sie selbst leiten sollte, nicht mehr nur als Übersetzerin dessen, was der Gemeindepriester sagte, denn wir fanden, dass sie wunderbar über die Gegenwart der Gottesmutter in Medjugorje sprechen und ihre Botschaften erklären konnte.

Einmal waren Ruth und ich gerade aus Malawi zurückgekehrt, und ich wurde gebeten, einen kleinen Vortrag im Rahmen eines Kurses zu halten, den Milona und ein Freund veranstalteten. Ich erzählte von Malawi und von der Entstehungsgeschichte von Mary's Meals und zeigte eine PowerPoint-Präsentation, die ich zusammengestellt hatte. Sie bestand aus Fotos unserer Arbeit mit Zitaten von Menschen wie Mutter Teresa, Gandhi und Martin Luther King sowie einer eindringlichen Musik, die einer meiner Lieblingsmusiker, ein schottischer Fiedelspieler, beigesteuert hatte. Anschließend bat mich Milona um ein Gespräch. Sie teilte mir mit, beim Anschauen und -hören der Präsentation habe sie einen Ruf verspürt, einen ebenso starken Ruf wie damals in Medjugorje: Sie sollte ihr Leben der Unterstützung der Arbeit von Mary's Meals weihen. Und sie fragte mich, womit sie uns helfen könne. Ich war wieder einmal überwältigt von Gottes Vorsehung. Wenn Gott mich aufgefordert hätte, irgendjemanden in der Welt auszusuchen, der uns dabei unterstützen konnte, die Botschaft von Mary's Meals zu verbreiten, dann hätte ich Milona gewählt.

Sehr bald arbeitete sie als Botschafterin für Mary's Meals, sie hielt Vorträge und stellte uns vielen wunderbaren, äußerst großherzigen Menschen vor. Viele kannte sie durch Medjugorje; andere waren Verwandte, die zu fantastischen Unterstützern unserer Arbeit wurden. Dazu gehörten auch der Fürst und die Fürstin von Liechtenstein. Mit Milona zusammen luden sie mich auf ihr Schloss in Liechtenstein ein. Ich fühlte mich wie eine Figur in einem James-Bond-Film, als ich das erste Mal die steile, gewundene Straße durch die Alpen zu ihrem alten, auf einer Felsterrasse über dem Ort Vaduz liegenden Schloss hinauffuhr und über eine Zugbrücke den kleinen Innenhof erreichte, der von riesigen, dicken Steinmauern umgeben war. Der Fürst und die Fürstin hießen mich sehr herzlich willkommen, meine Nervosität legte sich sofort, und ich genoss die gemeinsamen Stunden, in denen ich ihnen über unsere Arbeit erzählte und ihre offenen, klugen Fragen beantwortete. Sie wurden sehr treue Unterstützer unserer Projekte, machten sie bekannt und veranstalteten einige fantastische Events.

Im Jahr darauf lud mich die Fürstin erneut ein, ich sollte vor der Gesellschaft des Roten Kreuzes von Liechtenstein, deren Präsidentin sie ist, eine Rede halten. Die Gesellschaft hatte für unsere Arbeit eine Sammelaktion veranstaltet. Ich erwähnte, dass der Termin, für den sie mich anfragte, unser Hochzeitstag sei, und prompt lud sie auch Julie mit ein! So kam es also, dass wir zusammen mit Milona und ihrem Mann Charlie, die zufällig an genau demselben Tag ihren Hochzeitstag feierten, ein ganz besonderes Jubiläum in einem Märchenschloss in den Alpen feiern konnten.

Immer wieder brachen Milona und ich auf, um Reden zu halten und den Medien Interviews zu geben. Es war jedes Mal wunderbar, Milona über Mary's Meals und ihren eigenen Weg sprechen zu hören. „Irgendwo ist es die logische Folge einer langen Suche nach der Wahrheit, nach der inneren Schönheit des Menschen, nach seinem Wert", sagte sie einmal, als sie gefragt wurde, warum sie diese Arbeit machte.

„Als Magnus unserer Gruppe am 26. September 2004 eine der ersten PowerPoint-Präsentationen über seine Arbeit vorführte, sah ich Kinder. Ich war nicht mit einer Organisation aus leistungsorientierten, erfolgreichen Mitarbeitern und Chefs mit vielen akademischen Titeln konfrontiert. Ich sah die Gesichter von Kindern und hörte Sätze, die von Liebe sprachen, von Respekt und der Bereitschaft, diesen Kleinen zu helfen. Während der Präsentation traten die Kinder aus der Anonymität heraus und wurden zu Brüdern und Schwestern, für die ich, das spürte ich, mein Leben einsetzen wollte. Es war einfach und offensichtlich! Ich kann jenen Augenblick nur mit dem Wort ‚Berufung' beschreiben."

Bis heute ist es uns ein Anliegen, dass unsere bezahlten Mitarbeiter ein Gefühl der Berufung haben, wenn sie für Mary's

Meals arbeiten, unabhängig von ihren Überzeugungen und ihrem Glauben. Das ist einer der Gründe dafür, warum die Löhne, die wir bezahlen, nie mit denen anderer Wohltätigkeitsorganisationen ähnlicher Größe vergleichbar sein werden, von Wirtschaftsunternehmen ganz zu schweigen. Menschen, die für Mary's Meals arbeiten, tun das nicht aus Karrieregründen oder um reich zu werden. Natürlich kommt es vor, dass Leute Mary's Meals verlassen und dann anderswo Karriere machen – es ist zu hoffen, dass sie während ihrer Zeit bei uns etwas gelernt haben –, und diejenigen, die für Mary's Meals arbeiten, müssen natürlich in der Lage sein zu überleben und auch ihre eigenen Familien zu ernähren. Doch wenn man als bezahlter Mitarbeiter für Mary's Meals arbeitet, dann wird das immer mit einem Gefühl der Berufung verbunden sein und darüber hinaus mit dem Wissen, dass es ein Privileg ist, für unsere Arbeit bezahlt zu werden, wo sich doch so viele unserer Mitarbeiter ohne irgendeine finanzielle Entlohnung an dieser Mission beteiligen.

Die meisten unserer Unterstützer wohnen aber nicht in Schlössern. In Wien lebt Dr. Christian Stelzer, ein alter Freund von Milona. Er ist der Gründer der Organisation *Oase des Friedens*, die es sich zur Aufgabe gemacht hat, die Botschaft von Medjugorje zu verbreiten. Als Christian von Mary's Meals erfuhr, begann er, in seiner Monatszeitschrift über unsere Arbeit zu schreiben. Die Resonanz war überwältigend. Tausende Menschen in Österreich spendeten überaus großzügig, Hunderttausende Euro kamen für Mary's Meals zusammen.

Christian lud mich dann ein, bei einem jährlich im riesigen Stephansdom in Wien stattfindenden Gebetsabend eine Rede zu halten. Ich kam früh an und war erstaunt zu sehen, dass die Kirche schon gesteckt voll war mit Tausenden Menschen, und ständig kamen noch mehr dazu. Eine der Seherinnen, Marija, war auch da, und es war schön, sie nach langer Zeit wiederzusehen. Sie hatte auf den Altarstufen ihre Erscheinung, anschließend feierte Kardinal Schönborn die Messe. Es war ein ganz besonderer Abend. Danach wollten viele mit uns über Mary's Meals reden; sie hatten meinen kleinen, von Milona übersetzten Vortrag gehört. Zu den vielen neuen Unterstützern von Mary's Meals in Wien gehörte auch Kardinal Schönborn selbst, er wurde ein fantastischer Anwalt für die Arbeit von Mary's Meals, das er später als Frucht von Medjugorje bezeichnete. Bei mehreren Gelegenheiten predigte er über unsere Arbeit und schrieb Artikel darüber.

Die Unterstützung aus Österreich hat in den Jahren seither stetig zugenommen. Es ist schwer zu erklären, wie sich unsere Arbeit dort entwickelte – jedenfalls schwer in Begriffen herkömmlicher Fundraising-Methoden. In den ersten Jahren in Österreich gab es keine bezahlten Vollzeit-Volontäre (obwohl Christian, wenn er nicht tagsüber stundenlang als Arzt arbeitete, Stunde um Stunde, häufig in der Nacht, über unsere Arbeit schrieb und Events organisierte), doch die Zahl der Unterstützer nahm immer noch zu und wuchs über das ursprüngliche Medjugorje-Team weit hinaus. Da unser Wirken sich weltweit immer mehr ausbreitet, werde ich manchmal gebeten, Vorträge über Fundraising zu halten. Normalerweise lehne ich das ab, da ich mich wirklich nicht als Experten auf diesem Gebiet sehe; und ich gebe auch nicht vor, bis ins Letzte zu verstehen, wie sich Mary's Meals entwickelt hat. Und vielleicht würden die Faktoren, von denen ich glaube, dass sie für unser Wachstum am wichtigsten waren und sind – vor allem anderen Gebet und Vertrauen in Gottes Vorsehung –, auf Fundraising-Konferen-

zen nicht unbedingt als zweckdienliche Perlen der Weisheit ankommen.

Wir haben allerdings auf unserem Weg diverse Methoden
und Vorgehensweisen gelernt, an denen uns viel liegt. Unsere
Erfahrung hat uns gelehrt, dass es wichtig ist, sich vor allem auf
die Förderung des Wachstums einer Graswurzelbewegung zu
konzentrieren. Tausende von Menschen, die regelmäßig spenden, garantieren den Bestand einer langfristigen Maßnahme
wie Mary's Meals eher, als wenn man sich zu sehr von einma-
ligen großen Zuschüssen abhängig macht, die dann vielleicht lediglich drei Jahre reichen. Und außerdem hatten wir das Gefühl,
dass es für unsere Mission zentral war, so viele Menschen wie
möglich in diese Arbeit einzubeziehen und die Menschen wissen zu lassen, dass jeder Einzelne, ganz unabhängig von persönlichen Lebensumständen, Hintergrund, Glaube oder Rasse, einen Beitrag leisten kann.

Einige, wie zum Beispiel mein Bruder Mark, dessen Gesund-
heitszustand sich so sehr verschlechtert hatte, dass er uns anders
gar nicht mehr helfen konnte, verpflichteten sich, für Mary's Meals
zu beten. Häufig kam er zu mir und fragte, ob es irgendetwas Besonderes gab, für das er beten sollte. Normalerweise konnte ich
ihm eine lange Liste aushändigen! Dann lebte damals im Craig
Lodge House of Prayer Bruder Paul, ein heiligmäßiger 95-jähriger
Maristen-Bruder. Jeden Morgen betete er für Mary's Meals (er war
in unserer Kapelle schon vor sechs Uhr morgens auf den Knien
ins Gebet versunken), und den Rest des Tages war er dann der
strahlendste Anwalt unserer Arbeit, der allen, die unser Einkehrzentrum betraten, über die Wunder von Mary's Meals erzählte.

Eines Tages erwähnte Bruder Paul mir gegenüber, dass sein
Großneffe Sir Terry Leahy war, der namhafte Geschäftsführer

von Tesco. Bruder Paul kannte ihn zwar kaum, trotzdem fing er an, ihm in Briefen über Mary's Meals zu berichten. Einen seiner Briefe zeigte er mir.

„Magnus ist ein sehr großer Mann, und vollkommen furchtlos ... vielleicht willst du ihn mal kennenlernen?", hatte er geschrieben. Ich musste über seine Wortwahl sehr lachen, doch wenige Wochen später bekamen wir zu unserer freudigen Überraschung tatsächlich einen Brief von Sir Terry, der mich fragte, ob ich mich nicht mit ihm in der Firmenzentrale zum Lunch treffen wollte. Nach mehreren Treffen mit ihm und anderen Mitarbeitern und Vorstandsmitgliedern begann die Firmenstiftung von Tesco, Mary's Meals äußerst großzügig zu unterstützen. Und so gingen auf unerwartete und kuriose Art immer wieder Türen auf.

Eine weitere Schlüsselphilosophie, die sich daraus ergab, dass wir Mary's Meals als „Bewegung" begriffen, besagte, dass auf keinen Fall eine scharfe Trennlinie zwischen Gebern und Empfängern existieren durfte. Wir wollten, dass sich ein echtes Verständnis dafür entwickelte, dass wir alle mit demselben Ziel unterwegs sind. Diejenigen, die unter den Ärmsten der Armen lebten und ihre Zeit hergaben, um die täglichen Mahlzeiten zu kochen, waren verbunden mit denen, die mit Spendenbüchsen rasselten oder selbst spendeten – vereinigt in dem Wunsch, dass hungrige Kinder ihre tägliche Mahlzeit bekamen. Wir wollten sicherstellen, dass diejenigen, die für die konkrete Durchführung des Programms tätig waren, Spendeneintreiben nicht lediglich als notwendiges Übel ansahen, sondern als einen ebenso entscheidenden Bestandteil des Gesamtprozesses – mit derselben Schönheit und demselben Potenzial, Leben zu verändern.

Aus den gleichen Gründen wollten wir in Malawi selbst auf Spendensuche gehen, auch wenn es unwahrscheinlich war, dass dabei etwas herauskam. Durch Gay und David lernten wir Mitglieder der kleinen Unternehmer-Community kennen, und es dauerte nicht lang, dass Zuckergesellschaften, Banken und Immobilienmakler unsere Arbeit unterstützten. Zusätzlich zu großzügigen Geldspenden erhielten wir auch Sachgeschenke und wertvolles Knowhow. Eine Zuckergesellschaft ließ uns an ihren Kenntnissen im Personalwesen teilhaben und verkaufte uns zu einem immens reduzierten Preis den Zucker, den wir für unser Likuni Phala brauchten; eine Benzingesellschaft versorgte uns mit kostenlosem Diesel für den Transport der Nahrungsmittel. Wir organisierten für die Führungskräfte dieser Gesellschaften öffentliche Veranstaltungen in den Städten Blantyre, Lilongwe und Mzuzu, und es entstand ein starkes Gefühl von Stolz und Verantwortungsbewusstsein für Mary's Meals. In den frühen Jahren von Mary's Meals gab es eine Phase, in der zehn Prozent unseres in Malawi benötigten Budgets aus dem Land selbst stammten.

Wir freundeten uns auch eng mit einigen prominenten Mitgliedern der asiatischen Geschäftswelt an, sowohl mit Hindus als auch mit Muslimen, die uns durch ihre Wohltätigkeitsorganisation „Gift of the Givers" großzügig unterstützten. Häufig übernahmen sie die Wasserversorgung für die Schulen, an denen wir mit der Zubereitung von Mahlzeiten anfangen wollten, wo wir aber kein sauberes Wasser zur Verfügung hatten, und im Lauf der Jahre kam es bei gemeinsamen Dinner-Veranstaltungen immer wieder zu faszinierenden Gesprächen über unsere unterschiedlichen Religionen.

Jahre später taten wir uns mit „Gift of the Givers" zusammen, um während der entsetzlichen Hungersnot im Jahr 2011 per Flugzeug und Schiff Lebensmittel von Malawi nach Somalia zu transportieren. Ich machte dort einen kurzen Besuch und sah Säcke voller Likuni Phala aus Malawi, die mit „Mary's Meals" beschriftet waren und an Tausende hungernder Menschen in Mogadischu verteilt werden sollten. Mogadischu war der entsetzlichste Ort, den ich je besucht hatte. An meinem ersten Abend packten wir gerade in unserer Behelfsunterkunft unsere Sachen aus, als mich eine laute Explosion ganz in der Nähe zu Tode erschreckte. Einer unserer höflichen somalischen Gastgeber, ein junger Mann, der gut Englisch sprach, drehte sich zu mir und sagte, als würde er einem verängstigten Kind gut zureden: „Keine Angst. Das war nur eine Bombe." Einige Tage lang war ich umgeben von Mitarbeitern, die sich beim ersten Tageslicht auf ihren Gebetsmatten gen Mekka verneigten, während ich auf meinem Bett saß und meinen morgendlichen Rosenkranz betete, und trotz der angespannten Situation, in der wir uns alle befanden, gab es etwas an dieser interreligiösen Mission, den Hungernden Nahrung zu bringen, das ich nie vergessen werde.

Währenddessen trafen wir in Malawi immer wieder Kinder, die dank Mary's Meals noch am Leben waren. Eines Tages besuchten Ruth und ich zusammen mit Peter Nkata eine Mzedi-Schule am Stadtrand von Blantyre. Die Schule lag an einem felsigen Hang, zwischen kleinen Flecken bebauter Erde, die bereit waren bepflanzt zu werden und geduldig die Regenfälle erwarteten.

„Der kleine Peter! Er lebt!", rief Peter Nkata, als er einen Jungen in der Kinderschar entdeckte, die uns umgab, nachdem wir unser Auto auf dem Schulhof eingeparkt hatten.

„Ich war davon überzeugt, dass dieses Kind tot ist", sagte er, als wir aus dem Auto stiegen. Er zog den kleinen, vielleicht vier Jahre alten Jungen an sich und umarmte ihn. Dann hielt er ihn auf Armlänge von sich und musterte ihn glücklich. Ein älterer Junge stand neben dem Kleinen, mit Augen, die in seinem ernsten Gesicht zu groß wirkten, und mit zu dünnen Beinen für seinen Körper.

„Dein Bruder sieht gut aus, Lazaro", sagte Peter zu ihm.

Der Junge nickte und lächelte. Dann erzählte uns Peter die Geschichte der beiden.

Einige Monate zuvor hatten die Lehrer in Mzedi festgestellt, dass Lazaro, der bisher immer pünktlich gekommen war, jeden Morgen ohne Erklärung erst spät auftauchte. Sie forschten nach und erfuhren, dass die Mutter der Familie gestorben war und Lazaro und den kleinen Peter allein zurückgelassen hatte. Einige entfernte Verwandte kamen hin und wieder vorbei, waren aber kaum eine Hilfe. Lazaro, der aussah wie acht, aber tatsächlich zwölf Jahre alt war, wurde das Familienoberhaupt und versuchte, sich um seinen kleinen Bruder zu kümmern. Sie hatten zu Hause aber nicht genug zu essen, und Lazaro war fast vollständig von der Mahlzeit abhängig, die er täglich in der Schule bekam. Der kleine Peter dagegen wurde krank. Als er immer schwächer wurde, beschloss Lazaro, das Ganze buchstäblich selbst in die Hand zu nehmen. Er wusste, dass Mary's Meals nicht nur seine Schule mit Essen versorgte, sondern auch eine Vorschule, ein Zentrum für unter Sechsjährige, das eine halbe Meile entfernt von ihrer Wohnung lag. Er fing also an, Peter jeden Morgen dorthin zu tragen, und erst wenn er ihn dort wohlbehalten abgesetzt hatte und wusste, dass er zu essen bekam und dass man sich um ihn kümmerte, ging er selbst in die Schule, wo er zu spät und erschöpft eintraf. Als Peter Nkata vor einigen Wochen einen Besuch gemacht hatte, musste er erfahren, dass die Betreuer des

U6-Zentrums den kleinen Peter ins Krankenhaus gebracht und dass sie kaum Hoffnung hatten, dass er überleben würde. Die Wochen ohne Essen hatten ihren Tribut gefordert. Doch hier, direkt vor uns, stand ein strahlend lächelnder kleiner Peter, und hinter ihm, die Hand auf seiner dünnen Schulter, sein Bruder, der ihn gerettet hatte.

VIII.
Eine holprige Straße zum Frieden

Die Armut in der Welt ist ein Skandal. In einer Welt mit so viel
Reichtum ist es abgründig, dass es so viele hungrige Kinder
gibt, dass so viele Kinder keine Schulbildung bekommen,
dass es so viele Arme gibt. Die heutige Armut ist ein Schrei.
(Papst Franziskus)

„Was hast du heute Morgen vor der Schule gegessen?", fragten
wir die nächste Schülerin auf der Bambusbank.

„Nichts", antwortete sie, genau wie all die anderen vor ihr.

„Und gestern – was hast du gegessen?", „Nur Reis."

Die Antworten waren vorhersehbar. Offensichtlich hatte
jedes dieser in Lumpen gekleideten Kinder „nur Reis" oder „nur
Maniok" gegessen.

Dann aber überraschte uns ein kleiner Junge.

„Was hast du heute Morgen gegessen?", „Nichts."

„Und gestern?"

„Nichts."

Wir wiederholten die Frage – dachten, er hätte uns vielleicht
falsch verstanden. Aber er antwortete wieder, leiser diesmal:
„Nichts." Dann drehte er verschämt seinen Kopf weg, während
ihm Tränen in die Augen stiegen. Er wollte nicht, dass die anderen Kinder es sahen.

„Es stimmt. Ich habe ihn gestern in der Nähe von meinem Haus gesehen, er hat nach wilden Yams-Wurzeln gegraben", erklärte uns sein Lehrer leise. Schnell wandten wir uns an das nächste Kind, doch die Fragen waren offenbar sinnlos. Wir mussten diese Umfrage nicht bis zum Ende durchführen, um zu wissen, dass die Kinder in Biffany, einem Dorf in Liberia, von Mary's Meals sehr profitieren würden. Bevor ich das Klassenzimmer verließ, schaute ich mich noch einmal nach dem kleinen Jungen um, der nicht einmal am Tag zuvor etwas gegessen hatte, und sah, dass ihm immer noch Tränen über das Gesicht liefen. Ich schämte mich furchtbar.

Kurz nachdem wir in Malawi Mary's Meals eingeführt hatten, entstand in uns der dringende Wunsch, dieses Projekt so schnell wie möglich auch in anderen Ländern einzuführen. Wir konnten sehen, dass es das Leben der jungen Menschen in Malawi verwandelte, und schon formulierten wir unsere kühne Vision, „dass jedes Kind am Ort seiner Ausbildung täglich eine Mahlzeit erhält". Wenn es uns mit dieser globalen Vision ernst war, und das war es in der Tat, dann mussten wir uns – und anderen – beweisen, dass dieselbe Vorgehensweise auch in anderen Ländern, Kulturen und Situationen funktionierte, in denen Kinder aufgrund von Armut nicht zur Schule gehen konnten.

Es lag eigentlich auf der Hand, dass als Nächstes Liberia an der Reihe war. Wir hatten dort schon mehrere Jahre lang gearbeitet und eine enge Beziehung zu den leidgeprüften Menschen im Bomi County aufgebaut. Und es wäre auch schwer gewesen, ein Land zu finden, das Mary's Meals dringender brauchte. Die Serie von Bürgerkriegen war im Jahr 2003 endlich zu Ende gegangen, und gerade erst war die größte UNO-Friedenstruppe der Welt vor Ort eingesetzt worden. Es gab nun eine reale Chance auf dauerhaften Frieden, doch die Menschen waren bitterarm und die Kinder hungrig.

Liberia hatte weltweit eine der niedrigsten Schulbesuchsraten. Wenn die jungen Menschen keinen Zugang zur Bildung hatten, wenn ihnen die Möglichkeit verbaut war, sich die Fähigkeiten anzueignen, die nötig waren, um ein wohlhabenderes Liberia aufzubauen, dann blieben nur die anderen Versuchungen. Desillusionierte, ungebildete, arme junge Männer (vor allem sie) wären dann nach wie vor leichte Beute für die Warlords der Zukunft auf der Suche nach Kämpfern, die man mit dem Versprechen von Macht, Status und Beute verführen konnte.

Die Kinder der Gola im Bomi County waren derweil unterernährt und liefen in Lumpen herum. Wieder einmal unternahmen Familien erste Schritte, um ihr Leben wieder aufzubauen. Sie hatten begonnen, Land für den Anbau von Maniok und Reis zu roden. Hier und da wurden Hütten aus Lehm und Flechtwerk neu aufgebaut. Bis zur Ernte würde es Monate dauern – und die Ernte würde mager ausfallen, weil kaum Saatgut und wenig Werkzeuge zur Verfügung standen. Im Jahr 2003 hatte der *Economist*, der jährlich das Land ausfindig macht, in dem es sich im folgenden Jahr am schlechtesten leben lässt, diesen zweifelhaften Rang Liberia zugesprochen. Der Grund dafür war unschwer zu erkennen.

Father Garry war einer derjenigen, die beim Wiederaufbau von Bomi County halfen. Als er mit mir in Richtung Bomi County aus Monrovia herausfuhr und mich über die jüngsten Entwicklungen aufklärte, fiel mir am Straßenrand eine deprimierende Szene auf. Früher hatte sich dort ein Bahngleis befunden, erbaut von den Minengesellschaften zum Transport von Eisenerz zum Hafen; die Strecke verlief entlang der Straße bis nach Tubmanburg. Vier Jahre zuvor hatte ich Männer gesehen, die die Schienen herausrissen und auf Lastwagen verluden – dem Land wurde alles genommen, was sich irgendwie verkaufen ließ. Jetzt gruben auf demselben Streckenabschnitt Hunderte von Männern, Frauen und Kindern die kleinen Steine aus, die als Fundament für die Schienen gedient hatten. Sie wuschen die Steine sauber und schichteten sie dann zu kleinen Häufchen auf, die sie neben der Straße zum Verkauf anboten. Offenbar hatte auch die Qualität der Beute einen neuen Tiefstand erreicht.

Bald verließen wir die Asphaltstraße, und an den schlammigen Wegen zwischen den Dörfern beobachteten wir weitere erbarmungswürdige Szenen: Mütter auf der Suche nach Früchten und Beeren, Väter, die Jagd auf Tiere machten, Kinder, die in Sümpfen mit selbstgemachten Netzen verzweifelt versuchten, Fische zu fangen. Viele Kinder waren nackt und hatten geschwollene Bäuche. Den Gola war diese Art von Leiden nicht unbekannt. Sie hatten das Pech, in einer Gegend in der Nähe der Diamanten-, Gold- und Eisenerzminen zu leben, und der bewaffnete Kampf um diese Bodenschätze hatte ihre Dörfer wieder und wieder auseinandergerissen und ihre Farmen zerstört. Für einige war dies schon das dritte Mal, dass sie in geplünderte und überwucherte Dörfer zurückkehrten und versuchten, ihr altes Leben wieder zusammenzuflicken.

Wir begannen nun, einige Dörfer zu besuchen, um Befragungen durchzuführen und mit den Gemeinden über die Idee von Mary's Meals zu reden. Die Leute kannten uns gut, weil wir mit ihnen schon viele Jahre zusammengearbeitet hatten, und wieder wurden wir herzlich willkommen geheißen. Die mobile Klinik, die wir finanziert hatten, war nach wie vor die einzige Gesundheitsversorgung im gesamten County und für die zurückkehrenden Menschen ungeheuer wichtig. Als wir mit den Gemeindeleitern sprachen, machten wir unmissverständlich deutlich, dass wir nur dann mit Mary's Meals anfangen konnten, wenn es Menschen vor Ort gab, die sich bereit erklärten, das tägliche Kochen und Austeilen der Mahlzeiten zu übernehmen. Für die bedrängten Eltern dieser Dörfer war das womöglich ein noch größeres Opfer als für diejenigen, die in Malawi ihre Zeit zur Verfügung stellten, aber unser Angebot wurde überwältigend positiv und begeistert aufgenommen. Wieder versicherten uns die Leute ihre Bereitschaft. Unsere Umfrage bestätigte uns dann auch, was wir bereits wussten – dass viele der Kinder hier unterernährt waren und dass sie aufgrund von Hunger und Armut nicht die Schule besuchen konnten. Und es kamen noch weitere Leiden zum Vorschein.

In dem Dorf Jennah Brown besuchten wir eine Schule, um den Bedarf für Mary's Meals abzuschätzen. Hier wurden die Kinder von lokalen freiwilligen Lehrkräften unterrichtet, und zwar in einem Gebäude, das früher wohl ein Herrschaftshaus gewesen war und über den niedrigen Dorfhütten prangte. Bis zum Jahr 1998 war es von einer amerikanischen Gesellschaft genutzt worden, die aus dem Fluss in der Nähe Gold schürfte. Drinnen saßen die Kinder, da es keine Bänke gab, auf schwarzen Gummirohren, die beim Abbau verwendet und zurückgelassen worden waren. In einem anderen Zimmer saß eine Gruppe älterer Kinder auf einem riesigen Metallsafe, in dem die Bergleute früher ihre Ausbeute aufgehoben hatten. Uns packte die Neugier, und die Kinder halfen uns, den riesigen Deckel zu heben. Im Innern befand sich nichts außer einigen Papierfetzen und ein paar welken Blättern. Die Beute war natürlich schon längst nach Übersee transportiert worden. Die hungernden Kinder kletterten auf ihren ungewöhnlichen Sitzplatz zurück, ohne sich der Ironie und der Ungerechtigkeit dieser Situation bewusst zu sein.

Als wir dann mit ihnen sprachen, erfuhren wir, dass die meisten Kinder sehr viel Erfahrung damit hatten, eine andere Art von Beute zu schleppen. Damals, als bewaffnete Kämpfer ihre Dörfer einnahmen, wurden die Kinder mit vorgehaltener Waffe gezwungen, alles abzutransportieren, was irgendwie von Wert war – häufig auch aus den Häusern, in denen sie daheim waren. Sämtliche Haushaltsgegenstände, Werkzeuge und Lebensmittel wurden auf diese Art weggeschafft. Einige Kinder wurden dann gezwungen, Waffen und Munition zu tragen, und häufig wurden sie Kindersoldaten. Sie hatten nie eine Wahl: Ihr Dorf war geplündert, manchmal waren die Eltern umgebracht worden. Die Kinder, die vor uns saßen, waren diejenigen, die keine Kämpfer geworden waren – entweder weil es ihnen gelungen war zu fliehen, oder weil man es ihnen erlaubt hatte. Sie hatten den Krieg dann mit ihren Familien in Flüchtlingslagern am Stadtrand von Monrovia verbracht oder waren nach Sierra Leone geflohen, bevor sie vor Kurzem erst in ihre Heimat zurückkehrten. Alle waren sie auf unterschiedliche Weise traumatisiert. Father Garry fragte einmal in einer Klasse, ob es unter den Kindern solche gab, die während des Krieges Zeugen wurden, wie jemand umgebracht wurde. Sie hoben alle die Hand.

Eines der Dörfer, die die mobile Klinik regelmäßig aufsuchte, war Massatin. Von all den Dörfern, die er kannte und liebte, mochte Father Garry offenbar dieses Dorf besonders gern. Es handelte sich um eine Lepra-Kolonie, und die Leidenden dort waren viele Jahre einfach vernachlässigt worden, bevor Father Garry kam und sich sehr bemühte, ihnen zu helfen. Unsere Klinik kam jede Woche hierher und brachte Medikamente gegen Lepra und zahlreiche andere Krankheiten. Wir hatten aufgrund der akuten Hungersnot hier im Dorf auch Lebensmittel geliefert. Wir beschlossen, dass dies in Liberia der erste Ort werden sollte, wo Mary's Meals ausgeteilt wurde. Erst kürzlich hatten die Leute des Dorfs ein paar wenige Klassenzimmer aus Flechtwerk und Lehm gebaut. Darin wurden 162 Kinder von Lehrern unterrichtet, bei denen es sich ebenfalls, da die Regierung sich nicht darum kümmerte, um freiwillige Helfer handelte.

Im April 2004 belieferten wir Massatin mit Reis, Gemüse und etwas „Boney" (kleinen getrockneten Fischen) – genug für die ersten zwei Wochen. Alles wurde sorgfältig in einem kleinen Raum an der Rückseite der Schule aufgestapelt. Wir waren etwas enttäuscht, dass es in diesem Land, das völlig auf importierte Lebensmittel angewiesen war, keine Möglichkeit gab, vor Ort angebauten Reis zu kaufen, beschlossen aber, dass es für den Augenblick das Wichtigste war, dass die Kinder zu essen bekamen und die Schule besuchen konnten. Auch hier hatte die Dorfgemeinschaft einen einfachen Schuppen gebaut, der als Küche herhalten konnte, und zwei ältere Frauen kochten das sehnsüchtig erwartete Essen in zwei riesigen Töpfen über offenem Feuer. Dann wurden die Kinder aufgefordert, sich für ihr Essen anzustellen, das auf bunten Plastiktellern ausgegeben wurde. Innerhalb weniger Minuten saßen 162 Kinder still in Grüppchen unter Bäumen oder im Schatten der Schulmauern und verzehrten ihr köstliches Essen. Ihre Eltern hatten sich neben der Küche versammelt und brachten klatschend und singend ihre Freude zum Ausdruck.

Später schaute ich dann zu, wie sich die Kinder glücklich lächelnd hintereinander aufstellten, um in ihre Klassenzimmer zurückzukehren. Durch eine offene Tür konnte ich auf der Tafel eine Frage lesen.

„Was hast du, das du Gott, dem Herrn, geben kannst?", hatte der Lehrer seine Klasse an jenem Morgen gefragt.

Und darunter hatte er säuberlich die Antworten der Kinder aufgeschrieben.

„Ich habe meine Hände."

„Ich habe mein Leben."

„Ich habe meine Seele."

„Ich habe mein Herz."

„Ich habe mein Lied."

„Ich habe meinen Traum."

Nicht lange danach wurden Mary's Meals in mehreren anderen Schulen in der Stadt Tubmanburg und in den umliegenden Dörfern ausgeteilt. Und erneut schnellte die Zahl der Schüler jeweils dramatisch in die Höhe.

Yousif Sheriff, der Direktor einer islamischen Schule ganz in der Nähe von Tubmanburgs kleiner Hauptstraße, zeigte uns seine gut besetzten Klassenzimmer. Er erklärte strahlend, seit dem Zeitpunkt, da wir begonnen hatten, seine Schule mit Mary's Meals zu versorgen, seien die Anmeldungen von 302 auf 425 angestiegen. Die Geschichte wiederholte sich in der Gemeindeschule an der Hauptstraße und auch in den Dörfern, wo uns die Lehrer glücklich berichteten, dass Hunger und die Suche nach Nahrung die Kinder nun nicht mehr davon abhielten, die Schule zu besuchen.

Als wir uns hinreichend davon überzeugt hatten, dass Mary's Meals in Liberia dieselben positiven Auswirkungen wie in Malawi haben würde, gingen viele Anfragen von Schulen mit hungrigen Kindern bei uns ein. Wir überlegten, mit welchen Gebieten wir anfangen sollten.

Im Jahr 2005 war ein enger Freund von mir, Alex Keay, der mit mir zusammen in Dalmally aufgewachsen war und auch als Fischzüchter gearbeitet hatte, ein Jahr als Volontär in Liberia tätig gewesen und hatte unser schnell wachsendes Programm dort unterstützt. Nicht lange nach seinem Eintreffen machte Father Garry den Vorschlag, den Menschen im Distrikt Bellah zu helfen. Es handelte sich um einen sehr kleinen Stamm, die kleinste der sechzehn ethnischen Gruppen in Liberia, und sie lebten in einer abgelegenen Region des unberührten Urwalds. Father Garry empfand ihnen gegenüber eine tiefe Zuneigung, denn als er während des Krieges von Kindersoldaten gekidnappt worden war und sie ihn in einem dreiwöchigen Marsch nach Guinea gebracht hatten, hatte sie ihr Weg durch die Dörfer des Bellah-Gebiets geführt, und die Freundlichkeit des Stammes ihm gegenüber während seines kurzen Aufenthaltes hatte ihn tief berührt. Er hatte versprochen, dass er, wenn er am Leben blieb, eines Tages zurückkommen und ihnen helfen wollte.

Father Garry setzte sein beachtliches Überredungstalent ein, um Alex zu überzeugen, dessen Abenteurernatur durch die Beschreibung des mühsamen Weges dorthin nur angestachelt wurde. So kam es also, dass Alex und einige der erfahreneren Mitglieder unseres Liberia-Teams sich auf die vierzehnstündige Reise zu den Bellah machten – über einen Weg, auf den der Begriff „Straße" nur im allerweitesten Sinn anwendbar war. Als ich bei meinem nächsten Besuch dort eintraf, war die Vorarbeit in diesen Gemeinden bereits geleistet, der Einsatz der Freiwilligen war organisiert, die ersten Lebensmittellieferungen waren eingetroffen. Mary's Meals wurden jetzt in drei Dorfschulen im Bellah-Disstrikt ausgegeben, und ich beschloss, hinzufahren und mir selbst einen Eindruck zu verschaffen.

Während der letzten sechs Stunden unserer Reise begegnete uns kein anderes Fahrzeug mehr. Unser Allradfahrzeug rutschte und ruckelte einen Matschweg entlang, der vor vielen Jahren von einer Holzfällergesellschaft gezogen worden war. Brücken hatten sie in Form von über Bäche und Flüsse gelegten Baumstämmen gebaut, und als unser Fahrer sich langsam voranarbeitete, beteten wir bloß, dass seine Räder nicht durchdrehen und die Stämme nicht brechen würden. Zu beiden Seiten erhob sich der Urwald in den Himmel. Riesige Frösche hüpften aus Pfützen heraus, als wir näherkamen, und Eichhörnchen suchten Deckung. Hin und wieder hob vor uns von der Straße ein Rotschwanzbussard ab und verschwand hoch oben in den Bäumen. Einmal passierten wir eine Gruppe von Leuten, die dafür bezahlt wurden, diese einsame, überwachsene Straße freizuräumen. Die ehemaligen Kämpfer und ihre Familien hatten, bewaffnet mit Macheten, die Bäume am Straßenrand auf viele Meilen hin umgehauen. Neben ihrem Behelfslager räucherten sie Hirsch- und Affenfleisch von Tieren, die sie kürzlich erlegt hatten. Alex – der offensichtlich bemerkenswert schnell gelernt hatte, wie die Dinge hier gehandhabt wurden – verhandelte mit ihnen um den Preis von Fleisch, das er ihnen abkaufen wollte.

„Warum habt ihr weißen Leute uns nicht aus Monrovia Brot mitgebracht?", fragte uns lachend ein junger Mann, als er uns einige Scheiben Affenfleisch aushändigte.

Später kamen wir an einem ausgebrannten Pritschenwagen vorbei. Er stand am oberen Ende eines steilen Anstiegs. Im Innern befand sich das Skelett eines Regierungssoldaten, der vor mehreren Jahren von Rebellen überfallen worden war. Die Urwaldstraße schien nicht aufhören zu wollen, und ich begann zu verstehen, warum in diesen Landstrichen keine anderen Hilfsorganisationen tätig waren.

Als die Sonne hinter den höchsten Bäumen unterging, kamen wir endlich in Belleh Balama an, einer Ansammlung strohgedeckter Hütten in einer weiten Lichtung. Mehrere lachende, winkende Kinder in abgerissener Kleidung wuselten um uns herum und hießen uns lärmend willkommen. Eine Gruppe der Dorfältesten kam auf uns zu und führte uns zu der Hütte, in der wir schlafen sollten. Die Familie, die dort lebte, beschämte uns: Sie zogen aus, damit die Besucher ein Bett hatten. Die Dorfvorsteher gaben uns allen neue Namen. Für die Dauer meines Aufenthalts wurde ich Mr Tanjo – „der Besitzer des Landes". Nach Begrüßungsreden erhielten wir, wie es der Sitte hier entsprach, Cola-Nüsse zum Kauen, ein weißes Huhn und eine Silbermünze (einen alten Liberia-Dollar). Bald spielten wir dann mit einer Gruppe Männer aus dem Dorf Fußball, die Frauen spielten Kickball auf einem nahegelegenen Feld. Eine schlanke, große Frau – sie hieß Helen – hatte die Aufgabe, sich um unser Wohl zu kümmern, und später erhitzte sie über einem offenen Feuer Wasser für unser „Bad" (das wir in einer winzigen Kabine mit geflochtenen Wänden hinter dem Haus nahmen) und kochte Reis und das Affenfleisch, das wir auf unserer Herfahrt gekauft hatten. Einige der Einheimischen gesellten sich zu uns, und wir tranken „God to Man" (einen Palmwein, der direkt aus den Palmen „gezapft" wird und nicht vergoren werden muss). In dieser Nacht, in diesem dunklen, stillen Dorf schliefen wir ganz wunderbar.

Am nächsten Tag waren die drei Schulen, die Mary's Meals bekamen, geschlossen, damit alle Kinder an einem für uns ausgerichteten Willkommensfest teilnehmen konnten. Wir wurden mit wunderschönen Liedern beschenkt, die eigens für uns komponiert und geschrieben worden waren. „Sei willkommen, Mr Tanjo! Sei willkommen! Wir hoffen, du bringst uns gute Neuigkeiten!", sang der junge Chor.

Ich erzählte ihnen von Mary's Meals. Als sie fragten, erklärte ich, dass Maria die Mutter von Jesus war und dass sie, als Jesus noch ganz klein war, vor Männern fliehen mussten, die sie töten wollten, und dass auch sie Armut, Mühsal und Hunger gekannt hatten. Später, nach mehreren Spielen und dem Austausch zahlreicher Reden, war es Zeit, dass alle fünfhundert anwesenden Kinder Mary's Meals serviert bekamen. Auf unserem Weg zu einem erst kürzlich errichteten strohgedeckten „Speisesaal" wurden wir von einem ungeheuren Gewitter überrascht, das offenbar niemand hatte kommen sehen. Ein tosender Wind riss Teile des Strohdachs ab, der Himmel verdunkelte sich, und um uns herum begann es zu donnern. Als wir vor dem Wolkenbruch Schutz suchten, erwartete uns eine noch größere Überraschung: Wir stießen mit einer Gruppe UNO-Friedenssoldaten und zwei weißen Zivilisten in schicken Anzügen zusammen, die anscheinend aus dem Nirgendwo aufgetaucht waren und ebenfalls einen Platz suchten, wo sie sich unterstellen konnten. Nach der ersten Überraschung über dieses unerwartete Zusammentreffen begannen wir ein Gespräch. Sie waren gerade mit dem Hubschrauber gelandet und gehörten zu einem Team, das die Sicherheitslage in Westafrika untersuchen sollte. Sie wollten die Region untersuchen, da es hier während des Krieges ein großes Waffenlager gegeben hatte. Während wir redeten, ließ der Regen nach, und es begann die Ausgabe von Mary's Meals. Die Männer von den Vereinten Nationen sahen jetzt noch überraschter aus. Einer von ihnen, Captain Alec aus Kirgistan, gratulierte uns nachdrücklich zu unserer Aktion.

„Was ihr macht, wird funktionieren", sagte er. „Wir versuchen, das Wiederaufflammen von Gewalt zu verhindern, indem wir ihnen die Gewehre wegnehmen. Aber wenn Leute unbedingt kämpfen wollen, dann werden sie die Gewehre vor uns verstecken. Wie sollen wir sie in diesem Wald finden? Aber wenn ihr die Kinder ernährt und dafür sorgen könnt, dass sie die Schule besuchen – das wird hier wirklich nachhaltig für Frieden sorgen."

Am nächsten Tag liefen wir zwei Stunden lang durch den Wald zum nächsten kleinen Dorf – nach Kamata –, das über die Straße gar nicht erreichbar war. Unterwegs mussten wir durch ein Sumpfgebiet, und Helen, die sich nach wie vor gewissenhaft um ihre Besucher kümmerte, führte uns an, wobei sie eine Büchertasche auf dem Kopf balancierte. Darin befanden sich Hefte, Kulis und Bleistifte – Geschenke, die wir den Schülern in Kanata mitbringen wollten. Helen erzählte uns ein wenig von ihrer eigenen tragischen Kriegsgeschichte, sie beschrieb, wie sie mit vorgehaltenem Gewehr gezwungen worden war, Beute nach Guinea zu tragen; ich hatte allerdings den Eindruck, dass das nur ein kleiner Teil dessen war, was sie durchgemacht hatte.

Die Kinder von Kanata machten besonders große Augen, als unsere ungewöhnliche kleine Gruppe ihr Dorf betrat. Alex erklärte mir, als er vor einigen Wochen das erste Mal hierher gekommen war, sei ihm mitgeteilt worden, dass sie in ihrem Dorf seit 1988 keinen Weißen mehr gesehen hätten. Die Kinder fassten uns bei der Hand und strichen über unsere merkwürdig behaarten Arme.

Wie immer wurden wir der Sitte gemäß von den Dorfältesten begrüßt und erhielten die zeremoniellen Geschenke. Dann lud man uns in die „Palava-Hütte" ein, wo die wichtigen Besprechungen stattfanden, und servierte uns Platten mit Reis und Fleisch. Ich fühlte mich etwas irritiert von der Menschenmenge, die uns schweigend umgab, offenbar, um uns beim Essen zuzuschauen. Als ich gerade anfangen wollte zu essen, stieß Alex mich an und flüsterte: „Magnus, was meinst du, zu was für einem Tier die mal gehört haben?"

Ich schaute auf seinen Teller: Da lag auf einem Reisbett ein Paar Hoden – ich nehme an, von einem Hirsch oder einem Affen –, sorgfältig präsentiert, mit sonst nichts daneben. Während die Älteren uns weiterhin genau beobachteten, mussten wir, obwohl wir uns alle Mühe gaben, dagegen anzukämpfen, loslachen, und wir lachten hemmungslos, bis uns die Tränen herunterliefen. Irgendwann schafften wir es dann auch, die Hoden zu verspeisen. Glücklicherweise nahm uns keiner unser Lachen übel. Ehrlich: Ich habe nie große Heldentaten im Dienst von Mary's Meals vollbracht, aber mit diesem Essen war ich doch ziemlich nahe dran.

Dann begannen wir mit den Verantwortlichen einen Plan zu entwerfen, wie wir auch in ihrem Dorf Mary's Meals einführen könnten. Wir kamen überein, dass einmal im Monat die Männer des Dorfes nach Balama (dem letzten Ort, der noch mit dem Auto erreichbar war) gehen und die Lebensmittel, die dort für sie angeliefert wurden, nach Kanata tragen sollten. Sie wollten unbedingt so schnell wie möglich anfangen. Ihre Kinder seien hungrig, sagten sie uns.

Am nächsten Morgen öffnete ich in Balama die Fensterlade meines Schlafzimmers und sah zwei Kinder, die kleine hölzerne, selbstgeschreinerte Stühle in Richtung Schule trugen. Hinter ihnen kamen ältere Mädchen mit Eimern auf dem Kopf – dem

Wasser für Mary's Meals. Nach Unterrichtsbeginn besuchten wir die kleine Schule, an der außen noch deutlich die Spuren von Einschüssen zu sehen waren.

Ich plauderte eine Weile mit Nyango, die in einer Gruppe kichernder Freundinnen stand. Sie war dreizehn, doch wie so viele andere Mädchen im Dorf hatte sie bis vor Kurzem nie die Schule besucht. Während ihre Brüder sich jeden Morgen auf den Weg zu den aus Lehmziegeln aufgebauten Klassenzimmern unter den riesigen Baumwollbäumen am Dorfrand machten, war sie zu Hause geblieben und hatte ihren Eltern geholfen, für die Familie zu sorgen. Sie hatte ihre Tage damit zugebracht, Wasser aus dem Fluss zu holen, Feuerholz zu sammeln, Palmnüsse zu zerstoßen, um Öl zu gewinnen, und das Land zu beackern und Reis und Gemüse anzubauen. In den letzten Jahren war sie mit anderen Dorfbewohnern, die beschlossen hatten, nicht zu fliehen, mit Waffengewalt gezwungen worden, Munition und Waffen für die Soldaten in deren Kampf gegen das vorige Regime Liberias zu transportieren.

Doch drei Wochen zuvor, an dem Tag, als hier zum ersten Mal Mary's Meals ausgegeben wurden, hatte sich ihr Leben verändert. Damals hatten viele Eltern, auch die von Nyango, beschlossen, dass es nun möglich war, ihre Kinder in die Schule zu schicken. Während wir sprachen, spielten einige von Nyangos jüngeren Klassenkameraden im Staub in der Nähe. Fast alle hatten aufgetriebene Bäuche und entfärbtes Haar, Folgen des täglichen Hungerns, mit dem sie hatten leben müssen.

Nachdem sie alle gegessen hatten, gingen sie in ihre Klassenzimmer zurück. Nyangos Lehrer zeigte auf ein paar Rechenaufgaben an der Tafel und fing an, Fragen zu stellen. Im Klassenzimmer nebenan sah ich Helen, die junge Frau, die sich während unseres Besuchs um uns kümmerte. Sie saß mitten zwischen den jüngsten Schülern. Wir hatten grade drei ihrer Kinder gesehen, die auf dem Schulhof Mary's Meals aßen. Und sie war hier auch eine Schülerin. Der Krieg hatte sie vielleicht der Möglichkeit beraubt, lesen und schreiben zu lernen, doch jetzt saß sie, ohne sich im Geringsten zu genieren, in einer ersten Klasse – einfach nur froh und entschlossen zu lernen. Sie strahlte uns durch die offene Tür an und schrieb dann weiter in ihr Heft.

Bevor wir uns auf unseren langen Rückweg nach Tubmanburg machten, verabschiedeten sich die Dorfältesten sehr herzlich von uns.

„Vergessen Sie nicht – Sie sind Mr Tanjo!" riefen sie, als wir in unseren Pick-up einstiegen.

Wir arbeiteten hart, um weitere Schulen einbeziehen zu können. Unser Programm wuchs schnell und mit ihm die Anzahl der Mitarbeiter. Wir beschlossen, dass es an der Zeit war, die Räumlichkeiten zu verlassen, die uns der hochherzige Father Garry in seinem Missionszentrum zur Verfügung gestellt hatte. Die Gemeindeleiter in Tubmanburg schenkten uns ein großzügiges Stück Land nur zehn Minuten von dort entfernt, auf dem wir nun eine Heimstätte für Mary's Meals bauen konnten. Mittlerweile war Liesbeth Glas, eine Laien-Missionarin aus den Niederlanden, die viele Jahre vor allem in Flüchtlingslagern in Ghana mit Liberianern zusammengelebt hatte, unsere oberste Leiterin vor Ort. Sie hatte ein tiefes Verständnis und eine tiefe Zuneigung zu den Einheimischen – und zu Mary's Meals. Sie organisierte auf dem geschenkten Land den Bau unseres ersten Büros und eines Wohnhauses für die Mitarbeiter. Doch noch vor Fertigstellung kam sie mit einem Anliegen zu mir, das ihr sehr am Herzen lag.

Überall in Bomi County begegneten wir in der Klinik oder in Schulen gehörlosen Kindern. Das vollständige Fehlen selbst der grundlegendsten Gesundheitsvorsorge hatte zur Folge, dass hier viele Kinder lebenslang behindert waren, aufgrund von Krankheiten, die, hätte man sie rechtzeitig erkannt, ohne Weiteres heilbar gewesen wären. Und die tauben Kinder litten fürchterlich. Da sie nicht mit ihrer Familie und anderen Menschen kommunizieren konnten, wurden sie häufig gemieden und vernachlässigt. Ohne die Möglichkeit, sich ein Kommunikationssystem anzueignen, waren sie zu einem Leben in Isolation und Zurückweisung verdammt. Liesbeth hatte in den Lagern von Ghana mit gehörlosen Kindern gearbeitet, und kürzlich war sie mit einigen ausgebildeten liberianischen Lehrern zurückgekehrt, die Zeichensprache nicht nur beherrschten, sondern auch wussten, wie man sie weitervermittelte.

„Warum gründen wir nicht eine Schule eigens für diese Kinder? Wir haben die Lehrer, könnten wir nicht das Schulgebäude auf dem Grundstück, das man uns gegeben hat, neben der Unterkunft für die Mitarbeiter bauen?", fragte mich Liesbeth.

Gerade erst hatten wir ganz klar beschlossen, all unsere Anstrengungen auf die Schulmahlzeiten zu konzentrieren, und ich erinnerte auch immer wieder alle nachdrücklich daran, dass wir uns auf gar keinen Fall verzetteln durften – und ausgerechnet jetzt wurde ich wieder mit einem Vorschlag konfrontiert, den man unmöglich einfach beiseiteschieben konnte. Diese Notsituation war einfach zu schlimm, und unsere Fähigkeit zu helfen zu real, als dass man sie hätte ignorieren können.

Daher befindet sich nun also im Zentrum des Mary's-Meals-Geländes, zwischen den Büros, den Lagern und den Personalunterkünften, die Oscar-Romero-Schule für Gehörlose. Die

Mitarbeiter von Mary's Meals in Tubmanburg überraschten mich mit ihrer Entscheidung, der Schule zu Ehren des Erzbischofs von El Salvador diesen Namen zu geben. Oscar Romero wurde 1980 ermordet, während er eine Messe zelebrierte, weil er unerschütterlich gegen Ungerechtigkeit und die Unterdrückung der Armen predigte – und Julie hatte erst kürzlich die Kopie eines Gebets von Romero an unseren Kühlschrank daheim geheftet, das mich tief bewegt hatte. Ursprünglich hatten wir geplant, dass es ein Internat für vierzig Schüler werden sollte, letztlich wurden es dann aber sechzig. Die meisten schliefen auch hier, kehrten aber so oft es möglich war zu ihren Familien in den Dörfern zurück. Allerdings hatten nicht alle eine Familie, zu der sie zurückkehren konnten.

Drei Tage nach Eröffnung der neuen Schule kamen einige Polizisten aus Monrovia auf unser Gelände. Sie brachten einen ungefähr neunjährigen Jungen in schmuddeligem T-Shirt und Shorts mit. Sie erklärten, er sei allein auf der Straße unterwegs gewesen, und sie hätten ihn aufgegriffen. Weil er sie nicht verstand und nicht reden konnte, wussten sie nicht, was sie mit ihm machen sollten, und brachten ihn über Nacht im Gefängnis unter. Dann erfuhren sie von unserer neuen Schule für Gehörlose – weil es sich um die erste Institution dieser Art in Liberia handelte, wurde darüber in Zeitungen und im Radio berichtet –, also beschlossen sie, ihn zu uns zu bringen. Wir konnten nur Ja sagen, als sie uns baten, ihn zu übernehmen. Die jungen Männer, die an der Gehörlosenschule das Schreinerhandwerk lernten, hatten bereits viel damit zu tun, weitere Etagenbetten für uns zu zimmern. Wir fanden einen Platz für ihn in der wachsenden Familie. Natürlich konnte uns der Bub weder seinen Namen sagen noch seine Geschichte erzählen, doch war er von Anfang an begeistert beim Zeichensprachen-Unterricht mit den anderen Kindern dabei. Wir nannten ihn Joseph und freuten uns schon auf den Tag, an dem er uns seinen wahren Namen würde mitteilen können, woher er kam – und wohin er gehen wollte.

In Liberia entstand noch eine weitere neue Initiative, die parallel zu Mary's Meals lief und sie ergänzte: unser Rucksack-Projekt. Wir hatten in Malawi und Liberia festgestellt, dass viele der Kinder, die wegen der Mahlzeiten in die Schule kamen, keine Lernmaterialien hatten – keine Stifte, keine Hefte, nichts. Als wir darüber sprachen, schlug jemand vor, wir sollten doch unsere „Schuhschachtel-Aufrufe" weiterentwickeln, bei denen Kinder in Schottland schon seit mehreren Jahren Schuhschachteln mit Geschenken für arme Kinder in Osteuropa vollpackten, um ihnen in ihrer Not beizustehen. Wir fragten also in Schulen an, ob es möglich wäre, die Schüler und Schülerinnen aufzufordern, Schulranzen mit dem Grundbedarf an Schulsachen zu füllen, die wir dann nach Afrika verschicken wollten. Die Reaktion der Schulen war überwältigend. Die Lehrer fanden das Projekt großartig, weil es ihnen ermöglichte, in die Information über die Orte und Menschen, an die diese Geschenke verschickt wurden, ein starkes erzieherisches Moment mit einzubringen, und außerdem, weil das Packen eines solchen Rucksacks jedem Kind das Gefühl vermittelte, dass es selbst etwas tun konnte, um einem notleidenden Kind zu helfen. In Liberia und dann auch in Malawi war die Verteilung der Rucksäcke immer ein grandioses, fröhliches Ereignis und ein weiterer Grund für Kinder, die Schule zu besuchen.

„Wissen Sie, in einem dieser Rucksäcke finden sich mehr Sachen, als ein ganzer Haushalt hier normalerweise besitzt", meinte Joseph, unser liberianischer Einsatzchef, als wir mit einem weiteren Lastwagen voller Rucksäcke in eine Dorfschule rumpelten – ein Teil einer Container-Ladung, die kürzlich aus Glasgow im Hafen von Monrovia eingetroffen war. Ich staunte wieder einmal über die Aufregung und unbändige Freude der Kinder, die in ihren Klassenzimmern die Rucksäcke auspackten und einander mit ungläubigem Staunen die Übungshefte, die Buntstifte, Tennisbälle und T-Shirts zeigten, die sie gerade eben von einer unbekannten Person in einem weit entfernten Land geschenkt bekommen hatten. Und als ich später einige zu Hause besuchte, konnte ich mich, nachdem ich mich umgeschaut hatte, davon überzeugen, dass die verblüffende Feststellung von Joseph bestimmt keine Übertreibung war. In den folgenden Jahren nahmen viele Menschen – Grundschulkinder (und andere) aus England, Irland, Deutschland, Österreich, Kroatien und Italien – an diesem Projekt teil; sie übernahmen Gegenstände von unserer Liste und verpackten sie liebevoll in ihre Rucksäcke. Als ich zuletzt nachschaute, hatten wir über 400.000 von diesen Taschen an Kinder in Liberia und Malawi verschickt.

Aber unsere Priorität, auf die wir uns vor allem konzentrierten, blieb die Bereitstellung von Schulmahlzeiten, und damals mussten wir uns eine grundsätzliche Frage stellen: Sollten wir uns weiter in ländlichen Gegenden ausbreiten, oder sollten wir auch den Schulen in der Stadt helfen? Die Bevölkerung von Monrovia hatte sich im Vergleich mit den Vorkriegszahlen auf rund 1,3 Millionen Menschen verdoppelt. Viele, die vor den blutigen Auseinandersetzungen auf dem Land in die Sicherheit der Flüchtlingslager am Rand der Hauptstadt geflohen waren, kehrten nicht wieder in ihre Dörfer zurück. Wie so viele andere Menschen in den Entwicklungsländern träumten sie vom besseren Leben in der Großstadt. Um uns einen authentischen Eindruck zu verschaffen, besuchten wir die geschäftigen Straßen von Westport, einer der älteren Slum-Gegenden Monrovias, wo Horden von Kindern an kleinen Marktständen arbeiteten und Fisch und gebrauchte Sachen verkauften. Andere transportierten auf ihren jungen Köpfen Lasten oder schoben Schubkarren zwischen den Ständen umher. Und während sie das taten, verpassten sie natürlich die Möglichkeit, die Schule zu besuchen und so dieser schreienden Armut zu entkommen.

In einer der dortigen Schulen ließ uns der Schulleiter, Mr. George, an seinen schweren Problemen teilhaben. Er tat, was er konnte, um so viele Kinder wie möglich zu erreichen, indem er im selben Gebäude zwei Schulen organisierte, eine am Morgen und eine am Nachmittag. Aber das änderte kaum etwas daran, dass trotzdem viele Kinder nicht in die Schule kamen, weil sie arbeiten mussten, und viele andere kamen zwar, waren aber zu hungrig und zu schwach, um dem Unterricht folgen zu können. Immerhin wurden die Lehrer der Schulen in der Stadt bezahlt, doch ihr Monatsgehalt von sechzig US-Dollar entsprach gerade einmal dem Preis für einen großen Sack Reis.

„Wir sind verzweifelt. Diese Armut gehört zu den Gründen, warum Familien zerbrechen", sagte uns Mr. George.

Nach dem Rundgang durch die Schule und dem Austausch weiterer Informationen fragte er uns, wann wir mit Mary's Meals an seiner Schule anfangen könnten. Ich sagte ihm, ich könne ihm darauf noch keine Antwort geben, weil wir gerade erst anfingen, nach Möglichkeiten Ausschau zu halten, und noch nicht einmal definitiv beschlossen hätten, überhaupt in Monrovia tätig zu werden.

„Wissen Sie, wie es ist, eine Tochter zu haben, die Sie nicht ernähren können?", fragte er mich mit zorniger Stimme. „Wie können Sie Ihren Töchtern im Teenager-Alter vorschreiben, sich anständig zu verhalten und nicht von zu Hause wegzugehen, wenn Sie ihnen nicht einmal etwas zu essen geben können? Wie können Sie es ihnen verübeln, wenn sie auf die Straße gehen und nicht auf uns hören? Wie können Sie es ihnen verübeln, wenn sie ihren eigenen Weg gehen und auf die schiefe Bahn geraten?"

Ich wusste auf seine Fragen keine Antwort. Ich war nie außerstande gewesen, meine Kinder zu ernähren. Ich weiß nicht, wie es sich anfühlt, von der Angst gepeinigt zu werden, dass meine Töchter womöglich ihren Körper verkaufen, um etwas zu essen zu haben. Ich wusste, dass ich nicht einmal ansatzweise verstand, was dieser Vater, der da vor mir stand, durchmachte, und ich fand es schwer, ihm in die Augen zu schauen.

„Es tut mir leid. Ich kann Ihnen jetzt keine Antwort geben. Wir müssen das alles erst selbst durchdenken. Wir tun unser Bestes, und ich verspreche Ihnen, Sie zu informieren, wenn wir uns entschieden haben", bot ich ihm hilflos an, als wir uns verabschiedeten.

Wir haben dann schlussendlich, nachdem wir alles erwogen hatten, beschlossen, unsere Bemühungen in den ländlichen Gebieten fortzusetzen und nicht in der Stadt. Es war offensichtlich, dass die meisten Hilfsaktionen der Stadt zugutekamen, wohingegen die Dörfer vernachlässigt wurden, obwohl die Armut dort eigentlich noch größer war. Wir wollten alles tun, was in unserer Macht stand, um die Menschen zu motivieren, in ihre Dörfer zurückzukehren, und ihnen auf jeden Fall nicht noch einen weiteren Grund dafür liefern, in der Stadt zu bleiben. Wir bezweifelten natürlich keine Sekunde, dass es an Orten wie

Westport einen immensen Bedarf für Mary's Meals gab; es ging letztlich einfach darum anzuerkennen, dass wir nicht alles auf einmal machen konnten.

Doch die Fragen von Mr. George verfolgten mich. Wie leicht war es doch für uns, die Armen zu besuchen, ihnen Fragen zu stellen, Fotos zu machen, und anschließend wieder in unsere Autos zu steigen. Und wie schwer war es, auch nur einen Augenblick zu verstehen, wie es sich tatsächlich anfühlte, so arm zu sein. Da ich überzeugt war, eine Menge von den Ärmsten der Armen gelernt zu haben – vor allem, was ihren Glauben betraf –, war ich manchmal in der Gefahr, Armut fast zu romantisieren. Aber an der Art von Armut, die Mr. George und seine Familie zerstörte, gab es nichts, was auch nur ansatzweise romantisch gewesen wäre. Diese Armut war destruktiv und böse, und kein Mensch war dafür geschaffen, so etwas auszuhalten. Aber vielleicht war es auch gut, dass ich mich in einer solchen Situation befand und ebenfalls hilflos war. Indem ich Mr. George gestehen musste, dass ich womöglich nicht dazu in der Lage sein würde, ihm in seiner verzweifelten Notlage zu helfen, musste ich auch mir selbst eingestehen, dass meine Anstrengungen und meine Fähigkeit zu helfen sehr begrenzt waren. Und das war gut – jedenfalls für mich.

Im Verlauf der nächsten Jahre konnten wir in die Region Grand Cape Mount expandieren, einen weiteren ausgedehnten Walddistrikt im Westen Liberias an der Grenze zu Sierra Leone, dessen überwiegend muslimische Bevölkerung in kleinen, durch Feldwege miteinander verbundenen Dörfern lebte. Nach und nach begannen wir in 82 Schulen Mary's Meals auszugeben. Wir bauten ein Satelliten-Lager, wo wir Lebensmittel in großen Mengen deponieren konnten.

Ich war sehr beeindruckt von den Küchen aus Bambusrohr, die die Gemeinden hier bauten, und noch mehr von den Schulgärten, die mittlerweile ein entscheidendes Element unseres Modells in Liberia waren. Diese kleinen Farmen gehörten den Schulgemeinden, und wir hatten beschlossen: Wenn eine Schule sich für das Mary's-Meals-Programm in Liberia interessierte, dann musste sie sich verpflichten, auch ein solches Anbauprojekt an der Schule umzusetzen. Immense Anstrengungen wurden unternommen, um große Areale von Busch in der Nähe der Schulen zu roden, und die Schulleiter zeigten uns stolz die Reihen von Manioksträuchern und anderem „Grünzeug", das sie dem von uns angelieferten Essen hinzufügten; außerdem Ananas und andere wertvolle Erzeugnisse, die sie verkaufen und auf diese Weise dringend benötigte Mittel für die Schule erwirtschaften konnten. Ein weiterer immenser Vorteil dieser Anlagen war die Möglichkeit, landwirtschaftliche Kenntnisse und Fähigkeiten an eine Generation von Schülern zu vermitteln, die einen großen Teil ihrer Kindheit in Flüchtlingslagern, weit weg von ihren heimatlichen Dörfern und Feldern, verbracht hatten.

Eines Tages passierten wir im Jahr 2012 auf dem Weg zu einer Schule in Cape Mount eine solide gebaute Betonbrücke. Joseph erklärte, als sie zum ersten Mal diese Schule besucht hätten, nachdem von dort eine Nachfrage nach Mary's Meals gekommen war, seien sie gezwungen gewesen, die Gemeinde abzulehnen, weil es unmöglich war, sie mit einem Lieferwagen anzufahren. Wenige Wochen später kamen die verantwortlichen Männer des Dorfs dann wieder zu Joseph und fragten, ob er jemanden schicken könne, der die Straße noch einmal begutachtete. Und sie stellten fest, dass über den kleinen, zuvor unpassierbaren Fluss jetzt von der Gemeinde eine Brücke gebaut worden war. Die enorme

Nachfrage nach Mary's Meals in diesen Gemeinden brachte viel Gutes hervor. An jeder Schule trafen wir auf Reihen von Kindern mit bunten Schüsseln, auf Frauen, die über offenen Feuern kochten, und auf Lehrer, die uns von den vielen Kindern erzählten, die erstmals die Schule besuchen konnten. Im Durchschnitt erhöhte sich die Anmeldezahl in den Schulen in Cape Mount nach der Einführung von Mary's Meals um erstaunliche 40 Prozent.

Auf unserer Rückreise vom Besuch einiger dieser Schulen machten wir Halt, um uns mit Gemeindeleitern zu treffen, die mit der Auslieferung von Mary's Meals in dieser Region zu tun hatten. Ein Imam, der sich unermüdlich dafür einsetzte, die hiesigen Gemeinden zu mobilisieren – und der außerdem die Überlassung des Landes organisiert hatte, auf dem wir unser Lager bauen konnten, von dem aus der Landkreis beliefert wurde –, stieß an der Straße auf seinem Motorrad zu uns, und er strahlte über das ganze Gesicht, obwohl wir uns über eine Stunde verspätet hatten. Er zeigte uns den Weg zu einem Gemeindesaal voller weiterer geduldiger Menschen, die uns herzlich willkommen hießen. Der Imam begann das Treffen mit einem Gebet, und bevor wir dann die Leute baten, uns von ihren Erfahrungen mit Mary's Meals zu berichten, informierten wir sie von unserem Plan: dass wir nämlich versuchen wollten, auch sämtliche andere Schulen in Cape Mount noch vor Ende des Jahres zu versorgen. Wir bekamen lang anhaltenden Applaus.

Ein älterer Mann mit weißem Bart und Gebetskäppchen sprach uns sichtlich bewegt an: „Wir sind so dankbar für diese Information. Es ist schrecklich, zu essen, wenn Ihr Nachbar nichts zu essen hat. Als ich die Kinder hier hungrig sah, fühlte ich mich auch hungrig. Nun, da ich sehe, dass sie täglich zu essen bekommen, bin ich nicht mehr hungrig."

IX.

In einer Glitzerwelt

Zu dick aufgetragene Schmeicheleien sind Unsinn,
aber dezent vorgebrachte Schmeicheleien hören wir gern,
auch wenn sie nicht ganz der Wahrheit entsprechen.
(Fulton J. Sheen)

Auf der ganzen Welt taten sich neue Türen auf, und eine erstaunliche Vielfalt von Menschen zeigte sich an Mary's Meals interessiert. In barocken habsburgischen Kirchen, auf historischen Plätzen in Rom, rund um einen Swimmingpool in Palm Beach, in einem Fußballstadion in Kalabrien und in einem Jugendgefängnis in Glasgow kamen Menschen zusammen und öffneten ihr Herz für die Botschaft von Mary's Meals. Die Unterschiedlichkeit der Menschen, mit denen ich sprach, war atemberaubend, fast schon komisch, und ich entdeckte immer wieder unglaublich viel Unerwartetes, wenn ich mit ihnen zusammentraf. In einer Synagoge erklärte ich, warum unsere Arbeit nach einer jüdischen Mutter benannt war; bei einer globalen Erziehungskonferenz in Abu Dhabi sollte ich meine Ansprache unmittelbar nach einem Referat über Exocet-Raketen halten, vorgetragen von einem der Männer, der sie herstellte. Bei einer Party in Los Angeles traf ich einen professionellen Volleyball-Spieler und einen Stuntman im Ruhestand;

beide waren offenbar von dem, was ich tat, ebenso angetan wie ich von ihren Leistungen.

Natürlich fanden nicht alle meine Ansprachen an exotischen, fernen Orten statt. Ich redete vor Hunderten von Schulklassen und Gruppen in Kirchengemeinden in Schottland; viele Menschen konnte ich auch schon wenige Meter von meinem Büro erreichen, indem ich zu den Gruppen von Gläubigen sprach, die nach wie vor zu Einkehrtagen in die Craig Lodge kamen. Als ich damit anfing, Vorträge zu halten, hatte ich vor denen in Schulen am meisten Angst. Später wurden diese dann zu meinen liebsten Auftritten. Besonders schätzte ich jeweils die Phase, wenn die Schüler mir Fragen stellten, die meistens sehr aufrichtig und direkt waren, manchmal aber auch recht überraschend.

„Haben Sie mal eine Killerbiene gesehen?", lautete eine dieser Fragen, bei denen ich mich echt anstrengen musste, mehr als nur eine einsilbige Antwort zustande zu bringen.

Was ich an den Schulkindern am meisten schätzte, war das völlige Fehlen von Zynismus und der sehr kleine Abstand zwischen dem Entschluss, etwas zu tun, und der tatsächlichen Umsetzung. Den Schulkindern leuchtete es vollständig ein, dass kein Kind die Schule besuchen sollte, ohne etwas zu essen zu haben, und es war ihnen klar, dass sie selbst dazu beitragen konnten und sollten. Unentschlossenes Zögern überließen sie den Erwachsenen.

Während die Unterstützung an der Basis zu Hause wuchs und gedieh, nahm die internationale Unterstützung sogar noch schneller zu. Mary's Meals Deutschland wurde als erster von mehreren europäischen Tochtervereinen 2006 gegründet; in den USA entstand Mary's Meals 2008 mithilfe einer Gruppe wundervoller Menschen in Miami – einer Stadt, durch die ich mittlerweile häufig auf meinen Reisen nach Haiti gekommen bin. Milona sagte mir, sie habe gute Freunde in Florida, die sie in Medjugorje kennengelernt hatte und die mir anboten, bei ihnen zu logieren. So lernte ich Lourdes Guitierez kennen, ihre Tochter Lourdes Fanjul und deren gute Freundin Lourdes Diego. Bis dahin hatte ich noch überhaupt niemanden mit diesem wundervollen Namen kennengelernt, und ich fragte mich, was diese Häufung wohl zu bedeuten hatte – vor allem weil alle drei nicht nur gute Freundinnen waren, sondern außerdem, zusammen mit einem Ehepaar, Michelle und Albert Holder, Gründungsmitglieder von Mary's Meals USA. Wir setzten uns gemeinsam mit all unseren Kräften dafür ein, in den USA Aufmerksamkeit für Mary's Meals zu wecken, ohne zu ahnen, dass etwas passieren sollte, das diese Aufgabe letztlich enorm vereinfachte.

Im Frühjahr 2010 bekamen wir einen Anruf aus New York von CNN: Ich sei zu einem ihrer „CNN Heroes" gewählt worden. Sie erklärten, dazu gehöre, dass sie einige Kurzfilme über mich und meine Arbeit für Mary's Meals machen und ausstrahlen würden, und sie fragten, ob sie mit ihrer Filmcrew in der nächsten Woche nach Schottland kommen könnten. Zuerst schreckten wir vor der Bezeichnung „Held" zurück, aber dann wurde uns bewusst, dass das eine fantastische Gelegenheit war, für unsere Arbeit Aufmerksamkeit zu bekommen, vor allem in Nordamerika, wo Unterstützer von Mary's Meals die CNN-Heroes bereits erwähnt hatten. Wir sagten also zu, und innerhalb weniger Wochen wurde die Geschichte von Mary's Meals in Millionen Wohnzimmer weltweit ausgestrahlt.

Ein paar Monate später kam dann wieder ein Anruf von CNN – jetzt teilten sie mir mit, ich sei von einem Ausschuss angesehener Sachverständiger zu einem der „Top Ten Heroes" des Jahres gewählt worden. Ganz besonders toll fand ich, dass Muhammad Ali zu diesem Ausschuss gehörte! Wir wurden nach Los Angeles zu einem glanzvollen Event mit großem Staraufgebot eingeladen, das auch im Fernsehen ausgestrahlt werden sollte. Nun kam also erneut eine Filmcrew nach Schottland, die anschließend mit mir nach Haiti reiste, um einen Kurzfilm zu drehen, der bei der Preisverleihung gezeigt werden sollte. Wenige Wochen später trafen Julie und ich dann ziemlich nervös und aufgeregt in Los Angeles ein.

In unserem Hotel wurden wir den anderen neun „Helden" vorgestellt, die wir bereits über die CNN-Website kennengelernt hatten. Einige hielten wir tatsächlich für echte Helden. Wir hatten alles über Evans Wdongo gelesen, einen jungen Kenianer, der eine einfache, solarbetriebene Lampe entwickelt hatte, mit der Kinder in Afrika auch bei Dunkelheit noch lesen und Hausaufgaben machen konnten; über Anuradha Koirala, die sich für die Eindämmung des Handels und der sexuellen Ausbeutung von Frauen und Mädchen in Nepal engagierte; und über Dan Wallrath, einen Texaner, der Wohnhäuser für verletzte Kriegsveteranen aus dem Irak- und Afghanistankrieg baute. Es war großartig, mit diesen bemerkenswerten Personen zusammenzutreffen – die meisten fühlten sich in der völlig ungewohnten Umgebung ähnlich unwohl wie wir.

Als das große Ereignis näherrückte, erinnerte ich Julie noch einmal daran, dass sie mir, wenn wir mit berühmten Leuten in Kontakt kamen, sagen musste, um wen es sich handelte; ich hatte keine Ahnung von Stars, was unter meinen Kollegen bei Mary's Meals immer für ziemliche Heiterkeit sorgte, und ich hatte Angst, dass ich jemanden mit meiner Ignoranz verletzen könnte. In der Vorbereitungsphase hatte unser Team in Schottland Nachforschungen angestellt und mir mitgeteilt, dass CNN bei der Preisverleihung jeden „Hero" mit einem Star kombinierte, der ihm dann den Preis überreichte. Sie fanden heraus, dass Gerard Butler, der Hollywood-Schauspieler aus Schottland, einer dieser Stars war, und sie vermuteten, dass ich dann wohl sehr wahrscheinlich mit meinem Landsmann kombiniert werden würde.

Die Leute von CNN gingen mit uns zum Veranstaltungsort, dem berühmten Shrine Auditorium, wo früher so namhafte Preise wie die Oscars und die Grammys verliehen wurden. Sie erklärten uns den Ablauf und machten einige Bühnenproben mit uns. Wir erfuhren, dass damit gerechnet wurde, dass außer dem prominenten, 3000 Personen umfassenden Publikum vor Ort 16 Millionen Menschen weltweit die Preisverleihung via Fernsehen verfolgen würden. Sie sagten uns, wir hätten genau 45 Sekunden für unsere Dankesreden, und wenn wir länger redeten, würden wir einfach abgeschaltet.

Dann informierten sie mich, dass ich als Erster auf die Bühne kommen sollte. Sie meinten, der Film, den sie über Mary's Meals gedreht hätten, sei spektakulär, und ich sollte die erste Dankesrede halten. Jetzt wurde ich wirklich richtig nervös. Als ich vor einigen Wochen die enorme Bedeutung dieser Gelegenheit begriffen hatte, war mir klar, dass ich in meiner Rede auf jeden Fall Gott und der Muttergottes danken wollte. Ich nahm an, die Redakteure von CNN würden das vielleicht nicht so ohne Weiteres hinnehmen, aber ich war überzeugt, dass ich genau das tun musste.

Bei unserem Eintreffen beim Shrine Auditorium am nächsten Abend – Julie hielt mich fest am Arm, ich trug meinen Kilt und den prachtvollsten Sporran [schott. Gürteltasche] meines Dads

– fühlte ich mich etwas besser. Doch die erste von mehreren bizarren Erfahrungen wartete bereits auf mich. Man nahm mich mit in den Backstage-Bereich, um mir „Make-up und Hair-Styling" zu verpassen – eine für mich völlig neue, unangenehme Erfahrung. Ich lehnte mich zurück, als eine freundliche Frau Gel in mein Haar rieb, und dachte an windige Tage auf unserer Fischfarm, an Meeresgischt, an Öljacken und Wollmützen, und an den herrlichen Zustand, den ganzen Tag mit keinem einzigen Menschen reden zu müssen.

Dann wies man uns unsere Plätze in der ersten Reihe an. Julie sah noch schöner aus als normalerweise. Ich fühlte mich etwas tapferer. Nur wenige Sitze von uns entfernt saß Jon Bon Jovi, der einen Gesangsauftritt vor sich hatte, und es beruhigte mich sehr, dass ich immerhin diese eine Berühmtheit erkannt hatte – noch besser wurde es, als er mich sogar sehr freundlich ansprach.

Die Show fing an, Anderson Cooper war der Moderator (auch ihn konnte ich identifizieren!), und als Erster betrat Gerard Butler die Bühne, um mich vorzustellen. Unser Team in Schottland hatte das also richtig kombiniert, was toll war, denn daher wusste ich jetzt auch, wer er war. Das lief alles schon mal ganz gut. Er trug eine sehr schmeichelhafte kleine Vorstellungsansprache vor, dann zeigten sie ihren Film über Mary's Meals – er war in der Tat großartig und sogar noch schmeichelhafter. Dann ging ich nach oben, um den Preis entgegenzunehmen, einen sehr freundlich beschrifteten Holzblock. Ich schluckte und räusperte mich – meine Kehle war völlig ausgetrocknet –, und dann sagte ich den Menschen im Theater und den 16 Millionen an den Bildschirmen, wie glücklich ich wegen der vielen tausend an dieser Arbeit beteiligten Menschen war, dass ich diesen Preis bekam; ich brachte meine Überzeugung zum Ausdruck, dass unsere Vision Realität werden könne, dass also jedes Kind jeden Tag an seiner Schule eine Mahlzeit bekommen könne. Und ich dankte Gott und Maria, der Mutter Jesu, die selbst ein Kind in Armut großgezogen hatte und wusste, was es bedeutet, im Exil zu leben, für ihre Inspiration und ihre Liebe. Offenbar hatte ich es innerhalb von 45 Sekunden geschafft, denn es wurde alles übertragen!

Gleich nachdem wir von der Bühne abgetreten waren, schüttelte Gerard kräftig meine Hand und sagte: „Ich muss Ihnen etwas total Witziges erzählen! Gestern war ich hier zu einer Probe. Ich war halb durch mit dem Lesen des Skripts über Sie, da sagte ich: ‚Moment mal, das ist doch der Typ, von dem mir meine Mum dauernd erzählt!‘ Meine Mum ruft immer wieder an und sagt, ich muss Sie unbedingt kennenlernen. Sie hat Sie bei irgendeiner Veranstaltung in Glasgow vor ein paar Monaten über Mary's Meals reden gehört, und seither spricht sie ständig darüber!"

Sein Agent schüttelte mir die Hand und lachte. „O ja, ich bekomme richtige Probleme, wenn ich nicht ein Foto von Ihnen zusammen mit Gerard mache, das wir ihr schicken können!"

So schafften sie es, der Situation eine Wendung ins Komische zu geben. Wir posierten für ein paar Bilder, wobei wir feststellten, dass wir Anhänger desselben Fußballclubs – Celtic Glasgow – waren, dann begaben wir uns für den Rest der Show zurück auf unsere Sitze.

In der Pause wurde es dann noch witziger. Gerard kam zu mir, um Julie kennenzulernen, und aus irgendeinem Grund befand sich in seiner Begleitung Demi Moore. Nun ist es so, dass ich seit vielen Jahren von Julie und meinem kleinen Bruder Mark wegen Demi Moore aufgezogen werde. Ich glaube, ich

habe irgendwann mal etwas über ihr fantastisches Aussehen gesagt, als ich mit Mark einen Film anschaute, und er hatte nichts
Besseres zu tun, als das Julie gegenüber auszuplaudern. Die
beiden ließen jetzt keine Gelegenheit ungenutzt verstreichen, in
der sie mich damit aufziehen konnten – egal ob Demi Moore
im Fernsehen erschien oder auch nur ihr Name erwähnt wurde.
Und jetzt stand sie vor mir und wurde mir vorgestellt! Der Film
über Mary's Meals, den sie gerade gesehen hatte, hatte sie zu
Tränen gerührt; sie küsste mich auf die Wange und gratulierte
mir zu unserer Arbeit. Ich weiß nicht mehr, was ich zu ihr sagte
– zusammenhängend kann es nicht gewesen sein. Julie lachte
sich jedenfalls schief, als wir nach der Pause zu unseren Plätzen zurückgingen. Am Ende des Abends wurde Anuradha als
Gewinnerin vorgestellt, was mich freute, denn was sie machte,
war ungeheuer wichtig – und sie selbst eine sehr würdige, eindrucksvolle Dame.

Dann nahm man uns zu einer „After-Show-Party" mit, wo
wir jeweils einen Bereich zugeteilt bekamen, in dem wir mit unseren Freunden zusammensitzen konnten und andere Leute die
Möglichkeit hatten, zu uns zu kommen und mit uns zu reden.
Die anderen Stars waren gleich nach dem Ende der Show gegangen, aber Gerry und sein Agent kamen noch zu uns herüber, was
uns sehr freute. Es bildete sich dann auch tatsächlich eine kleine
Schlange mit Leuten, die darauf warteten, mit mir zu reden.
Allerdings merkte ich ziemlich schnell, dass es ihnen eigentlich nicht so sehr um ein Gespräch mit mir ging, als vielmehr
darum, mit mir, dem Schotten in einem echten Kilt, fotografiert
zu werden.

In den nächsten Stunden war ein Ende der Schlange nicht ab-
zusehen – mit allen möglichen Leuten wurde ein Foto nach dem

anderen gemacht. Eine unerwartete Begegnung ergab sich mit einer Gruppe chilenischer Bergleute, die damals weltberühmt waren. Sie waren in einer Mine tief unter der Erde 69 Tage lang begraben gewesen, und die ganze Welt hatte ihr Schicksal verfolgt und für sie gebetet. Meine eigenen Kinder beteten wochenlang allabendlich für sie, bis die Bergleute dann endlich gerettet wurden, und es war ein wunderbares, unerwartetes Erlebnis, mit diesen Männern sprechen zu können, deren Leiden und Tapferkeit und wundersame Rettung wir so minutiös mitbekommen hatten.

Jener Abend vermittelte mir einen – wenn auch sehr bescheidenen – Eindruck davon, wie es sich anfühlt, eine Berühmtheit zu sein. Diese paar Stunden lang war es überwiegend ganz nett, aber auch nur weil ich wusste, dass am Morgen danach alles wieder seinen normalen Gang gehen würde. Ich gewann den Eindruck, dass es extrem gefährlich ist, tagaus, tagein so zu leben. Selbst nach diesen wenigen Stunden fühlte ich mich etwas desorientiert – als wäre ich plötzlich nicht mehr so ganz sicher, wer ich bin, weil alle um mich herum sich benahmen, als sei ich jemand anderer: alle, abgesehen nur von Julie und unseren guten Freunden aus Florida, Iowa und New York, die auch zur Preisverleihung gekommen waren. Vielleicht schaffen berühmte Menschen es nur auf diese Art, gesund und glücklich zu bleiben – wenn sie eine liebevolle Familie und Freunde um sich herum haben, die sie daran erinnern, wer sie in Wirklichkeit sind. Aber vielleicht gilt das ja für jeden von uns, egal, ob wir berühmt sind oder nicht. Jedenfalls fühlte es sich sagenhaft gut an, am nächsten Morgen wieder in meine Jeans zu schlüpfen und mit Julie in Richtung der „Cathedral of the Angels" durch die Straßen zu bummeln. Ich hatte vorgeschlagen, dass wir uns Hollywood ansehen, aber Julie meinte, wir hätten für ein Wochenende genug „Star Dust" abbekommen. Wir saßen also stattdessen schweigend in der Kirche, dankten Gott für unseren reichlich außergewöhnlichen Wochenendtrip und versuchten, alles einigermaßen zu verarbeiten, bevor wir nach Hause zurückkehrten und unseren Kindern davon erzählten.

Wenige Wochen später, nicht lange vor Weihnachten, bekam ich aus heiterem Himmel einen Anruf von Gerry. Er hatte in LA versprochen, irgendwann einmal, wenn er wieder zu Hause in Schottland war, mit seiner Mum bei uns hereinzuschauen, aber ich hatte das nicht ernstgenommen.

„Ich bin grade auf dem Sprung rüber – wir sind in ein paar Stunden da", sagte er und legte auf. Ich habe die Mädchen in unserem Büro noch nie so aufgeregt gesehen! Und tatsächlich, nicht lange danach posierte er mit ihnen und allen, die ihm vorgestellt wurden, für Fotos. Seit damals ist er ein treuer Freund und hilft auf vielfältige Weise, unsere Arbeit bekannt zu machen.

Wenige Monate nach dem CNN-Event schrieb mich eine Dame aus Kanada an, die die Show gesehen hatte. Sie sagte, sie sei vor allem von der Tatsache berührt gewesen, dass ich in meiner Dankesrede von Maria, der Mutter Jesu, gesprochen habe; das habe sie motiviert, sich genauer über unsere Arbeit zu informieren. Seither stellte sie Rosenkranz-Armbänder her und verkaufte sie, um Spenden für unsere Organisation zu sammeln. Jeder Verkauf versorgte ein Kind ein Jahr lang mit Mahlzeiten. Sie erklärte außerdem, dass sie in der Nähe von Toronto Lehrerin gewesen sei und sich kürzlich zur Ruhe gesetzt habe, und sie fragte, ob wir Interesse hätten, hier Mary's Meals Canada als Wohltätigkeitsorganisation zu gründen. Sie war sehr zuversichtlich, dass unsere Arbeit in Kanada gut ankommen und breite Unterstützung finden würde. Im Lauf der Zeit wurden Bridgid und ihr Mann Mike gute Freunde. Als ich sie das erste Mal besuchte, war ich tief berührt von Bridgids außerordentlich friedvollem, heiterem Wesen. Sie hatte viele Freunde und andere Kanadier eingeladen, die Mary's Meals unterstützten. Bei einer Grillparty in Bridgids Garten konnten wir uns kennenlernen.

Es war ein sonniger Nachmittag, und es herrschte eine fröhliche Stimmung in ihrem Garten. Als die Gäste sich allmählich verabschiedeten, war mir klar, dass Bridgid, die offensichtlich von denen, die sie kannten, sehr geschätzt und respektiert wurde, die perfekte Leiterin unserer Arbeit in Kanada sein würde. Ich war sehr angetan von ihrer Entschiedenheit, Worte in sinnvolle Taten umzusetzen. Später, als alle gegangen waren und es im Haus still wurde, erzählte mir Bridgid, dass sie Krebs im Endstadium hatte.

„Ich weiß nicht, wie viel Zeit mir noch bleibt, aber jetzt gerade geht es mir ausgezeichnet", sagte sie strahlend. „Ich möchte das für Mary's Meals wirklich tun – in der Zeit, die Gott mir noch schenkt –, und ich weiß, dass Mike auch damit einverstanden ist. Er hat sich vorzeitig pensionieren lassen, um bei mir zu sein und mir zu helfen."

Im gleichen Jahr veranstalteten wir in Schottland ein Treffen der Mary's-Meals-Vereine in den einzelnen Ländern weltweit. Bridgid und Mike kamen zum ersten Mal auf Besuch nach Dalmally. Wie immer begannen wir unser Treffen mit einem kurzen Gebet und einer Vorstellungsrunde. Bridgid erhob sich und erzählte uns eine bemerkenswerte Geschichte. Sie sagte, sie habe beschlossen, über London nach Schottland zu reisen; in London wollte sie eine Tante besuchen, mit der sie schon länger keinen Kontakt mehr gehabt hatte. Kurz bevor sie in Toronto das Flugzeug bestieg, rief sie diese Tante an, um ihr ihre Ankunftszeit mitzuteilen, und sie erwähnte, dass sie nur kurz in London sein würde, da sie unterwegs war zu einem Treffen der Mary's-Meals-Organisation in Schottland. Nachdem sie aufgelegt hatte, schaute ihre Tante sich die Website von Mary's Meals an. Ihr Fensterputzer war gerade da, und sie rief ihm zu:

„Haben Sie schon einmal von Mary's Meals gehört? Das sieht sagenhaft aus!"

„Von ihnen gehört?", antwortete der junge Mann verblüfft. „Von ihnen gehört? Ich wäre überhaupt nicht hier, wenn es Mary's Meals nicht gäbe. Ich komme aus Malawi. Ich hätte nicht zur Schule gehen können, wenn sie dort kein Essen ausgeteilt hätten. Also wäre ich auch nie hier in London an die Universität gekommen. Nur ihnen habe ich das zu verdanken."

Bei den Zusammenkünften der verstreuten Mary's-Meals-Familie kamen häufig bemerkenswerte Geschichten und Beziehungen zur Sprache, die das Gefühl von Zugehörigkeit, von Berufung zu dieser Arbeit bestärkten. Manchmal organisierten wir diese Zusammenkünfte in Medjugorje. Als der Umfang an Arbeit zunahm und es immer mehr Mary's-Meals-Gruppen gab, wollten wir sicherstellen, dass wir – unabhängig von unserer unterschiedlichen Herkunft und Glaubensrichtung – alle dieselbe Vision, dieselben Werte, dasselbe Sendungsbewusstsein hatten. Für uns zählten nicht nur die Ergebnisse unserer Arbeit, nein: Die Art und Weise, wie wir diese Arbeit verrichteten, war genauso wichtig, und aus diesem Grund wollten wir in dem Dorf zusammenkommen, wo vor vielen Jahren alles angefangen hatte, und voneinander lernen. Der kleine Laden an der Ecke der Straße, vor dem Fergus und ich damals im Jahr 1992 zum ersten Mal Sachspenden aus unserem Landrover ausgeladen hatten, war nicht weit entfernt von dem Saal, in dem wir uns im Jahr 2009 zu einem dieser Treffen versammelten. Und was waren wir doch in all den Jahren für eine bunte, vielgestaltige Familie geworden!

Außer der großen Gruppe von Mitarbeitern, Volontären und Unterstützern aus Schottland waren Vertreter aus Malawi, Liberia, Kroatien, England, Wales, Irland, den Philippinen, Uganda, Italien und Deutschland gekommen. Wir hörten Berichte von Geschäftsleuten, Missionaren, einer Hellseherin, einem bekehrten Gangster und einer Erzherzogin. Wir baten alle, ihre je eigene Geschichte zu erzählen, nicht nur von der Arbeit zu sprechen, mit der sie momentan befasst seien, und wir hörten vielfältige, bewegende Beiträge.

John Pridmore sprach als Vorsitzender von Mary's Meals Ireland. Er war früher in London ein berüchtigter Gangster gewesen, der eine tiefe religiöse Bekehrungserfahrung gemacht hatte, nachdem er in einem Pub fast jemanden umgebracht hätte. Er hatte ein Jahr lang bei uns in Dalmally in der Jugendgemeinschaft im House of Prayer gelebt und anschließend sein Leben der Aufgabe geweiht, jungen Menschen von Gottes Liebe zu erzählen. Er hatte in dieser Zeit mehrere Bücher geschrieben, darunter den Bestseller *From Gangland to Promised Land*, und war ein international bekannter Redner. Er und die Gemeinschaft, die er in Irland gegründet hatte, machten es sich zur Aufgabe, Mary's Meals besonders zu fördern. Sie lebten praktisch ganz direkt von der göttlichen Vorsehung, vor allem in Form von Spendensammlungen, die in den Gemeinden für sie durchgeführt wurden, in denen sie ihre Vorträge hielten, und dennoch beschlossen sie, diese Spendengelder vollständig an Mary's Meals weiterzugeben – im Vertrauen darauf, dass Gott ihnen auf andere Weise helfen würde. Das geschah dann auch tatsächlich, und gleichzeitig wurde in Irland durch die Vorträge und das Beispiel von John und seinen Freunden Mary's Meals breit bekannt gemacht und erhielt großartige Unterstützung.

Ein weiteres zutiefst bewegendes und wichtiges Zeugnis wurde von Željka Markić über Mary's Meals Kroatien gegeben. Auch Željka war eine liebe alte Freundin, die Tochter des großartigen Dr. Marijo Živković, mit dem wir in den frühen Jahren, als wir Hilfe für die Flüchtlinge nach Kroatien gebracht hatten, zusammengearbeitet hatten. Željka und ihre Freunde und Freundinnen hatten uns damals versprochen, dass auch sie, wenn sich die Lage in Kroatien normalisiert hatte, anderen notleidenden Menschen in fernen Ländern helfen wollten. Nach dem Krieg hatten wir den Kontakt zu ihnen verloren, dann aber, nach wenigen Jahren, besuchte sie uns mit ihrer Familie in Schottland. Željka war jetzt eine erfolgreiche Geschäftsfrau. Sie kam mit ihrem Mann Tihomir, einem Arzt, und ihren vier Söhnen, und sie wollte alles über unsere Arbeit wissen und wie es zur Entstehung von Mary's Meals gekommen war. Mit größtem Interesse hörte sie zu.

„Jetzt ist es so weit, dieses Versprechen einzulösen", sagte Željka. „Die Situation in Kroatien hat sich beruhigt, und es gibt bei uns viele Menschen, die diese Arbeit für hungrige Kinder unterstützen könnten. Wir sollten Mary's Meals Kroatien gründen, damit sie die Möglichkeit bekommen."

Und das tat sie dann auch, zusammen mit einigen engen Freunden und Freundinnen in Zagreb. Im Laufe der Zeit wurden Tausende Menschen in Kroatien zu Unterstützern von Mary's

Meals. Und als ich Željkas Worten bei unserem kleinen Treffen in Medjugorje lauschte, da ging mir auf, dass sie eine ganz eigene Perspektive auf unsere Arbeit hatte.

„Ich erinnere mich noch, wie das war, als Julie und Magnus mit ihrem kleinen Truck nach Kroatien kamen. Wir halfen damals, die Verteilung der Babykleidung und der Windeln zu organisieren, die sie mitbrachten. Viele meiner Freunde und Bekannten, auch ich, profitierten selbst davon. Und heute sind wir diejenigen, die Mary's Meals in Kroatien betreiben, damit anderen notleidenden Menschen geholfen werden kann. Es ist für uns alle bei dieser Arbeit wichtig, dass wir sowohl geben als auch empfangen können. Es ist wichtig, dass wir diejenigen, die unsere Hilfe empfangen, mit genau demselben Respekt behandeln wie diejenigen, die uns etwas geben."

Bei einigen Sitzungen während der einwöchigen Zusammenkunft kamen Pilger, die auch gerade in Medjugorje gewesen waren, vorbei und schlossen sich uns an. Zu ihnen gehörte auch eine Frau, Ellen Miller aus Iowa, die sich bei einer Tasse Kaffee zwischen den Treffen mit Julie unterhielt. Sie erklärte, sie und eine Freundin würden in ihrer Heimatstadt Des Moines eine Konferenz, „Christ Our Life" (Christus unser Leben), organisieren. Sie wollten ein ganzes Basketballstadion mit Tausenden Menschen füllen und hielten Ausschau nach Referenten.

„Meinen Sie, Ihr Mann könnte nächstes Jahr rüberkommen? Wir würden uns um ihn kümmern, versprochen!", sagte Ellen. Sie hatte gleich bemerkt: Wenn man mich von etwas überzeugen wollte, dann war es am besten, Julie dazu zu bringen, mich zu bitten.

So kam es, dass ich im September 2010 von Ellens lächelndem Sohn Mike am Des Moines Airport abgeholt wurde. Er hatte den Auftrag, sich an diesem Wochenende um mich zu kümmern. Am nächsten Morgen traf ich zusammen mit 4000 weiteren Menschen, die sich zu der Konferenz versammelt hatten, im Stadion ein. Ich war von der großen Menge junger Menschen und der andächtigen Atmosphäre tief beeindruckt. Nachmittags konnte ich ihnen allen dann die Geschichte von Mary's Meals erzählen, und danach kamen Hunderte in unsere Kabine und boten ihre Hilfe an. Ich brach kurz danach wieder nach Hause auf, sehr beeindruckt von der Miller-Familie und den aufgeschlossenen Menschen, denen ich in Iowa begegnet war, allerdings ohne einen Schimmer von den Prozessen, die wir in Iowa gerade angestoßen hatten. In den Monaten und Jahren nach dieser Konferenz breitete sich in Iowa und den umliegenden Bundesstaaten eine ganz unglaubliche Graswurzelbewegung aus. Zahlreiche Schulen und Gemeinden unterstützten uns. Tausende schlossen sich unserer Mission an, indem sie spendeten, Vorträge hielten oder für unsere Arbeit beteten. Viele spontane Spendenaktionen wurden gestartet. Ellen und ihre Freundinnen und Freunde entwarfen T-Shirts, Schulkinder verkauften sie zu Tausenden, und von jedem verkauften T-Shirt konnte ein Kind ein Jahr lang ernährt werden.

Dieser erste kurze Besuch brachte noch weitere überraschende Früchte. Ich hatte mich gern mit Mike, Ellens freundlichem, aufgeweckten Sohn unterhalten, während er mich an jenem Wochenende herumkutschierte. Er erzählte mir, er beende gerade sein Studium des Finanzwesens und habe vor, bei der Supermarktkette einzusteigen, für die auch sein Vater arbeitete. Offenbar freute er sich darauf. Er stellte eine Menge gute Fragen zu Mary's Meals. Wenige Wochen nach meinem Besuch rief er mich an, erzählte, er habe seit unserer Begegnung gebetet und nachgedacht, und fragte, ob Mary's Meals vielleicht Hilfe von einer Person brauchen könne, die sich mit Finanzen auskannte. Sein Angebot begeisterte mich. Ich erwähnte, dass wir jemanden wie ihn in unseren Teams in Haiti oder in Liberia brauchen könnten. Er sagte, er könne sich beide Regionen als mögliche Einsatzorte vorstellen. Zunächst fassten wir Haiti ins Auge, aber weil sich in Liberia Veränderungen ergeben hatten, fragten wir, ob er stattdessen dorthin gehen könne. Er sagte sofort zu, und nicht lange danach war er schon Volontär und ein wichtiges Mitglied unseres Teams in Tubmanburg. Später wurde er bezahlter Mitarbeiter, und er arbeitet nach wie vor für Mary's Meals.

Mir wurde immer klarer, dass es häufig sehr junge Menschen waren, die die erstaunlichsten Spendenaktionen auf die Beine stellten. Im Publikum im Stadion von Des Moines saß auch die zwölfjährige Allison Ockenfels. Sie gehörte zu einer kleinen Farmergemeinde im Norden des Bundesstaates. Sie hörte, dass es möglich war, durch unsere Kampagne „Sponsor a School" (Unterstützen Sie eine Schule) für eine konkrete Schule in Malawi Spenden einzutreiben. Unbeeindruckt von der für eine ganze Schule nötigen Zielsumme von 12.000 Dollar, machte sie sich daran, in ihrem Dorf Geld zu sammeln. Als ich zum ersten Mal von Allison hörte, hatte sie ihr Ziel bereits erreicht und arbeitete für die nächste Schule! Sie fragte, ob ich wohl ihre Familie besuchen könnte, wenn ich das nächste Mal in Iowa war, und ich sagte natürlich gerne zu.

Die Familie Ockenfels lebte an einer staubigen Farmstraße inmitten endloser Maisfelder, weit außerhalb irgendwelcher Städte. Ich blieb dort über Nacht und erfuhr, dass Allison und ihre beiden Brüder zu Hause unterrichtet wurden. Ihr Dad verkaufte riesige gebrauchte Mähdrescher; eine ganze Reihe dieser Ungetüme stand in der Nähe ihres Hauses. Ich genoss ihre selbstgekochten Mahlzeiten und die einfache, liebevolle Familienatmosphäre, die sicher alles andere als selbstverständlich war. Abends nahmen sie mich zu der einige Meilen entfernten kleinen Holzkirche ihrer Gemeinde mit. Die Kirche war bis auf den letzten Platz gefüllt. Die Menschen, die teilweise eine weite Anfahrt hinter sich hatten, kannten Mary's Meals und hatten Allisons Spendenaktionen unterstützt. Diese Bauerngemeinde, diese Menschen, die selbst Lebensmittel anbauten, hatten die Botschaft von Mary's Meals auf eine ganz eigene Weise verinnerlicht.

Am Abend danach sollte ich im Stadtzentrum von Chicago bei Bekannten einen Vortrag halten. Obwohl es nach Chicago eine Fahrt von fünf Stunden war, bestand die Familie Ockenfels darauf, mich hinzufahren. Unterwegs erfuhr ich, dass Allison und ihre Brüder noch nie in der „Windy City" gewesen waren, und es war schön, dieses Abenteuer mit ihnen teilen zu können. Meine Gastgeber in Chicago gehörten zu den Ersten in den USA, die für Mary's Meals aktiv geworden waren, und sie hatten drei Jahre lang zuverlässig für eine bestimmte Schule in Malawi Spenden gesammelt. Sie lebten in einem irre schicken Apartment inmitten der berühmten Wolkenkratzer von Chicago. Größere Unterschiede zwischen meinem Publikum an diesem Abend und demjenigen am Abend zuvor waren nicht denkbar. Statt zu gottesfürchtigen Farmern zu sprechen, erläuterte ich die Arbeit von Mary's Meals vor einer Gruppe von Masseuren, Veganköchen, Kosmetikerinnen und Politikern. Hier ging kein Spendenkorb herum, sondern es wurde durch die Versteigerung von Bildern, speziellen Büchern, Massage-

und Essensgutscheinen Geld gesammelt. Die Leute waren alle sehr freundlich, und auch ihnen gelang es, die Mittel für eine weitere Schule zur Verfügung zu stellen.

Offensichtlich fanden Menschen in ganz unterschiedlichen Situationen Mittel und Wege, uns zu unterstützen. David, Insasse in einem Gefängnis in Kansas, schrieb einen Brief an Patty in unserem Büro in New Jersey, dem er eine Spende von 5 Dollar beilegte:

Liebe Patty,

ich hoffe und bete, der gütige Gott möge Sie und das Programm von Mary's Meals segnen. Mich hat es völlig verändert, das Wenige, das ich habe, wegzugeben. Wenn auf meinem Konto jetzt Geld eingeht, dann schicke ich als Erstes fünf Dollar an Mary's Meals. Irgendwie merkwürdig: Als ich noch draußen war, kam mir nie der Gedanke, etwas für die Bedürftigen wegzugeben. Ich danke Ihnen nochmals dafür, dass Sie das Leben anderer Menschen so positiv beeinflussen. Mich hat Mary's Meals ganz bestimmt verändert. Gott wirkt auf geheimnisvolle Weise.

Und David spendete auch weiterhin regelmäßig und startete sogar unter seinen Mitgefangenen eine Sammelaktion.

Als ich dann wieder in meinem Schuppen war, empfingen wir täglich Anrufe mit weiteren Einladungen. Es wurde zunehmend schwierig zu entscheiden, welche wir annehmen konnten. Mittlerweile hatten wir ein fantastisches Netzwerk von ehrenamtlichen Rednern, die immer bereit waren, uns und unser Anliegen zu vertreten, aber manchmal wurde, vor allem bei Einladungen aus Übersee, doch erwartet, dass ich selber kam. Ich war total aufgeregt, als ich eines Tages eine Einladung nach Abu Dhabi bekam. Wir hatten dort von einer Kirchengemeinde richtig große Spenden bekommen, und weil ich dem Verantwortlichen, wer auch immer das war, persönlich danken wollte, beschloss ich, die Einladung anzunehmen.

Ich begab mich in ein Shoppingcenter in Dubai, wo ich mich mit den Gastgebern in einem Coffeeshop verabredet hatte. Ich war früh dran und erledigte noch ein Telefonat. Es kam mir nicht in den Sinn, dass die Dame, die an dem Tisch mir gegenüber saß, die Person war, mit der ich mich treffen sollte, bis ich bemerkte, dass eines der kleinen Mädchen, die bei ihr waren, ein T-Shirt mit dem Aufdruck *Mary's Meals* trug. Im selben Augenblick hörte die Dame meinen schottischen Akzent und streckte lächelnd ihre Hand aus.

„Ich bin Catherine. Ich dachte, ich würde Sie von der CNN-Sache wiedererkennen", sagte sie, „aber das war schwarz-weiß." Während ich noch versuchte zu verstehen, was sie damit meinte, veranstalteten die beiden aufgeregten Mädchen mit mir einen Kurztrip durch den Rest des Ibn Battuta Shoppingcenters, wobei ich eine Menge über den Forschungsreisenden dieses Namens lernte, und sie kauften mir ein leckeres Joghurteis, bevor wir dann durch die Wüste zu ihnen nach Hause nach Abu Dhabi fuhren. Unterwegs erinnerten sie mich daran, dass Mary's Meals durch Schwester Liguori in die Vereinigten Arabischen Emirate gekommen war, eine indische Nonne, die, als sie vor einigen Jahren noch in England lebte, im Craig Lodge House of Prayer Exerzitien gemacht hatte. Sie lernte Mary's Meals kennen, während sie bei uns war, und stellte es dann in der St.-Josephs-Gemeinde in Abu Dhabi vor, als sie dorthin umzog, um zu arbeiten.

„Wir sollten es gerade rechtzeitig zum Beginn der Abendmesse schaffen, dann können Sie den Leuten danken", sagte Catherine, als wir nach Abu Dhabi hineinfuhren.

Es war mitten in der Woche, und ich nahm an, wir hätten eine normale Abendmesse mit ein paar wenigen älteren täglichen Messebesuchern vor uns. Ich fragte mich, ob zu dieser kleinen Gruppe dann vielleicht auch der reiche Wohltäter gehörte, von dem die Riesensummen stammten, die wir erhalten hatten. Als wir vor der Kirche ankamen, befand sich im Vorhof eine riesige Menschenmenge. Zuerst dachte ich, dass das nichts mit uns oder der Abendmesse zu tun hätte – bis Catherine mir erklärte, dass das hier nun also die Kirchengemeinde war. Über 1500 Menschen waren erschienen, viel zu viele, als dass sie in die Kirche hineingepasst hätten, daher wurde an jenem Abend die Messe draußen gefeiert, und während aus vollen Kehlen das Eingangslied erklang, mischte sich von einer Moschee in der Nähe harmonisch der Gebetsruf mit hinein. Die Menschen um mich herum waren fast ausschließlich Immigranten aus Indien, Afrika und von den Philippinen.

Als die Messe zu Ende war, konnte ich der Gemeinde danken, die mit stürmischem Applaus reagierte, als ich ihnen erzählte, dass Mary's Meals mittlerweile über 500.000 Kinder täglich ernährte. Danach saß ich mit einigen dieser Leute zusammen und erfuhr, dass sich die hohen Spenden aus Abu Dhabi faktisch aus Tausenden kleiner Gaben von diesen hart arbeitenden, nur wenig verdienenden Menschen zusammensetzten, die ihre Heimat in der Hoffnung auf eine bessere berufliche Zukunft verlassen hatten. Ich fand außerdem heraus, dass der Löwenanteil der Spendenaktionen von Kindern der Gemeinde organisiert worden war, die diverse Initiativen angestoßen hatten, wie beispielsweise während der Fastenzeit Münzen in Flaschen zu sammeln. Nyapthala, das

Mädchen mit dem großen Herzen, das mir vor unserem Trip durch die heiße Wüste das Joghurteis gekauft hatte, war, so erfuhr ich, eines der eifrigsten dieser Kinder.

Allison, Nyapthala und Kinder auf der ganzen Welt sammelten auf jeweils ganz unterschiedliche, originelle Weise Geld für Mary's Meals. Milona kam von einer Reise nach Italien zurück, wo sie vor unserer gerade erst gegründeten Spendengesellschaft gesprochen hatte. Sie erzählte uns strahlend von Kindern in Modena, die in einem Feld in der Nähe ihrer Schule Kürbisse anpflanzten, und wenn die Früchte ausgewachsen waren, dann verkauften sie sie, um Geld zu bekommen, damit ein weiteres Kind in einem fernen Land nicht mehr hungern musste.

In Brighton erklärte ein siebenjähriger Junge, Charlie Doherty, seiner Mum, er wolle keine Geschenke zum Geburtstag, sie solle das Geld für die Geschenke stattdessen Mary's Meals geben. Und dann fand er noch weitere Möglichkeiten, Spenden zu bekommen. Er organisierte eine Gruppe von Freunden, und sie legten schwimmend die Länge eines Marathons zurück; und nicht genug damit: Er überredete seine Mum, mit ihm eine gesponserte Fahrradtour von ihrem Heimatort an der Südküste Englands bis nach Glasgow zu unternehmen. Wie Allison in Iowa beschloss er dann, eine Schule in Malawi zu finanzieren, und nach einer gewissen Zeit hatte er tatsächlich so viel Geld zusammen, dass jeden Tag an einer großen Schule in Malawi über 1000 Mahlzeiten ausgegeben werden konnten.

Das spektakulärste Beispiel eines Kindes, das eine Mary's-Meals-Aktion initiierte, war aber wohl im Jahr 2012 die neunjährige Martha Payne. Sie startete damals unter dem Namen *Never Seconds* einen Blog, in dem sie über die Mahlzeiten an ihrer Schule berichtete. Sie hielt ihre Meinung über jedes Essen in der Art einer Restaurantkritik fest, benotete die Qualität, den gesundheitlichen Aspekt, die Anzahl der Haare im Essen, und bewertete alles auf einem „Food-o-Meter". Ihr Blog gewann eine gewaltige Anhängerschaft, und ich erfuhr zum ersten Mal von Martha, als ihr Großvater, ein äußerst engagierter ehrenamtlicher Mitarbeiter von Mary's Meals in Edinburgh, fragte, ob ich mir vorstellen könnte, dass Martha mich interviewte. Er erklärte, Martha benutze mittlerweile ihren Blog, um Geld für die Unterstützung einer Schule für Mary's Meals zusammenzubekommen. Ich war einverstanden, sagte ihm aber, er solle sich noch etwas gedulden, bis ich von einer Reise nach Amerika zurückkäme, die gerade unmittelbar bevorstand.

Wenige Tage später wurde Martha vom Verwaltungsbezirk Argyll and Bute offiziell verboten, Fotos von den Mahlzeiten zu machen, die ihr in der Schule vorgesetzt wurden, weil man verärgert war über das, was als Kritik an den öffentlich geförderten Schulmahlzeiten empfunden wurde. Daraufhin erhob sich ein unglaublicher Proteststurm und damit verbunden ein gewaltiges Medieninteresse. Die Geschichte breitete sich aus wie ein Lauffeuer, und über Nacht wurde Martha ein weltweit bekannter Internetstar. Überall griffen Zeitungen und Fernsehstationen die Geschichte auf. Ich traute meinen Augen nicht, als ich in der *New York Times* davon las. Vor dem Bannspruch des Bezirks hatte Martha bereits rund 2000 Pfund für Mary's Meals eingeworben. Wenige Tage später betrug die Gesamtsumme 130.000 Pfund, und überall auf der Welt hatten wir eine ganze Welle neuer Unterstützer gewonnen. Marthas Familie nutzte jede Gelegenheit, Mary's Meals zu unterstützen: Sie beschieden den Medien, dass sie nur dann ein Interview bekamen, wenn sie unsere Arbeit erwähnten.

In den Monaten danach wurden wir häufig von staunenden Marketing-Profis aus größeren Wohltätigkeitsorganisationen gebeten, ihnen doch das Geheimnis zu verraten, wie wir dieses spektakuläre Event innerhalb der Sozialen Medien zustande gebracht hatten. Wir mussten erklären, dass es mit uns nichts zu tun hatte. Schön wär's ja, wenn wir so clever wären! Wenige Monate später durften wir dann miterleben, wie eine fröhliche junge Martha mit ihrer Familie nach Malawi reiste, um eine der Schulen zu besuchen, die mithilfe ihrer Spenden mit Essen versorgt wurden – und die Tatsache, dass die BBC sie begleitete und eine Dokumentation drehte, brachte uns dann noch mehr Unterstützung ein.

Kinder zeigten uns, wie auf alle mögliche fantasievolle Weise Spenden einzutreiben waren, allerdings hatte die unglaubliche Wachstumsgeschwindigkeit zur Folge, dass wir auch eine andere Art von Hilfe dringend benötigten. Ich hatte keinerlei Erfahrung mit der Leitung einer derart riesigen Organisation. Die Anzahl der Mitarbeiter nahm parallel zum Umfang unserer Arbeit zu, doch unser Grundsatz, die Fixkosten niedrig zu halten und keine hohen Löhne zu zahlen, hatte zur Folge, dass wir nicht einfach irgendwelche Profis mit jahrelanger Führungserfahrung und mit den Qualifikationen einstellen konnten, die uns fehlten. Wir beteten, Gott möge uns neue Helfer schicken.

Gerade war ein wundervolles neues Mitglied zu unserem Gremium gestoßen, ein ehemaliger Partner von Pricewaterhouse Coopers, der später auch unser Geschäftsführer wurde. Ich lud ihn ein, uns zu einem internationalen Treffen in Medjugorje zu begleiten, damit er die Menschen kennenlernte, die bei Mary's Meals mitarbeiteten. Er nahm die Einladung auch sofort an, war allerdings etwas nervös angesichts der Perspektive, diesen erzkatholischen Pilgerort zu besuchen (David ist ein schottischer Presbyterianer), und er rief deshalb einen alten Freund an und bat ihn mitzukommen. Dieser alte Freund war Jim Kennedy, der sich uns dann auch tatsächlich während dieser Woche in Medjugorje anschloss. Kurz bevor wir zurückflogen, bat er mich um ein Gespräch. Er erklärte, er sei kürzlich nach einem langen, erfolgreichen Berufsleben in hohen Positionen bei Hewlett Packard und Compaq in Pension gegangen, und er habe die Absicht gehabt, nach seinem Ausscheiden aus dem Beruf einigen Wohltätigkeitsorganisationen seine Hilfe anzubieten. Nun habe er das Gefühl, statt mehreren Organisationen zu helfen, entspreche es ihm eher, seine Zeit nur einer Organisation, nämlich Mary's Meals, zu widmen. Er habe die Ansprachen in dieser Woche verfolgt, er sei Feuer und Flamme für unsere Mission, und er merke auch, dass wir seine Hilfe brauchen könnten.

Nicht einmal eine Woche nach unserer Rückkehr von dieser Konferenz besuchte mich Jim das erste Mal in meinem „Schuppen". Wir stellten die Flipchart auf und fingen an, uns über Prioritäten zu unterhalten. In den ersten paar Monaten hörte Jim vor allem zu. Er hatte großen Respekt vor der Art und Weise, wie wir die Dinge anpackten, und wollte sich zurückhalten mit der Einführung von Business-Methoden, die womöglich mit unseren Werten und Strukturen unverträglich waren. Er war ungeheuer scharfsichtig und half uns enorm bei der Entwicklung eines Managementteams, bei strategischer Planung und soliden Arbeitspraktiken. Er stellte meine Vorannahmen energisch, aber respektvoll infrage, auf eine Art und Weise, die ich als außerordentlich hilfreich empfand, und wir alle, die wir in verantwortungsvollen Positionen waren, lernten von ihm vieles über die Wichtigkeit von Sorgfalt und Detailgenauigkeit. In den folgenden fünf Jahren arbeitete Jim als unbezahlter Ehrenamtlicher ebenso hart wie unsere Angestellten. Manchmal, wenn er mit erhobenem Stift vor der Flipchart stand, löste sich aus keinem unmittelbar ersichtlichen Grund sein ernstes, entschlossenes Auftreten plötzlich in Gelächter auf.

„Als ich für Hewlett Packard arbeitete, hatten wir einen Standardsatz, den wir immer dann anbrachten, wenn mit einem von uns bei Planungsbesprechungen die Gäule durchgingen. Wir sagten dann zu ihm: ‚Nun komm mal wieder auf den Boden! Wir versuchen doch nicht, eine Lösung für den Hunger auf der Welt zu finden!‘ Und was mache ich jetzt? Ich stehe hier in diesem Schuppen mit euch vor dieser Flipchart und tue genau das!“

Was für Ruths und Milonas Arbeit und für die zahlreicher anderer galt, traf auch auf Jims Beitrag zu: Er hatte einen enormen Einfluss auf die Entwicklung von Mary's Meals und unsere Art zu arbeiten. Ruth entwickelte einen Großteil unserer Sprache und die spezifische Art, wie wir formulieren, was wir tun; Milona vermittelte uns viel darüber, wie unsere Arbeit immer in Liebe wurzeln musste, und Jim zeigte uns nun, wie wir sehr effektive Verwalter der Mittel sein konnten, die uns anvertraut waren. Manchmal sind unsere Mitarbeiter, die fest an die göttliche Vorsehung glauben, von der Einführung zusätzlicher Planung, von Methodik und Strategiegesprächen irritiert und besorgt. Ich glaube allerdings, dass die Fähigkeit, diese Dinge gut zu machen, auch eine Gabe Gottes sein kann – ebenso wie die Menschen, die in ihrem Leben tiefgreifende Entscheidungen fällen, um Teil dieser Mission zu werden.

X.

An den äußersten Rändern

Bildung ist nicht das Füllen eines Eimers,
sondern das Anzünden eines Feuers.
(W. B. Yeats)

In den ersten morgendlichen Sonnenstrahlen, die durch die Pappeln auf die Kopfsteinpflasterstraße fielen, tauchten einige Kinder auf. Sie kamen in Dreier- oder Vierergrüppchen auf uns zu, hatten Schuluniformen an und Ranzen auf dem Rücken. Als sie an der kleinen Zuckerrohrplantage vorbeikamen, winkten einige ihren Vätern zu, die gerade ihre Nachtschicht beendeten, dann setzten sie ihren Weg in Richtung Schule fort. Vor dem Backsteinhaus am Straßenrand versuchte eine Mutter noch schnell, das wuschelige Haar ihres Sohns mit Wasser zu glätten, während er in seinem Ranzen panisch nach etwas suchte. Als er es endlich gefunden hatte, flitzte er auf die Straße, um einige Freunde einzuholen. Ich schaute zu, dachte an Julie und unsere Kinder und daran, wie so ganz ähnlich doch die Abläufe bei uns zu Hause waren. Aber dann kam ein Pferd vorbei, das einen Karren zog, in dem ein Mann mit einem weißen Turban stand und die Zügel hielt. In Kuwakhera, einem kleinen Provinzort im nordindischen Uttar Pradesh, begann ein Tag wie jeder andere. Für einige aber war der Tagesbeginn nicht so unbeschwert.

Als die Schulglocke läutete und sich auf dem Schulhof die Schüler in ordentlichen Reihen zur Morgenandacht aufstellten, begannen der elfjährige Devand und seine zehn Jahre alte Schwester Gemina ihre zwölfstündige Schicht auf der Zuckerrohrplantage. Sie waren die Jüngsten einer sechsköpfigen Familie, deren Mitglieder alle hier arbeiteten. In dem flachen Bereich hinter den klapprigen alten Maschinen, die lärmend das Zuckerrohr zerhackten, um den süßen Saft zu extrahieren, breiteten Bruder und Schwester die geschredderten Reste, die dann später zu Tierfutter verarbeitet wurden, zum Trocknen in der Sonne aus. Die Erwachsenen, die in dieser Plantage als Gelegenheitsarbeiter tätig waren, erhielten ungefähr 55 Pence [ca. 50 Cent] für jede Zwölfstundenschicht, die sechsköpfige Familie hingegen war dauerhaft angestellt und bekam eine Pauschalsumme für alle.

Hinter der Schule betraten wir die Felder, auf denen das Zuckerrohr geerntet wurde und wo noch mehr Kinder arbeiteten, während es doch so viel richtiger gewesen wäre, wenn sie die Möglichkeit gehabt hätten, zu lernen und dieser Armut zu entkommen. Ein in Lumpen gekleideter Junge kauerte zwischen den Stoppeln und dem Gewirr aus geschnittenem Rohr. Er band die Stängel zu Bündeln zusammen. Er war schmutzig, und sein Gesichtsausdruck war so traurig, wie ich es noch selten gesehen hatte. Er wollte eigentlich gar nicht mit uns sprechen. Vielleicht hatte er noch nie Menschen mit weißer Haut gesehen, oder vielleicht hatte er schon seit Langem mit überhaupt niemandem mehr gesprochen. Aber langsam, ohne seine Augen aufzuschlagen, fing er dann doch an, die Fragen zu beantworten, die ihm mein indischer Freund stellte.

Sein Name war Kailu, sagte er, und er war vierzehn Jahre alt. Er kam aus einem kleinen Dorf in den Wäldern von Bihar. „Wir hatten Elefanten, und wir ernährten uns von Tieren aus dem Wald", flüsterte er, als wir ihn über sein Dorf ausfragten.

Langsam wurde er etwas aufgeschlossener, schaute uns sogar an.

„Ich glaube, ich bin seit sechs Monaten hier. Ein ‚Kontraktor' kam in unser Dorf und nahm zweihundert Jungen mit. Wir wurden in einen Zug gesteckt. Ich wurde in dieses Dorf gebracht, wo ein Bauer dem Kontraktor fünfzehn Pfund [ca. 13 Euro] für mich bezahlte. Er sagte, er werde mir das vom Lohn abziehen. Seit ich hier bin, wurde mir kein Lohn bezahlt."

Mittlerweile machte es ihm offenbar nichts mehr aus, unsere Fragen zu beantworten.

„Ich stehe um sieben Uhr morgens auf und gehe um Mitternacht zu Bett. Seit ich hier bin, hatte ich keinen freien Tag. Wenn ich mit der Feldarbeit fertig bin, mache ich Hausarbeit und miste den Kuhstall aus. Dabei habe ich noch Glück, denn mein Herr schlägt mich nie und misshandelt mich auch nicht. Sie geben mir zwei Mahlzeiten am Tag. Die Küche darf ich nicht betreten, ich esse also allein. Ich habe nichts außer den Kleidern, die ich anhabe."

Ich schaute mir sein altes T-Shirt, die an den Knien zerrissenen Jeans und seine dünnen Flip-Flops an.

„Kennst du hier irgendjemanden?"

„Nein, niemanden." Und er wandte sich zu der Schule am Rand des Feldes um, von wo Kinderlachen herüberschallte.

„Und wissen deine Eltern, wie du hier lebst?"

„Nein, ich habe keinen Kontakt zu ihnen. Ich kann nicht schreiben, sie auch nicht. Unser Dorf ist sehr arm – deswegen haben sie mich zum Arbeiten weggeschickt. Ich habe nur einmal ein Telefon gesehen, an der Bahnstation, wo ich aus dem

Zug gestiegen bin. Manchmal, wenn ich an meine Eltern denke und an mein Leben hier, muss ich weinen." Er blickte wieder zu Boden.

„Wirst du wieder nach Hause zurückgehen?"

„Ja. Nach einem Jahr, am Holi-Fest, bekomme ich meinen Jahreslohn. Dann gehe ich heim und komme nie wieder", antwortete er.

Kailu schaute mittlerweile immer wieder einmal besorgt über die Felder in Richtung einiger Häuser, er hatte Angst, sein Herr könne kommen und sehen, dass er mit uns redete. Wir verabschiedeten uns. Als wir durch die Plantage zurückgingen, fragte ich Father Joson, meinen Begleiter, ob er glaubte, dass Kailu je Geld für seine Arbeit bekommen würde, und ob er überhaupt wüsste, wie er nach Hause kam, wenn er denn tatsächlich bezahlt würde. Auf beide Fragen schüttelte Father Joson traurig den Kopf. Ob wohl Kailus Eltern, wenn es in ihrem Dorf eine Schule mit Mary's Meals gegeben hätte, dieselben Entscheidungen getroffen hätten?

Es war das Jahr 2004, und ich besuchte Indien zum ersten Mal. Ich hatte Father Joson im Jahr davor kennengelernt, als er einige Monate in einer Gemeinde in Glasgow arbeitete. Er stammte aus Kerala und war nicht nur Priester, sondern auch ein studierter Anwalt. Er hatte mir von seiner Arbeit mit der Pragati Social Service Society (PSSS) in Indien erzählt, einer Organisation, die Armen und Marginalisierten half. Die Organisation kümmerte sich vor allem um Dalits, die über 15 Prozent der Bevölkerung ausmachen und vom indischen Kastensystem als „Unberührbare" angesehen werden.

Obwohl die Diskriminierung aufgrund der Kastenzugehörigkeit mittlerweile in Indien per Gesetz verboten ist, bestimmte das Kastensystem, das sich im Lauf von Tausenden von Jahren entwickelt hatte, in ländlichen Gegenden nach wie vor jeden Lebensbereich. Der Beruf, die Menschen, mit denen man Umgang hatte, der Zugang zur Wasserstelle im Dorf – all diese Dinge waren abhängig von der Kaste, in die hinein man geboren war. Die Dalits wurden nach wie vor unterdrückt, versklavt und erniedrigt, denn sie verrichteten all die Arbeiten, die in der Gesellschaft sonst keiner tun wollte. Sie arbeiteten mit bloßen Händen im Müll, sie entsorgten menschliche Ausscheidungen, und sie arbeiteten als „menschliche Esel", indem sie schwere Lasten schleppten. Oft wurden sie Schuldknechte. (Schuldknechte sind diejenigen, die sich gegenüber einem Landbesitzer verschuldet haben, der die Rückzahlungen von ihrem Lohn abzieht und für den sie arbeiten müssen, bis die Schuld abbezahlt ist. Diese Landbesitzer pflegen enorm hohe Zinsen zu erheben, und wenn der betreffende Arbeiter stirbt, dann wird die noch verbleibende Schuld häufig auf seine Kinder übertragen, die dann auf dieselbe Art an den Grundherrn gefesselt sind.)

Father Joson beeindruckte mit seinem seriösen, durchdachten Umgang mit der Entwicklung in Indien, und man spürte genau, wie viel ihm an den leidenden Dalits lag. Die Pragati Social Service Society konzentrierte sich überwiegend auf die Bildung von Selbsthilfegruppen in Dörfern und Slums, wobei es vor allem um die Stärkung von Frauen und Mädchen in diesen Gemeinschaften ging. Unter anderem gründeten diese Selbsthilfegruppen Initiativen zur Zusammenlegung von Ersparnissen und der Gewährung von Darlehen, womit verhindert werden sollte, dass Menschen sich in Schuldverhältnisse verstrickten, aus denen sie nicht mehr herauskamen. Außerdem betrieben sie Balawadies (Vorschulen), die Kinder dazu motivieren sollten, später auch die Schule zu besuchen. Und in diesen Balawadies hatten wir mit der PSSS im Jahr 2004 unsere Zusammenarbeit begonnen, um den ärmsten Kindern Mary's Meals anzubieten. Es dauerte nicht lang, und wir lieferten auch Mahlzeiten in kleine „informelle" Schulen, die von der PSSS in Slums und Dörfern eingerichtet wurden, damit arbeitende Kinder endlich auch von Schulbildung profitieren konnten. Fünf Jahre später, im November 2009, reiste ich mit Father Joson mit dem Zug ein weiteres Mal nach Nordindien, um diese informellen Schulen zu besuchen und die Förderung weiterer solcher Einrichtungen zu planen.

In einem Dorf in Haryana besuchten wir eine kleine Ansammlung von Wohnstätten aus Plastik und Karton – der Ort trug lediglich die Bezeichnung Slum Area Sector 7. Vielleicht hatten die Menschen, die hier lebten, ihm nie einen Namen gegeben, weil sie keine Rechte hatten und jederzeit von Bauunternehmern vertrieben werden konnten. Vor vier Jahren war ihnen das schon einmal passiert, jetzt standen dort, wo sie einst in ihren Hütten gelebt hatten, hübsche neue Häuser. Inmitten ihrer erbarmungswürdigen Unterkünfte war auf einem freien Stück Land eine Plane über vier Pfosten gespannt, und darunter brachte ein Lehrer einer kleinen Gruppe von Kindern das Hindi-Alphabet bei. Um die Kinderschar und ihren Lehrer herum hatte sich ein Kreis neugieriger Eltern gebildet. Etwas verspätet traf die zehnjährige Biba ein, sie hatte ihr kleines Schwesterchen auf dem Arm. Sie erzählte uns, sie habe den ganzen Morgen in einem der „Häuser der Reichen" gearbeitet. Abends würde sie dorthin wieder zurückkehren und weiterarbeiten, in der Zwischenzeit, während ihre Mutter arbeitete, gab sie auf ihre kleine Schwester Acht. Ich bemerkte eine junge Frau in unserer Nähe, die völlig faszinert war vom Anblick ihres Kindes, das schreiben lernte, und ich fragte sie, warum sie nicht schon früher auf den Gedanken gekommen war, ihre Tochter in die Schule zu schicken. Sie schaute mich an, als wäre ich geistesgestört, und sagte dann: „Wie hätten wir das denn machen sollen? Wir sind arm."

Unter der Plane schaffte es der Lehrer großartig, die Ordnung aufrechtzuerhalten – immerhin war es ja für diese Kinder eine ganz neue Erfahrung, stundenlang stillzusitzen und das Alphabet aufzusagen. Plötzlich sprangen jedoch alle Kinder auf, schrien vor Freude, und obwohl der Lehrer protestierte, rannten sie den Pfad hinunter, der zur Hauptstraße führte. Mir wurde dann klar, dass sie wegen ihres Mittagessens losrannten: Es wurde gerade in Metalltöpfen von einem Rikscha-Fahrrad, einem dreirädrigen, pedalbetriebenen Karren, angeliefert (das Essen wurde hier in einem nahegelegenen Waisenhaus zubereitet). Bald saßen die Kinder in ordentlichen Reihen und nahmen ihren Reis mit Gemüsesauce und Chapati in Empfang. Ich beobachtete, wie unsere Freundin Biba, bevor sie selbst zu essen begann, ihr Chapati zerpflückte und ihre glucksende kleine Schwester mit kleinen Stückchen fütterte. Es wurde ganz still, während viele kleine Hände jeden Bissen, jeden Krümel zusammenklaubten, der ihnen serviert wurde. Bevor der Unterricht weiterging, sah ich aus dem Augenwinkel einen der Väter, der zuvor beim Unterricht zugeschaut hatte und jetzt bei seinem Sohn saß. Mit höchster Konzentration schrieb er die Buchstaben aus dessen Schulbuch ab; seine ersten Schreibversuche, ausgeführt unter dem stolzen Blick seines Jungen.

Bei unserem Eintreffen in einem weiteren Zentrum in Ghaziabad in der Nähe von Delhi versuchten eine Hindu-Dame und eine katholische Ordensschwester gerade, rund dreißig muslimischen Kindern in einem winzigen finsteren Raum das Alphabet beizubringen. In einer von erbitterten Streitigkeiten zwischen den Religionsrichtungen gequälten Nation waren hier drei Weltreligionen in dem gemeinsamen Wunsch vereinigt, hungrigen Kindern Nahrung und Schulbildung zugänglich zu machen. Als wir dieses Zentrum kurz zuvor eröffnet hatten, waren die Kinder gleich nach ihrer Arbeit als Lumpensammler hierher gekommen, manchmal mit riesigen Säcken voll stinkendem Müll über der Schulter. Hergeführt hatte sie das Versprechen einer warmen Mahlzeit. Einige der Jungen in der kleinen Klasse waren Straßenkünstler und Affenzähmer, und sie zeigten uns ein paar ihrer Tricks. Die zehnjährige Saroja kam an mit einem strahlenden Lächeln auf dem Gesicht. Sie erklärte, sie habe „seit vor Sonnenaufgang heute Morgen" auf der Müllhalde gearbeitet. Ihre Freundin Moni erzählte uns, dass sie sich um die Ziegen der Familie kümmerte, und eine sei am Tag zuvor von einem Mann auf einem Motorrad gestohlen worden.

„Ich schrie, aber keiner kam mir zu Hilfe", sagte sie empört.

Von dort reisten wir in die Provinz von Uttar Pradesh, und auf unserem Weg kamen wir an weiteren Kindern vorbei, die auf den Zuckerrohrfeldern arbeiteten. Wir wurden in einem kleinen Dorf mit Lehmhütten empfangen, das seit vierzig Jahren Wohnort einer Gruppe von Flüchtlingen aus Bangladesh war. Jedes Jahr wurde das Dorf überflutet. Im Jahr zuvor hatte die gesamte Gemeinschaft einen Monat lang auf dem Uferdamm eines Kanals in der Nähe gelebt, bis das Wasser wieder zurückging. Ich fragte sie, ob sie noch nie erwogen hätten, in eine andere Gegend umzuziehen, und sie fragten zurück: „Aber wohin könnten wir gehen?" Sie hatten keinen elektrischen Strom, und eine Handpumpe musste für das ganze Dorf reichen. Unser kleines Zentrum war hier in einem überdachten Schuppen untergebracht, der an eine Hauswand angebaut war. Die Kinder saßen im Kreis auf dem Dorfplatz, und während sie ihr Essen bekamen, begann es leicht zu regnen. Chitaranjan Khan, einer der älteren Männer, der sich noch an das Leben in Bangladesh vor der Flucht erinnern konnte, erzählte mir stolz, seinen drei Töchtern seien in unserem kleinen Zentrum „Flügel gewachsen"; sie würden jetzt reguläre Schulen in der Nähe besuchen.

In Vagra, einem Ort in der Nähe, wurden die Kinder unter einem riesigen alten Baum im Dorfzentrum unterrichtet. Zwei Wasserbüffel schauten der Szene interessiert zu, und während ich mich mit dem Lehrer unterhielt, streckte einer seiner Schüler die Hand in die Höhe und setzte uns höflich davon in Kenntnis, dass eine Ziege gerade die hinter uns hängende Alphabettafel verzehrte. Die äußeren Bedingungen für den Unterricht waren nicht ideal, trotzdem erzählte uns der Lehrer erfreut von den Fortschritten, die seine 31 Hindu-Schüler machten.

Als Father Joson und ich in der Kear Colony eintrafen, einem kleinen Slumbezirk am Rande von Karnal, zwei Stunden nördlich von Delhi, schwand das Tageslicht bereits schnell. Hier lebten neunzehn Familien in behelfsmäßigen, zwischen riesigen Müllbergen aufgestellten Zelten aus Plastikplanen. Vor ein paar Zelten bereiteten Leute ihr Abendessen auf Kuhdung-Feuern zu, auf einer Fläche hinter den Zelten spielten einige Jungen Kricket. Im Schatten einer hohen Backsteinmauer durchsuchten zwei ältere Frauen systematisch Papierfetzen, Plastikflaschen und eine endlose Vielfalt anderer Abfälle, und geduldig legten sie die Sachen, die sie verkaufen konnten, auf einzelne Häufchen. In diesem Recycling-Prozess, von dem ihr Überleben abhing, hatte jeder in dieser Gemeinschaft seine Aufgabe. Während ich zuschaute, kamen zwei Männer auf ihren Rikschas an, auf denen sich riesige Säcke voll mit unsortiertem Müll türmten. Sie hatten all das auf den Straßen und aus den Mülleimern in der Gegend um Karnal aufgelesen und schütteten es zu den Haufen, die noch sortiert werden mussten.

Eine Familie lud uns ein, mit ihnen vor ihrem Zelt Chai (süßen Milchtee) zu trinken und ihrer Geschichte zuzuhören. Sie hatten ihr Zuhause in Chattishaghar, einem gut tausend Kilometer entfernten Bundesstaat im Südosten, vor rund zwanzig Jahren verlassen, gezwungen von Trockenperioden und dem Mangel an Arbeitsstellen. Sämtliche Männer verbrachten ihre Tage damit, mit ihren Rikschas Müll zu sammeln, doch sie erklärten, keiner habe jemals so viel Ersparnisse sammeln können, dass man sich eine eigene Rikscha hätte kaufen können (eine Rikscha kostet rund 60 Pfund [ca. 51 Euro]); stattdessen mussten sie sie täglich mieten. An schlechten Tagen deckte der Wert des gesammelten Mülls nicht einmal diese Mietkosten, und sie mussten darüber hinaus noch den Landbesitzer dafür bezahlen, dass sie hier ihre Zelte stehen haben durften. Jeder Tag war ein verzweifelter Kampf ums Überleben, und keines der 55 Kinder in der Kear-Kolonie hatte je die Schule besucht. Wir besprachen die Idee, hier eine Schule im Freien einzurichten und mit Mary's Meals zu versorgen, damit die Kinder Unterricht bekamen. Die Idee wurde sehr erfreut aufgenommen. Es war jetzt schon ziemlich dunkel, und sie füllten noch einmal unsere Tassen. Ein junger Mann hielt neben mir eine kleine selbstgemachte Kerosin-Lampe hoch, damit ich mir Notizen machen konnte, während wir gemeinsam einen Plan ausarbeiteten. Gleichzeitig ging hinter den Müllhaufen, wo die beiden Frauen immer noch weiterarbeiteten, eine riesige orangene Sonne unter.

Schließlich besuchten wir noch Somalaka. Hier hatten wir vor fünf Jahren eine der ersten von diesen „nicht offiziellen" Schulen eröffnet. Die meisten Kinder in Somalaka waren Sikhs. Sie gehörten zu einer Kaste, die Schlüssel herstellte und reparierte. Hier hatte vor der Eröffnung unseres Zentrums keiner auch nur je an die Möglichkeit einer Schule gedacht. Die Kinder, die alle einen Turban trugen, saßen friedlich in Reihen; der Unterschied zwischen ihrem Benehmen und demjenigen der umtriebigeren Kinder in den neuen Zentren, die ich gerade besucht hatte, war markant. Das Mittagessen verspätete sich etwas, und während wir warteten, fragte sie Father Joson, ob sie verärgert wären, wenn das Essen nicht kommen würde. Ein kleiner Junge dachte kurz über die Frage nach und sagte dann feierlich: „Nein, nicht verärgert. Aber wir wären hungrig."

Vor unserem Aufbruch teilte uns die Lehrerin noch etwas Erstaunliches mit. Sie sagte, von den vierzig Kindern, mit denen sie hier vor fünf Jahren angefangen habe, seien mittlerweile 25 auf offizielle Schulen übergewechselt. Fünf dieser Kinder, Mädchen, die mittlerweile im Teenageralter waren, kamen für diesen einen Tag ins Zentrum zurück, und nachdem sie beim Austeilen des Essens an die kleineren Kinder geholfen hatten, sangen sie uns ein Lied, in dem sie uns „herzlich willkommen" hießen: In ihrem Herzen, so sangen sie, hätten sie „Liebe wie ein Berg und Frieden wie ein Fluss".

In diesen geschundenen Gemeinschaften in Indien, wo die Menschen zuvor nicht einmal zu hoffen gewagt hatten, dass ihre Kinder je die Schule besuchen würden, wurde mehr als je zuvor offenbar, welch eine verblüffende Macht die Idee einer täglichen Schulmahlzeit entfaltete.

Also machten wir weiter und kamen mit den unterschiedlichsten Gemeinschaften in allen möglichen Ländern zusammen, um zu überlegen, ob und wie wir ihren im Elend lebenden Kindern Mary's Meals anbieten konnten. Wir fingen an, mit den Halbnomaden des Turkana-Stamms in den Wüstengebieten von Nordkenia zusammenzuarbeiten, in einer Landschaft, die mich in ihrer Weite und abgeschiedenen Schönheit überwältigte. Das Leben der Menschen hier hing von ihren Rinder-, Ziegen-, Esel- und Kamelherden ab. Ein großes Problem war die grassierende Unterernährung. Eine von der Regierung durchgeführte Untersuchung unmittelbar vor meinem ersten Besuch hatte ergeben, dass von eintausend Neugeborenen in Turkana 159 praktisch direkt nach der Geburt starben. In kleinen, strohgedeckten Kindergärten bekamen unterernährte kleine Kinder jeden Tag eine Mahlzeit, ausgeteilt von Frauen, deren Hals gedehnt war durch bunte Perlenketten. Der Klimawandel hatte zur Folge, dass sie nicht so weiterleben konnten wie bisher, und viele Turkana mussten neue Mittel und Wege finden, wie sie ihre Familien ernähren konnten. Die Ausbildung ihrer Kinder, angefangen bei den jüngsten, war wichtiger als je zuvor.

Sechshundert Kilometer weiter südlich begannen wir mit der Ausgabe von Mary's Meals in den ausgedehnten Stadtslums um Nairobi und Eldoret, wo dann viele Kinder, die zuvor auf der Straße gelebt und gegen die peinigenden Hungergefühle Klebstoff geschnüffelt hatten, in die Schule kamen, angezogen von dem Versprechen einer guten Mahlzeit.

Im benachbarten Uganda trafen wir auf Kinder, die sich in einer ganz eigenen akuten Notsituation befanden. Hier versorgten wir Kinder mit Essen, die gezwungen waren, vor den Gräueltaten der infamen Lord's Resistance Army von Joseph Kony zu fliehen. An einem Abend im Jahr 2005 besuchte ich an einem Ort namens Layibi am Stadtrand von Gulu einige der Kinder, die sogenannte „Night Commuters" („Nachtpendler") geworden waren. Wir kamen an, als es schon dunkel war, und unsere Scheinwerfer beleuchteten das Tor zu einem Kirchengelände, das sich bei unserem Näherkommen öffnete. In einem kleinen Hof saßen sie in dichten Reihen: Hunderte Kinder und einige wenige Erwachsene. Neugierig und schweigend starrten sie uns an. Einige von den Kleinsten schliefen schon, eng an ihre älteren Geschwister gekuschelt. Wir hörten, dass einige sich flüsternd unterhielten, und dann, etwas später, bevor sie sich für die Nacht in die Sicherheit der Kirche begaben, beteten alle zusammen und sangen ein Marienlied. Die friedvollen Harmonien erhoben sich in den stillen Abend wie Wind, der durch die Bäume streicht.

Dann schüttelten die älteren Kinder ihre jüngeren Geschwister wach, halfen ihnen, ihre Decken zu nehmen, und rollten in der Kirche Matten aus. Drinnen legten sie sich dann in Reihen neben den an einer Seite zusammengeschobenen Kirchenbänken hin. Die Kinder gehörten zu den ungefähr 40.000 „Night Commuters", die jeden Abend von zu Hause weggingen, um sich im Zentrum von Städten wie Gulu in Sicherheit zu bringen. Wären sie zu Hause geblieben, dann hätte die sehr reale Gefahr bestanden, dass sie von der Lord's Resistance Army (LRA) entführt worden wären. Über 1,4 Millionen Menschen waren zur Flucht gezwungen gewesen und lebten in entsetzlichen Zuständen in riesigen Flüchtlingslagern. Viele dieser Menschen zogen jetzt in den Süden nach Kampala, um ein neues Leben anzufangen, weit weg von diesem Terror, an einem Ort, wo ihre Kinder die Schule besuchen konnten – und einige dieser Schulen versorgten wir mittlerweile mit Mary's Meals.

Am nächsten Tag besuchte ich bei Kampala den Ort Kireka am Rand der Hauptstadt. Hier brachten Männer, Frauen und Kinder ihre Tage damit zu, Kies zu schlagen, um zu überleben. Aus einer Felsspalte im Felsen an dem steilen Abhang quoll schwarzer Rauch nach oben. Männer hämmerten große Brocken des versengten Steins heraus und brachten sie in Plastikkanistern zu Hunderten von Frauen und Kindern, die an den Abhängen unterhalb saßen. Mit kleinen, selbst hergestellten Hämmern – Bleistücken, die an einem groben Stock befestigt waren – zerschlugen sie den ganzen Tag die Felsbrocken in kleine Stücke. Der ganze Hügel war erfüllt vom Geräusch der Bleihämmerchen, die gegen Stein schlugen, und von oben, von einer kleinen, an die höchste Klippe geschmiegten Kirche, wehte der Klang eines Chors herunter, der Hymnen übte.

Ich ging zu einer Gruppe junger Mütter und ihrer Kinder, die hämmernd zwischen Haufen staubiger Steine saßen. Als ich sie begrüßte, forderten sie mich auf, es doch auch einmal mit Steinebrechen zu versuchen. Ich fing an zu hämmern, während ich mit ihnen sprach, und spürte die scharfen Splitter in meinem Gesicht. Ich fragte mich, wie sie das den ganzen Tag durchhielten, ohne zu erblinden. Sie erzählten mir, dass nahezu alle von ihnen Acholi aus dem Norden seien, einige aber auch Flüchtlinge aus dem Sudan. Sie erhielten drei Pence [ca. 2,5 Cent] für jeden kleinen Kanister Kies, und pro Woche produzierten sie davon ungefähr achtzig. Ihre Kinder besuchten mittlerweile fast alle die nahegelegene Grundschule, wo wir gerade damit begonnen hatten, Mary's Meals auszugeben. So erhielten die Kinder immerhin jeden Tag eine gute Mahlzeit. Es arbeiteten jetzt weniger Kinder hier, doch es waren immer noch viel zu viele, so auch drei Waisen, die sie mir zeigten, die neben ihrer Großmutter im Schatten eines Felsvorsprungs saßen.

Stella, eine der Frauen, erzählte mir, sie sei vor Kurzem fast getötet worden. Sie war unter einem Felssturz eingesperrt und schrie, bis andere Arbeiter kamen und sie herauszogen. Sekunden nachdem sie sie befreit hatten, löste sich von der Felswand darüber ein riesiger Felsen, „groß wie ein Bus", und landete genau da, wo sie vorher gelegen hatte. Alle aber waren sich einig, dass das hier besser war als das Leben in den Lagern. Und dann lachten sie, als sie einen Blutstropfen an meinem Finger sahen, und amüsierten sich über meine weichen weißen Hände. Den Hammer nahmen sie mir ab, damit ich nicht noch mehr Schaden anrichtete.

„Das Leben hier ist sehr schwer", sagte Stella und wurde wieder ernst, „aber wenigstens können wir versuchen, für uns selbst zu sorgen, und sind nicht auf die Almosen in den Lagern angewiesen."

Damit widerlegte sie eine sehr weit verbreitete falsche Vorstellung, ein Vorurteil, dem ich häufig begegnete, wenn ich mich um Spenden bemühte: dass es in Entwicklungsländern, insbesondere in Afrika, keinen Fortschritt gab, weil dort eine Almosen-Kultur grassierte, und dass die Leute lieber gar nichts machten und auf Unterstützung warteten. Meiner Erfahrung nach traf das nur sehr selten zu. Ich habe nirgends härter arbeitende Menschen erlebt als einige der Farmer, bei denen ich mich in Liberia aufhielt, oder diejenigen, die in Delhi den ganzen Tag für einen Hungerlohn arbeiteten, um ihre Familien zu ernähren, oder Frauen wie Stella, die in diesem Steinbruch arbeiteten, um zu überleben. Die meisten waren von dem brennenden Verlangen beseelt, sich aus der Abhängigkeit von Hilfe von außen zu befreien. Deshalb hatten die Eltern, die in Armut lebten, fast ausnahmslos den dringenden Wunsch, dass ihre Kinder zur Schule gingen, denn ihnen war letztlich klar, dass ihre Kinder nur auf diese Weise unabhängig werden konnten. Und um dies zu ermöglichen, waren sie bereit, außerordentliche Opfer zu bringen.

Und wer weiß denn schon, ob wir, egal wie hart wir arbeiten, nicht auch irgendwann Hilfe brauchen werden? An den Südküsten von Indien, Sri Lanka und Indonesien lebten bestimmt viele Menschen, die nie zuvor auf Hilfe angewiesen waren, bis in einigen wenigen entsetzlichen Augenblicken am zweiten Weihnachtsfeiertag im Jahr 2004 ihr Leben in Trümmer geschlagen wurde. In den frühen Morgenstunden hatte sich an der Westküste von Sumatra unterhalb des Meeresbodens die Burma-Platte unter die Indische Platte geschoben und das drittgrößte Erdbeben seit Aufzeichnungsbeginn ausgelöst. Die Serie der dadurch entstandenen Tsunamiwellen tötete über 230.000 Menschen in vierzehn an den Indischen Ozean grenzenden Ländern. Es war eine der fürchterlichsten Naturkatastrophen überhaupt, und noch bevor man das gesamte Ausmaß erfassen konnte, war die Welt von den Nachrichten erschüttert, die sie am Morgen dieses Weihnachtstags erreichten.

Später am selben Tag rief mich Father Joson an und erklärte, die Tamil-Nadu-Küste in Südostindien sei völlig verwüstet. Er und seine Mitarbeiter würden versuchen, Soforthilfe zu leisten – einige seiner Kollegen, die in der Nähe der betroffenen Gebiete lebten, hätten schon damit angefangen. Er bat dringend darum, dass Mary's Meals eine Spendensammlung startete, und ich möge doch bitte kommen und ihnen helfen, einen Aktionsplan zu erstellen. Meine erste Reaktion war egoistisch. Ich hatte mich ungeheuer auf eine Weihnachtspause mit meiner Familie gefreut, denn ich war viel unterwegs gewesen. Ich sagte also Julie zunächst, ich hätte nicht das Gefühl, dass es richtig wäre zu gehen. Sie war da aber ganz anderer Meinung: Ich müsse jetzt bei unseren Freunden in Indien sein, ich solle sofort einen schnellen Besuch dort machen, damit wir einen öffentlichen Hilfeaufruf gleich mit der Präsentation eines konkreten Aktionsplans starten konnten.

Schon seit Julie und ich während des Krieges Katastrophenhilfe nach Bosnien-Herzegowina gebracht hatten, waren wir darauf bedacht, uns nicht vorschnell in jeden Notfall zu stürzen, über den in den Nachrichten berichtet wurde. Wir hatten die Erfahrung gemacht, dass damals und seither auch immer wieder einige Wohltätigkeitsorganisationen diese Ereignisse nutzten, um publikumswirksam öffentlich aufzutreten und viel Geld einzutreiben, ohne dass die Voraussetzungen für einen optimalen Einsatz in dem betroffenen Gebiet gegeben waren. Wir hatten daher die Maxime, dass wir nur dann reagierten und einen Hilfsaufruf starteten, wenn wir in dem von der Katastrophe betroffenen Land schon tätig waren und wenn wir außerdem überzeugt waren, dass wir angemessen und konzentriert reagieren konnten. War das nicht der Fall, dann schlugen wir den Leuten vor, ihr Geld anderen, besser aufgestellten Organisationen zu spenden. In diesem Fall nun waren wir sicher, dass wir handeln mussten, denn unsere Partner in Indien, die Pragati Social Service Society, war in dem Gebiet ja bereits aktiv und hatte jahrelange Erfahrung mit der Arbeit in diesen Gemeinden.

So kam es also, dass ich wenige Tage, nachdem die tödliche Welle an der Küste aufgeprallt war, wieder mit Father Joson unterwegs war, dieses Mal in Richtung Süden, von Chennai zu einigen Dörfern an der Tamil-Nadu-Küste.

Das kleine Fischerdorf Arriyanattu am Rand von Nagapattinam war vormals sicher die reine Postkartenidylle gewesen. Mit seinen strohgedeckten Hütten unter Palmen, die einen Sandstrand gesäumt hatten, an dem bunte Fischerboote ankerten, hatte das Dorf sämtliche Zutaten geboten. Innerhalb weniger grauenhafter Stunden war dieses idyllische Bild von einer riesenhaften Welle, die sich völlig ohne Vorwarnung aus dem gleißenden Ozean erhoben hatte, verschlungen und wieder ausgespuckt worden. Als wir eintrafen, war nichts mehr so, wie es hätte sein sollen, nichts mehr dort, wo es hingehörte. Ganz oben am Strand, in einem sandigen Areal, wo früher einmal der Bahnhof gewesen war, lag ein großes hölzernes Fischerboot neben dem Gleis. Die Reihe der Hütten in größter Nähe zum Meer waren ersetzt durch eine pulverisierte Masse aus zertrümmerten Booten, Ziegeln, Plastikbechern, Außenbordmotoren, Fischernetzen, Schultaschen, Büchern, Baumstümpfen und menschlichen Überresten. Der Gestank, der sich schon einige Meilen vor der Küste bemerkbar gemacht hatte, war nun fast unerträglich. Inmitten der Trümmer saß ein junger Mann weinend auf den Betonfundamenten seines Hauses; mehr war davon nicht mehr übrig. Wir fingen ein Gespräch mit ihm an. Sein Name war Kennedy Raj, und er erzählte uns, er hätte seinen Vater verloren, und sie hätten seine Leiche noch nicht gefunden.

Hinter ihm war ein Team Freiwilliger mit Masken über Mund und Nase damit beschäftigt, das Chaos wegzuräumen und Leichen zu bergen. Mit größter Vorsicht bewegten sie ihren Hecklader. Allein heute Vormittag hatten sie bereits einhundert Leichen gefunden. Als die Überreste einer jungen Frau unter einem zerdrückten Haus geborgen wurden, saßen ihr Bruder, Thennarson, und seine Frau Malathi leise weinend daneben. Für sie hatte der Horror aber gerade erst angefangen. In der nächsten Stunde wurden die Körper ihrer beiden toten Kinder gefunden. Als die Helfer die Überreste mit weißem Desinfektionspulver bestreuten und auf einer Bahre wegbrachten, bekam Malathi einen hysterischen Anfall. Sie schrie das Meer und den Himmel an und begann auf sich einzuschlagen, bis sie schluchzend am Strand zusammenbrach. Andere Mütter kamen dazu, die sich umarmten, dann aber selbst auf den Sand einschlugen und schrien, als ihre Angehörigen neben einem riesigen Loch abgelegt wurden, das mit dem Hecklader in den Strand gegraben worden war und das ihre letzte Ruhestätte werden sollte. Vereinzelt saßen inmitten des Grauens Menschen an den Plätzen, wo ihre Häuser zuvor gestanden hatten, und starrten auf den Ozean. Drei Jungen hockten auf einem umgestürzten Baum, sie hatten Tücher über Mund und Nase gelegt und schauten mit einer Mischung aus Faszination und Horror zu, wie sich der Hecklader seinen Weg durch die Trümmer ihres Dorfs bahnte.

Die meisten Überlebenden aus Arriyanattu trafen wir wenige Meilen entfernt in dem Hindutempel Nilathachi Amman an. Sie waren aus ihrem Dorf hierher geflohen und hatten seither in dem von den Tempelmauern umschlossenen Hof genächtigt.

Zwischen alten, kunstvoll verzierten Säulen waren Wäscheleinen gespannt, hinter denen kleine lachende Kinder Versteck spielten, offenbar ohne sich des Grauens bewusst zu sein, das sie gerade überlebt hatten.

Als die Nachmittagssonne hinter den Mauern verschwand, spielten einige Jungen in einer staubigen Ecke Kricket, während drei Frauen eng aneinandergeschmiegt auf einer Steintreppe saßen. Es waren drei Generationen derselben Familie, und die

Jüngste hatte beide Kinder durch den Tsunami verloren. Sie erzählten mir von den Lebensbedingungen dort im Tempel, erklärten, sie bräuchten dringend Milchpulver für die Babys. Plötzlich schrie die Großmutter und fing an zu weinen. Die beiden anderen nahmen sie fest in den Arm, und alle drei wiegten sich schluchzend vor und zurück.

„Wenn die Regierung uns gewarnt hätte, wäre das nicht passiert!", sagte eine Frau neben ihnen. Sie zeigte auf die zehn Meter hohe Tempelmauer und sagte: „So hoch war die Welle."

Eine Gruppe Kinder sammelte sich um uns, und sie begannen, uns ihre Fluchtgeschichten zu erzählen. Einige waren auf Palmen geklettert und hatten sich dort festgeklammert, bis das Wasser zurückgewichen war. Ein kleines Mädchen erzählte mir, sie habe ferngesehen, als sie dieses komische Geräusch hörte und das Wasser kommen sah. Sie war gerannt, so schnell sie konnte, und hatte es gerade noch geschafft.

„Ich habe aber meinen Bruder verloren", sagte sie.

„Ja, wir haben überall nach ihm gesucht", erklärten ihre kleinen Freunde.

Bei ihnen saß ein junger blinder Mann mit einem noch ganz kleinen Baby. Sie erklärten, er hätte seine Frau und seine beiden anderen Kinder verloren. Sein Baby wurde von Nachbarn unverletzt gefunden, es sei wundersamerweise zwischen Trümmerstücken auf dem Wasser getrieben. Gab es noch jemanden, der dem Blinden helfen konnte, sich um das Baby zu kümmern?

Ich fragte die Mütter der Kinder, wann sie meinten, wieder nach Arriyanattu zurückkehren zu können (ich hatte ihnen nichts von den grauenhaften Zuständen erzählt, die wir am Morgen dort vorgefunden hatten).

„Wir bekommen hier Essen und medizinische Versorgung –

was gibt es dort noch, wohin wir zurückkehren könnten? Nur noch Schlamm!", antwortete eine Frau in der Menge.

„Aber wir fühlen uns auch hilflos", sagte eine andere Stimme. „Wir können hier nicht bleiben, im Freien schlafen, aber wir haben ja nichts ... nichts mehr. Wir haben vom Fischfang gelebt, aber ..." Ihre Stimme wurde leiser, sie genierte sich weiterzusprechen: „Wir haben jetzt Angst, in die Nähe des Meeres zu kommen."

Am nächsten Tag diskutierte ich mit unserer Partnerorganisation PSSS darüber, wie wir am besten helfen könnten. Wir beschlossen, unsere Anstrengungen auf das Dorf Arriyanattu zu konzentrieren, mit den unmittelbaren Bedürfnissen derer anzufangen, die ihre Häuser, ihre Lebensgrundlage, ihre Angehörigen verloren hatten, und dann abzuschätzen, was wir tun konnten, damit sie wieder auf die Beine kamen. Wir stellten die Mittel für zwei mit der PSSS zusammenarbeitende Ordensfrauen zur Verfügung, die einige Wochen bei den Obdachlosen von Naggapattinam wohnen sollten. Sie sollten den Menschen in ihren Alltagsnöten beistehen und ein Gutachten darüber erstellen, wie wir helfen konnten, damit sich für sie die Lage wieder einigermaßen normalisierte.

Unsere Planungssitzung war erst nach zehn Uhr abends zu Ende, und Father Amil, ein hier ansässiger Priester, der seit dem Aufprall der Welle durchgearbeitet hatte, kündigte an, dass er noch einen Lastwagen mit Reis für ein Küstendorf beladen wollte. Ich fragte ihn, wo er den Reis kaufte, und er erklärte, das sei nicht nötig. Er war mit einem tragbaren Lautsprecher durch die Straßen gelaufen und hatte die Menschen aufgefordert, Reis zu spenden. Hunderte reagierten, und tonnenweise kam gespendeter Reis herein – sogar Schulkinder tauchten mit

Schüsseln voll Reis auf. Die Menschen in Indien benötigten angesichts dieser beispiellosen Katastrophe dringend die Hilfe von Menschen aus anderen Ländern, aber ganz sicher legten sie nicht die Hände in den Schoß und warteten nur darauf, dass die Hilfe aus dem Westen eintraf. Diese Mitmenschlichkeit war ein Zeichen der Hoffnung, an das ich mich im Schrecken dieser Tage klammerte; ebenso wie die Unterstützung, die nun als Reaktion auf unseren letzten Aufruf von überall her eintraf. Sie erlaubte uns, während des folgenden Jahres medizinische Versorgung und vorübergehende Unterkünfte bereitzustellen sowie Fischerboote zu ersetzen, damit die Menschen hier wieder hinaus aufs Meer fahren und ihren Lebensunterhalt verdienen konnten.

Es war traumatisch, Zeuge der grauenhaften Situation in Arriyanattu zu sein. Wir waren zwar gekommen, um den Katastrophenopfern zu helfen, und das taten wir auch in den folgenden Monaten, trotzdem fühlte ich mich in ihrem unvorstellbaren Leid wie ein Eindringling. Wie andere um uns herum, die ebenfalls kamen, um Hilfe zu leisten, machte ich Fotos. Als ich die Bilder aber später ansah, schämte ich mich dafür, dass ich fotografiert hatte, während die Menschen um ihre gestorbenen Angehörigen weinten. Ich beschloss, dass es manchmal – selbst dann, wenn man das Gefühl hat, Bilder könnten entscheidend dazu beitragen, verzweifelt benötigte Mittel zusammenzubekommen – besser ist, den Fotoapparat in der Tasche zu lassen.

Nach dem höllischen Tag in jenem Dorf, wo ich zugesehen hatte, wie über hundert Leichen in das gähnende Loch am Strand zur letzten Ruhe gelegt wurden, ohne dass irgendjemand da gewesen wäre, der sie hätte identifizieren oder wenigstens zählen können, fuhren wir Richtung Süden. Erschöpft trafen wir an einem ganz unglaublichen Ort namens Velankanni ein, einem ausgedehnten Heiligtum mit Kirchen und riesigen Basiliken. Es wirkte wie eine indische Version von Lourdes. Ich konnte es gar nicht fassen. Father Joson erklärte, man erzähle sich hier, dass im 16. Jahrhundert die Gottesmutter mit ihrem kleinen Sohn einem Hindujungen aus einer niedrigen Kaste erschienen sei, der unterwegs zu einem Kunden war, dem er Milch bringen sollte. Maria bat den Jungen um ein wenig Milch für ihren Sohn, und er gab sie ihr. Als er am Haus seines Kunden ankam, entschuldigte sich der ängstliche Junge für seine Verspätung, und um die verminderte Milchmenge zu erklären, erzählte er, was ihm auf dem Weg widerfahren war. Während er das tat, füllte sich der Milchkrug und begann überzulaufen. Der Mann, ebenfalls ein Hindu, merkte, dass etwas Wunderbares vorgefallen sein musste, und er ging mit dem Jungen noch einmal zu der Stelle zurück und sah ebenfalls die Gottesmutter. Viele andere Wunder ereigneten sich dort in den darauf folgenden Jahren – das berühmteste war die Rettung einiger portugiesischer Seeleute, deren Schiff in einem fürchterlichen Sturm vor der Küste sank und die, nachdem sie zu Maria gebetet hatten, an dieser Stelle sicher an Land gehen konnten. Sie waren so überzeugt davon, dass sie durch ein Wunder vor dem Ertrinken gerettet worden waren, dass sie zu Ehren der Jungfrau eine Kapelle bauten, und Maria wurde nun hier von Christen und Hindus als „Arokia Matha" – Mutter der Gesundheit – verehrt. Zu den Feierlichkeiten zu ihren Ehren versammeln sich jährlich über eine Million Pilger, sowohl Christen als auch Hindus, in Velankanni, und jedes Jahr wird von Hunderten von Wunderheilungen berichtet.

Trotz meiner Erschöpfung konnte ich an jenem Abend nur schlecht einschlafen, und ich betete zu Maria, sie möge für all diejenigen bitten, die nun durch einen Sturm in Not geraten waren, der so viel schlimmer gewesen war als jener, der die portugiesischen Seeleute heimgesucht hatte. Und ich bat sie, sie möge so, wie sie damals die kleine Gabe Milch verwendet hatte, auch unsere kleinen Akte der Mildtätigkeit und Freundlichkeit nehmen und sie in etwas Wunderschönes verwandeln.

XI.

Freunde in den oberen Etagen

Nicht, was wir geben, zählt, sondern das,
was wir teilen, denn eine Gabe ohne Geber ist nackt.
(James Russell Lowell)

Lucy MacDonald, über mehrere Jahre hinweg meine persönliche Assistentin, hatte ein unglaubliches Talent, mir auf amüsante Art Botschaften zu übermitteln. Ihr Schreibtisch stand im „neuen Schuppen", der neben meinem liegt. Normalerweise konnte sie von dort Anrufe direkt an mich weiterleiten, aber manchmal, wenn ein dringender Anruf kam, ich jedoch in einem anderen Gespräch war, fand sie andere Möglichkeiten, mich davon in Kenntnis zu setzen. 2010 war ich eines Tages in ein Telefonat vertieft. Als ich kurz aus dem Fenster schaute, sah ich draußen Lucy stehen, breit grinsend, mit einem Kartonschild in Händen, auf das sie mit dickem Textmarker geschrieben hatte: „Der Papst will sich mit dir treffen, und die Queen wird auch da sein."

Papst Benedikt hatte die Absicht, als erster Papst England zu besuchen, ein historisches Ereignis, und zu Beginn seines Besuchs sollte er von der Queen im Holyrood-Palace in Edinburgh empfangen werden. Ich war begeistert darüber, dass ich zu denjenigen gehören durfte, die zu dieser historischen Begegnung eingeladen waren. Und auch für Mary's Meals war es ein besonderer Tag, denn die katholische Kirche Schottlands ermöglichte uns, auf den Straßen von Edinburgh präsent zu sein, um für unsere Arbeit Werbung zu machen und Spenden zu sammeln. Viele Ehrenamtliche aus ganz Schottland, Irland und England kamen uns an jenem Tag zu Hilfe. An einem hellen, sonnigen Vormittag fuhr das „Papamobil" durch die Princes Street, die ganze Welt schaute zu, und überall in der Menge konnte man die blauen Mary's-Meals-T-Shirts sehen.

Queen Elizabeth hatte ich früher schon einmal getroffen. Ungefähr ein Jahr vor dem Papstbesuch rief mich jemand aus dem Buckingham Palace an und teilte mir mit, die Queen wolle mich zum Lunch einladen. Ich war mir nicht sicher, ob sich da nicht einer meiner Freunde einen ganz besonderen Scherz erlaubte, bis ich einige Tage später eine schriftliche Einladung bekam. Wenige Wochen danach fand ich mich vor den Toren des Buckingham Palace ein, ging zu einem der berühmten Wachmänner in roter Uniform und Bärenfellmütze und zeigte ihm mein Einladungsschreiben. Er geleitete mich mit neun weiteren Gästen hinein, und kurz darauf wurde ich der Queen und dem Herzog von Edinburgh vorgestellt. Die Queen überraschte mich mit ihrer profunden Kenntnis unserer Arbeit. Sie zeigte warmes, aufrichtiges Interesse an Liberia und unseren Aktivitäten dort und ließ uns Anteil haben an einigen lebhaften amüsanten Erinnerungen an einen Besuch, den sie vor einigen Jahren dort gemacht hatte.

Beim Lunch saß ich neben der berühmten Schauspielerin Joanna Lumley. Sie war unglaublich liebenswürdig und half mir, als sie feststellte, dass ich gewisse Probleme mit der korrekten Benutzung der diversen Besteckteile hatte. Hin und wieder stupste sie mich diskret an und gab Hinweise. Ich weiß bis heute nicht, warum ich eingeladen wurde. Ich schaute mir die anderen neun Gäste am Tisch an und konnte mir beim besten Willen keinen Reim darauf machen, was wir gemeinsam haben sollten. Ich fragte hinterher einen der Butler, was Sinn und Zweck dieses Essens gewesen sei, und er sagte: „Da gibt es keinen besonderen Grund, außer dass die Queen und der Herzog von Edinburgh hin und wieder gern Leute zum Essen einladen."

Anschließend wollten meine Mum und Julie unbedingt wissen, was es zu essen gegeben hatte, aber ich konnte mich beim besten Willen nicht an ein einziges Gericht erinnern. Zweifellos war alles ganz köstlich, aber ich muss so nervös gewesen sein, dass ich es kein bisschen genießen konnte. Aber seither erinnere ich mich jedes Mal an diesen Lunch im Buckingham Palace, wenn ich eingeladen werde, in einer sozialen Umgebung aktiv zu werden, die mich reichlich nervös macht – und ich sage mir, dass ich doch nach diesem Ereignis in der Lage sein sollte, alles andere mit Gelassenheit hinzunehmen.

Wir erhielten auch weiterhin alle möglichen wunderbaren Einladungen, um Gruppen interessierter Menschen auf der ganzen Welt kennenzulernen und mit ihnen zu reden. Es wurde zunehmend schwierig, den Überblick darüber zu behalten, wie diese Einladungen jeweils zustande gekommen waren, und manchmal war ich bei meiner Ankunft nicht ganz sicher, weshalb ich hier war und was genau man von mir erwartete. An einem Winterabend kam ich mit einem verspäteten Flug in Chicago an und fuhr im Taxi durch tiefen Schnee zu der Adresse in meinem Terminkalender. In einem wunderbar warmen, geräumigen Appartement traf ich auf eine große Gruppe

Menschen, die, auf Sofas und Tischen sitzend, mit Weingläsern in der Hand, auf mich warteten. Ich hatte kaum Zeit, meinen Koffer abzustellen und mein Jackett auszuziehen, da hatte mich meine Gastgeberin (die ich, wie ich mich jetzt erinnerte, bei einer Veranstaltung in Chicago im vergangenen Jahr kennengelernt hatte) auch schon vorgestellt und bat mich, von Mary's Meals zu erzählen.

Anschließend hatte ich gerade damit angefangen, mit einigen der Gäste zu reden, da brachen sie auch schon auf (ich hatte sie wegen des verspäteten Flugs lang aufgehalten); die freundliche Gastgeberin gab mir einen Zettel, auf dem sie eine Adresse notiert hatte, und erklärte mir, sie habe ihr Apartment für diese Nacht geräumt, ich könne also dort übernachten. Wieder einmal war ich ganz überwältigt und verlegen angesichts einer so umwerfenden Großzügigkeit, und nicht lang danach ließ mich mein Taxi vor einem dieser wahnsinnigen legendären Wolkenkratzer von Chicago aussteigen. Ich erinnere mich noch, dass ich damals mitten in der Nacht aufwachte und aus dem Fenster auf eine atemberaubende Silhouette mit Tausenden glitzernder Lichter vor einem pechschwarzen Himmel schaute, und einige Minuten lang fragte ich mich, wo um alles in der Welt ich eigentlich war.

Es wurde zunehmend schwierig zu beurteilen, welche Einladungen wir annehmen sollten und welche nicht. Es war unmöglich, im Vorhinein zu sagen, wer bei diesen Zusammenkünften anwesend sein würde – und wie offen die Herzen der Menschen waren.

Im Jahr 2010 traf ich mich, nach einer positiven Antwort auf eine herzliche Einladung von Freunden von Freunden, mit einer weiteren Gruppe von Menschen, die ich nicht kannte, diesmal in New York – ich hatte keine Ahnung, dass mir die Begegnung mit Personen bevorstand, die eine ganz besondere Rolle in der Geschichte von Mary's Meals spielen sollten. Der Kontakt wurde von unseren Freunden in Miami hergestellt, den Gründern von Mary's Meals USA. Sie teilten mir mit, die mit ihnen befreundete Familie Laffont würde mich gern kennenlernen, wenn ich das nächste Mal in New York war, also vereinbarten wir ein Treffen. Normalerweise wohnte ich, wenn ich Termine in New York und Umgebung hatte, in einem großen alten Kloster in Newark, New Jersey, der Heimat der Franciscan Friars of the Renewal. Bruder Francis, ein Mitglied der Gemeinschaft, war ein alter Freund. Er hatte als junger Mann in der Craig-Lodge-Gemeinschaft gelebt, eben zu jener Zeit, als ich damit anfing, Hilfe für Bosnien-Herzegowina zu organisieren, und er hatte mich häufig begleitet, wenn ich mit meinem Lastwagen durch Schottland fuhr, um Sachspenden einzusammeln. Er war für diese Aufgabe der perfekte Mitarbeiter: einer der größten und stärksten Männer, die ich je getroffen habe. Es war, als hätte ich einen Kran in Menschengestalt bei mir im Lastwagen. Seit einigen Jahren schon war er jetzt bei den Franziskanern, und es war immer ein wahrer Segen für mich, in ihrer Gemeinschaft wohnen zu dürfen, wo ich an den stillen Gebetszeiten am frühen Morgen, bevor ich zu den Treffen in New York aufbrach, und dann an den Abenden teilnehmen konnte.

Dieses Mal begleitete mich Milona, und Bruder Francis bot uns freundlicherweise an, uns zu den Laffonts nach Manhattan zu fahren, wo sich keiner von uns sonderlich gut auskannte. Die Laffonts lebten in einem wunderschönen Haus an der Upper East Side, und sie hießen uns bei sich zu Hause herzlich willkommen. Das Haus war gepackt voll mit ihren Freunden. Wir waren wahrscheinlich ein ziemlich ungewöhnlicher Anblick – Bruder Francis mit seinen über zwei Metern Körpergröße und seinem Franziskaner-Habit fiel prinzipiell auf. Ana Laffont hockte mit einigen jüngeren Kindern auf der Treppe, die Kleinen mit dem aufgeregten Ausdruck von Kindern, die der strengen Bettzeit-Regel entgehen. Ihr Dad, Philippe, bat uns nun, die Geschichte von Mary's Meals zu erzählen. Anschließend gab es viele Fragen, und wir unterhielten uns mit mehreren Gästen, die den Wunsch hatten, sich zu engagieren. Philippe musste dann gehen, doch bevor er aufbrach, kündigte er an, er werde den Betrag an Spenden für Mary's Meals, der sich im Lauf des Abends ergab, verdoppeln. Mir dämmerte allmählich, dass wir mit wirklich sehr ungewöhnlichen Menschen zusammengetroffen waren – Menschen mit enormen finanziellen Mitteln und enorm großen Herzen.

Das war der Beginn einer wundervollen Freundschaft mit den Laffonts. In den nächsten Monaten und Jahren stellte Ana uns immer mehr von ihrer Zeit für unsere Arbeit zur Verfügung, und später wurde sie dann auch Vorsitzende von Mary's Meals USA. Mit Feuereifer eignete sie sich Wissen über jeden Aspekt der Organisation an, wozu auch gehörte, dass sie Afrika, Dalmally und Medjugorje besuchte. Und dieses tiefe Verständnis für die Zusammenhänge ermöglichte ihr und Philippe, uns auf ganz spezifische und durchdachte Weise zu helfen. Sie begriffen sehr genau, dass Mary's Meals vor allem eine Graswurzelbewegung war – dass dies ein wesentlicher Teil unserer Mission war und also alle, die uns unterstützten, gleich wertvoll waren, unabhängig von Art oder Umfang ihres Beitrags. Sie fanden diese Herangehensweise ganz großartig und wollten uns helfen, sie zu bewahren; und darüber hinaus wollten sie uns dabei unterstützen, die Bewegung weiter auszudehnen, indem wir die Geschichte auf neue Art einem noch größeren Publikum erzählten. Außerdem hatten sie Erfahrungen mit der Verwaltung schnell wachsender Organisationen, und sie erkannten rasch, dass dem Fischzüchter aus Argyll und seinen Mitarbeitern auch auf diesem Gebiet ein bisschen Hilfe nicht schaden würde.

Ich begann mit Ana über die Möglichkeit nachzudenken, einen packenden Film über Mary's Meals zu produzieren. Früher einmal war ich eine Zeitlang begeistert gewesen von einer Filmfirma in Brooklyn mit dem Namen „Grassroots". Ruth und ich hatten vor ein paar Jahren einen Film von ihnen gesehen und waren uns anschließend einig, dass das die perfekten Leute wären, eines Tages einen Film über Mary's Meals zu drehen. Ich hatte sie schon fast vergessen, aber da fragte mich Patty, die in unserem Büro in New Jersey arbeitete, eines Tages am Ende eines Telefongesprächs, ob sie heute früher gehen könne, um einer Organisation namens Grassroots ein Interview zu geben, die einen Film über ein anderes Thema drehten.

„Natürlich!", sagte ich. „Hauptsache, du erwähnst in dem Gespräch Mary's Meals! Ich wollte schon immer, dass sie einen Film über unsere Arbeit machen."

Zu meinem größten Erstaunen erzählte Patty nach dem Gespräch, die Leute von Grassroots würden unsere Arbeit schon kennen, und sie würden sehr gerne eine Dokumentation über Mary's Meals drehen. Ich kam also mit ihnen ins Gespräch und merkte, dass sie es völlig ernst meinten, aber ich erfuhr auch, dass die Produktion eines solchen Films nicht billig war – jedenfalls war es nichts, was wir mit unserem Grundsatz, die Kosten so niedrig wie möglich zu halten, vereinbaren konnten. Als ich das Ana und Philippe gegenüber erwähnte, meinten sie sofort, das sei eine großartige Möglichkeit, die Geschichte von Mary's Meals einem sehr viel breiteren Publikum zu erzählen, und sie boten an, den Film zu finanzieren.

So kam es also, dass ich wenige Wochen nach diesen ersten Gesprächen mit der Filmcrew von Grassroots eine intensive Tour durch Malawi, Kenia und Indien machte. Überall kamen wir mit Kindern zusammen, deren Leben durch Mary's Meals verändert worden war. Ihre Geschichten sollten das Grundgerüst des Films bilden. Wir steckten viel Zeit und Mühe in die Planung, dachten uns Drehorte aus, überlegten uns, welche Menschen im Film vorkommen sollten, aber letztlich entstanden die großartigsten Teile des Films aus Begebenheiten, die wir uns nie hätten ausdenken können.

In Eldoret in Kenia hatten wir geplant, auf einer Müllhalde zu drehen, auf der viele Kinder den ganzen Tag nach Dingen suchten, die sie an miserabel bezahlende Leute verkaufen konnten, welche den sortierten Müll dann wiederverwerteten. Um den Hunger zu unterdrücken, schnüffelten sie Klebstoff. Wir versorgten Schulen in Eldoret mit Essen und konnten sehen, dass das vielen Kindern half, von der Straße wegzukommen und erstmals die Schule zu besuchen. Um fünf Uhr morgens trafen wir auf der Müllhalde ein und fingen an zu filmen. Es waren nicht nur Kinder dort, sondern auch Erwachsene, einige offensichtlich high, und viele hatten Wunden im Gesicht, an Armen und Beinen. Es war ein furchterregender Ort. Während die Leute von Grassroots drehten, wurden sie von mehreren Leuten umringt – einige waren freundlich, andere nicht. Dann rief mich Cliff, einer aus der Crew, zu sich herüber.

„Magnus, hier ist ein Junge, den du kennenlernen solltest." Er kam mit einem ungefähr achtjährigen Jungen namens Muski herüber, der immer wieder sagte: „Ich möchte zur Schule gehen. Ich möchte zur Schule gehen ...“

Ich sprach mit unseren Kollegen aus Kenia und fragte sie, was man tun könne.

„Nun ja, wir können ihn hier eine Schule besuchen lassen, und er wird Mary's Meals bekommen“, sagte Abel mit der Hand auf der Schulter des Jungen, „aber wir müssen auch unbedingt einen Platz für ihn finden, wo er leben kann.“

Charles meinte: „Auf der anderen Seite der Stadt gibt es ein Kinderheim. Wer weiß, vielleicht können ja sie ihn aufnehmen.“

Kurz darauf fuhren wir mit Muski durch die Stadt und kamen zu dem Heim. Vor dem Haus gab es einen sauberen, mit hellen Farben bemalten Spielplatz. Ein paar von uns gingen rein und stellten sich vor. Als die Leute, die das Heim leiteten, erfuhren, dass wir von Mary's Meals kamen, waren sie hoch erfreut.

„Ach, Sie kommen von Mary's Meals! Wir wollten schon immer jemanden von Mary's Meals treffen. Sie versorgen seit einiger Zeit die Schule gegenüber mit Mahlzeiten. Sämtliche Kinder, die hier bei uns leben, gehen dort zur Schule und haben jetzt jeden Tag ein Essen in der Schule, Gott sei Dank! Wir möchten Ihnen von ganzem Herzen danken!“

Ich hatte das Gefühl, dass dies jetzt der ideale Moment war, ihnen von dem Jungen draußen im Auto zu erzählen.

„Ja, wir haben Platz. Wir können ihn nehmen – sehr gerne!“

So kam es, dass das Leben von Muski vor unseren Augen verwandelt wurde. Ich konnte es kaum glauben, als ich auf meine Uhr schaute und feststellte, dass es erst zehn war. Nachdem Abel und Charles die Vereinbarungen mit dem Heim getroffen und sichergestellt hatten, dass wir uns nach seinem Wohlbefinden erkundigen konnten, luden wir Muski ein, den Tag mit uns und den Dreharbeiten an Schulen in diesem Stadtviertel zu verbringen. Am Ende des Vormittags stand er schon hinter der Kamera. Zum ersten Mal sah ich ihn lachen. Mittags stellten wir dann fest, dass wir acht Stunden durchgearbeitet hatten, ohne etwas zu essen, und gingen in ein nahegelegenes Restaurant. Es war zufällig ein ziemlich feines Lokal, mit weißen Tischtüchern und Kellnern im Frack, die betont unbeeindruckt aussahen, als wir mit dem schmutzigen Jungen in Lumpen hereinkamen, der auch nicht sonderlich gut roch. Wir gingen mit ihm ins Bad und schrubbten ihn ab, so gut es ging, bevor wir uns hinsetzten und eine Runde Hähnchen mit Pommes frites bestellten. Während des Essens fragte einer von uns Muski, wann er Geburtstag hatte. Natürlich wusste er es nicht.

„Tja – dann ist heute dein Geburtstag!", teilten wir ihm einhellig mit.

Der von Grassroots produzierte Film, *Child 31*, ist eine wunderbare, sehr bewegende Darstellung von Mary's Meals. Er wurde, wenn es darum ging, unsere Geschichte zu erzählen und zu erklären, was Mary's Meals eigentlich ist, das effektivste Hilfsmittel, das mir je zur Verfügung stand. Wir ermunterten Unterstützer auf der ganzen Welt, Vorführungen von *Child 31* zu organisieren, und die Reaktion war überwältigend. Zur Premiere kamen über 1300 Menschen. Der ehemalige Premierminister Gordon Brown, derzeitiger Sonderbeauftragter der Vereinten Nationen für Bildung, war bei dem Ereignis ebenfalls anwesend und stellte den Film vor. Ich hatte ihn schon vorher ein wenig gekannt, war nun aber überwältigt von seiner echten, schon seit Langem bestehenden Passion, bei der Beseitigung extremer Armut zu helfen. Bei unserer Unterhaltung vor unserem Bühnenauftritt in Glasgow bat er mich, ihm mehr über die Arbeit von Mary's Meals zu erzählen. Anschließend hielt er eine gewaltige Rede, die mit den Worten endete:

„Jedem Kind die Chance zu geben, zur Schule zu gehen und zu lernen, ist mir seit Langem ein dringendes Anliegen. Bildung durchbricht den Teufelskreis der Armut und erschließt bessere Gesundheits- und Beschäftigungsaussichten. Wenn ich als UNO-Sonderbeauftragter für Bildung in dieser Mission weltweit unterwegs bin, brauche ich jetzt keine Visitenkarte mehr. Ich werde einfach eine Kopie von *Child 31* dalassen um zu zeigen, wie es möglich ist, Kinder zum Schulbesuch zu motivieren."

Über 600 Vorführungen des Films, den wir in sieben Sprachen untertitelt hatten, wurden in vielen verschiedenen Ländern organisiert. In vielen europäischen Ländern und in den USA, in Kanada, den Vereinigten Arabischen Emiraten, in Australien, Liberia, Malawi und Indien kamen Menschen zusammen, um den Film an allen möglichen Vorführorten zu sehen – in Kinos, Palästen, Wohnzimmern, Schulen und Universitäten; in zahlreichen Ländern wurde der Film auch im Fernsehen ausgestrahlt.

Ich hatte gehofft, der Film würde es mir erlauben, meine Vortragsreisen zu reduzieren, aber das war naiv – die Vorführungen lieferten die Gelegenheit, vor vielen neuen Interessierten zu sprechen. Ich schaute den Film häufig an Orten an, die weit von meinem Zuhause entfernt waren, und da war es manchmal eine besondere Freude für mich, dass drei meiner eigenen Kinder – Bethany, Toby und Anna – einen kleinen Auftritt darin haben. Grassroots hatte bei einer Spendenaktion in unserer Grundschule in Dalmally gedreht, und da diese Schule nur von rund vierzig Kindern besucht wird, verwundert es nicht, dass meine Kinder und ihre Freunde in der Endfassung vorkommen. Immer wieder mal überrasche ich die Person im Kino neben mir, wenn die Szene kommt, in der Anna inmitten einer Gruppe von Mitschülern und Mitschülerinnen lächelt und in die Kamera winkt – dann stupse ich meinen Nachbarn an und sage stolz: „Das ist übrigens meine Tochter!"

Als der Film von der staatlichen Fernsehgesellschaft in Kroatien ausgestrahlt wurde, brach deren Website zusammen, weil so viele Menschen spenden wollten, und in den Monaten danach verdoppelte Mary's Meals hier sein Spendenaufkommen. Überall wuchs aufgrund von *Child 31* unsere Arbeit wie nie zuvor, und bis heute motiviert der Film Tausende Menschen, uns zu helfen. Diverse Stars, unter anderem auch Celine Dion, stellten uns hinreißende, leidenschaftliche Videobotschaften zur Verfügung, nachdem sie sich den Film angeschaut hatten. Annie Lennox sagte:

Wenn uns nach dem Anschauen von Child 31 eine Tatsache im Gedächtnis bleiben sollte, dann die, dass die durchschnittlichen Kosten für einen Lunch in den USA ein Kind in einem Entwicklungsland ein ganzes Jahr lang ernähren können.
Mary's Meals versorgt täglich über eine halbe Million Kinder mit Nahrung und ermutigt sie gleichzeitig, die Schule zu besuchen und sich ein Grundgerüst an Bildung anzueignen. Es ist kein Hexenwerk, und es funktioniert wirklich.

Ich mochte vor allem ihren letzten Satz. Einige Entwicklungsexperten kritisieren Mary's Meals (und empfehlen den Regierungen und institutionellen Spendern, für die sie arbeiten, uns nicht zu unterstützen) mit der Begründung, das würde alles viel zu einfach klingen, und diese Art, Kinder zu ernähren, sei nicht nachhaltig. Die Umgebungen, in denen wir arbeiten; die Herausforderungen, mit denen wir fertig werden müssen, um sicherzustellen, dass an den Schulen täglich Essen ausgegeben werden kann; und die Probleme, mit denen die in Armut lebenden Menschen zu kämpfen haben, sind ganz bestimmt alles andere als einfach. Aber das Prinzip unserer Herangehensweise ist einfach. Annie Lennox weiß – wie jeder, der uns kennt und ein Mary's-Meals-Projekt besucht hat – ganz genau, dass wir nicht hexen, aber sie weiß auch, dass das gar nicht nötig ist. Die Zigtausend Menschen, die uns weltweit mit kleinen Spenden unterstützen, die Tausenden, die für die Kinder in ihren Gemeinden kochen, sind im Allgemeinen weder Zauberer noch „Entwicklungsexperten", doch sie begreifen unmittelbar, dass unsere Methode notwendig und lebensverändernd ist.

Und die Sache mit der Nachhaltigkeit befremdet mich sowieso, denn ich weiß wirklich nicht, was besser geeignet ist, langfristige, nachhaltige Lösungen zu ermöglichen, als wenn man sicherstellt, dass Kinder die Nahrung bekommen, die sie brauchen, und Schulbildung. Allein schon das Wort „Nachhaltigkeit" ist problematisch, denn ich habe festgestellt, dass es in ganz unterschiedlicher und häufig ungenauer Weise gebraucht wird. Ich bat einmal einen Lehrsaal voller Betriebswirtschaftsstudenten, die das Thema aufgebracht hatten, das Wort für mich zu definieren, und die Bandbreite an Antworten war bestürzend. „Nachhaltige Entwicklung" wurde 1987 von der Brundtland-Kommission definiert, die von den Vereinten Nationen mit eben diesem Auftrag eingesetzt wurde, und die Definition lautet: „Dauerhafte (nachhaltige) Entwicklung ist Entwicklung, die die Bedürfnisse der Gegenwart befriedigt, ohne zu riskieren, dass künftige Generationen ihre Bedürfnisse nicht befriedigen können." Ich verstehe nicht, wie man Mary's Meals vorwerfen kann, dass es dieser Definition nicht gerecht wird, und ich kann nur vermuten, dass es eigentlich letztlich um Zeitrahmen geht. Diese Art von Geldgebern rechnet üblicherweise mit einer „Ausstiegsstrategie" nach drei bis fünf Jahren der Finanzierung. Offenbar gilt es als Dogma in Entwicklungshilfe-Kreisen, dass ein Projekt, das nach dieser Zeitdauer nicht abgeschlossen ist, als gescheitert angesehen werden muss. Wir haben uns entschieden, die Frage, wie viel Zeit es braucht, um etwas aufzubauen, das wirklich von Dauer ist und die Dinge wirklich fundamental verbessert, anders zu beantworten, und wir können diese Entscheidung treffen, weil unsere Arbeit von einer globalen Bewegung von Menschen unterstützt wird, die das genauso sehen. Wir entscheiden uns für eine Methode der Nachhaltigkeit, die in der Großzügigkeit der Menschen wurzelt.

Es gibt allerdings auch Gespräche, in denen die Gegensätze unvereinbar und verstörender sind, als wenn es nur um unterschiedliche Auffassungen von Zeithorizonten geht. So traf ich eines Tages mit Leuten von einer Organisation zusammen, die in Haiti Schulen betreibt. Sie hatten festgestellt, dass viele von den Kindern, die ihre Schulen besuchen, chronisch unterernährt sind. Sie erkundigten sich nach unserem Modell, und wir äußerten unser Interesse, unser Projekt auf ihre Schulen auszudehnen, damit die Kinder etwas zu essen bekamen. Aber sie wollten nicht mit uns zusammenarbeiten, weil sie der Auffassung waren, unsere Methode sei nicht „nachhaltig". Ich fragte sie, wie sie es sich vorstellten, das Problem auf „nachhaltige Weise" zu lösen, und sie meinten, sie wollten etwas erarbeiten, das auf Mikrofinanzierung beruhte. Das ist jetzt schon mehrere Jahre her, und meines Wissens haben die Kinder, die dort zur Schule gehen, nie

Schulmahlzeiten bekommen. Ich würde die ganze Sache anders herum anpacken. Das oberste Gebot geht von dem hungrigen Kind aus, das vor uns steht. Es braucht heute etwas zu essen, nicht erst in zehn Jahren.

Es macht mich traurig, wenn Menschen in der Entwicklungsarbeit von diesen Kindern fast so reden, als seien sie das „Problem" und nicht die wichtigsten Mitarbeiter beim Bau einer neuen, besseren Zukunft. Die Kinder von heute sollten auf gar keinen Fall dem Moloch einer Zukunft geopfert werden, die keiner von uns kennen kann. Und die Zukunft gehört diesen Kindern mindestens ebenso sehr wie all denen unter uns, die sich für Experten auf dem Feld der Entwicklungsarbeit halten.

Aber die Suche nach zustimmenden Zeugnissen von Prominenten für *Child 31* sorgte durchaus auch für Lacher. Eines Tages veranstalteten wir im Team ein Brainstorming und schrieben eine Liste berühmter Menschen auf. Einer der Namen, auf die wir uns geeinigt hatten, war Pamela Stephenson (die Schauspielerin, Schriftstellerin, Ehefrau von Billy Connolly). Als irgendjemand die Liste abtippte, schrieb er oder sie aus Versehen Pamela Anderson (ich schwöre, ich wars nicht), und einer aus dem Team nahm dann auch anweisungsgemäß Kontakt mit dem Agenten von Pamela Anderson (Star in *Baywatch*) auf und fragte an, ob sie *Child 31* unterstützen würde. Erst als sie sich meldete und sagte, sie würde das sehr gerne tun, bemerkten wir die Verwechslung. Wieder einmal durften wir erfahren, welch ein breites Spektrum an Menschen Mary's Meals ansprach.

Die Laffonts boten nun aber Mary's Meals zusätzlich zu *Child 31* noch ein weiteres kostbares Geschenk an. Bei dieser Gabe dauerte es eine Weile, bis ich mich davon überzeugen ließ. Sie erzählten mir von der Bridgespan Group, einer Beraterfirma, die sich darauf spezialisiert hatte, Wohltätigkeitsorganisationen bei der Entwicklung von Strategien zur Expansion und Reproduktion ihrer Erfolge zu helfen. Bridgespan war aus Bain hervorgegangen, einer sehr angesehenen, internationalen Management-Beratungsfirma, die viele der weltweit größten Firmen und Regierungen berät. Bridgespan arbeitete, so die Laffonts, nur mit Organisationen zusammen, bei denen man davon ausgehen konnte, dass sie das Potenzial hatten, auch in größerem Umfang erfolgreich zu sein, und Ana und Philippe meinten, dass man bei Bridgespan möglicherweise daran interessiert sein könnte, mit uns zusammenzuarbeiten, um Pläne für die Zukunft auszuarbeiten. Sollte das der Fall sein, dann wären sie bereit, auch das zu finanzieren.

Auf diesem Sektor war nun sehr vieles neu für mich, angefangen bei der Sprache. Ausdrücke wie „Scaling up", „Tipping Points" und „Effektivitätssteigerung" klangen reichlich fremd und auch etwas beängstigend. Zwar war mir bewusst, dass wir uns nur auf weiteres Wachstum einstellen konnten, wenn wir unsere Organisation stärkten. Nur so konnten wir effektiv fortfahren, immer mehr Kindern zu einer Mahlzeit zu verhelfen. Aber ich wollte auf gar keinen Fall etwas anfangen, das womöglich unsere Prinzipien untergrub. Mir fiel es schwer zu glauben, dass diese Hochleistungsberater, die von sehr erfolgreichen Unternehmern in den USA hoch geschätzt wurden, in der Lage sein könnten, unsere grundsätzliche Abneigung gegen die Festlegung von Geldmengenvorgaben ernst zu nehmen, oder, damit zusammenhängend, unseren Wunsch anzuerkennen, dass im Letzten gar nicht wir die eigentlichen Verantwortlichen sind. Und ich war wahrscheinlich auch irgendwo von dem

Gedanken eingeschüchtert, mit diesen hochqualifizierten Menschen mit ihren akademischen Titeln und Erfahrungen zusammenzuarbeiten. Der Gedanke, mit ihnen in meinem Schuppen zu sitzen und Strategiegespräche zu führen, bereitete mir ein gewisses Unbehagen. Aber mittlerweile kannte ich die Laffonts ja gut und vertraute ihnen so weit, dass ich mich zu einem Treffen mit Bridgespan bereit erklärte. Die Leute von Bridgespan signalisierten, sie würden wirklich gern mit Mary's Meals zusammenarbeiten, und sie waren auch überzeugt, dass sie uns in unserer momentanen Entwicklungsphase helfen konnten.

Bei einem zweiten Treffen formulierte ich meine Bedenken und listete mehrere mit unseren Werten zusammenhängende Aspekte auf, die nicht zur Disposition standen. Die respektvolle Art, in der die Leute von Bridgespan zuhörten und reagierten, hat mich dann bis zum Ende dieses Treffens davon überzeugt, dass wir das wirklich machen konnten und sollten. Die Großzügigkeit des Ehepaars Laffonts ermöglichte es uns, sechs Monate lang mit Bridgespan zusammenzuarbeiten, und in dieser Zeit half man uns, einen stabilen „Wachstumsplan" zu erstellen. Wir hatten in dieser Zeit einige fantastische Gespräche, und wir fanden Möglichkeiten, unsere Vorgehensweise des Vertrauens auf die göttliche Vorsehung mit der Notwendigkeit zu versöhnen, gründlich und sorgfältig zu planen. Im Lauf dieser Arbeit freundete ich mich mit allen Leuten aus dem Bridgespan-Team, mit denen wir zusammenarbeiteten, gut an, und noch heute engagieren sich zwei von ihnen als Vorstandsmitglieder intensiv für Mary's Meals.

Wenige Monate, nachdem die Arbeit mit ihnen abgeschlossen war, besuchte ich wegen eines Fernsehinterviews zum ersten Mal Boston. Als die Leute von Bridgespan hörten, dass ich in ihre

Heimatstadt kam, luden sie mich in ihre Büros zu einer Unterhaltung mit der Belegschaft ein. Ich hatte nicht damit gerechnet, dass das gesamte Team in einem Raum auf mich warten würde, außerdem waren die Mitarbeiter in New York und Kalifornien über Video zugeschaltet. Sie baten mich, ihnen über meine Führungserfahrung bei Mary's Meals zu berichten und darüber, wie ich die Zusammenarbeit mit ihnen empfunden hatte. Nachdem ich das relativ kurz dargestellt hatte, verbrachten wir den Rest der Stunde mit einer faszinierenden Diskussion über das Thema der Versöhnung von Planung und göttlicher Vorsehung. Danach war es für mich offensichtlich, dass viele der Mitarbeiter ebenfalls religiös motiviert waren und dass alle großen Respekt vor der Methode von Mary's Meals hatten. Das bedeutete mir sehr viel. Mir war jetzt bewusst, dass die Arbeit mit Bridgespan unsere Werte, die uns so wichtig waren, nicht untergrub oder bedrohte; sie bestärkte diese Werte vielmehr und erhöhte unser Vertrauen, sie wirklich umfassend einzusetzen.

Eine unserer Methoden, die wir analysierten und prägnanter artikulierten als zuvor, war unsere Überzeugung, dass die Familie von Mary's Meals geleitet sein sollte von den Prinzipien „Solidarität" und „Subsidiarität". Eine neue zentrale Organisation – Mary's Meals International – sollte sicherstellen, dass sämtliche Elemente von Mary's Meals sich unter unseren gemeinsamen Werten, unter unserer gemeinsamen Mission und Vision (Solidarität) bündeln ließen. Diese neue Organisation sollte lediglich solche Aufgaben übernehmen, die nicht effektiver auf einer lokalen Ebene bewältigt werden konnten. Das würde es Mary's Meals ermöglichen, sich jeweils so aufzustellen, wie es für die unterschiedlichen Situationen, Zivilisationen und Möglichkeiten, in denen wir arbeiteten, am besten passte.

Außerdem wurde damit ein Problem angepackt, das mich schon länger bewegte: dass nämlich diejenigen von uns, die bei Mary's Meals „das Sagen hatten", sehr leicht ein Hemmfaktor werden konnten. Stattdessen entwickelten wir die Vision, dass Mary's Meals idealerweise eher eine „Bewegung" als eine streng zentralisierte Organisation sein sollte. Die Arbeit mit Bridgespan war ein weiteres Geschenk und ein weiteres Lehrstück, das es uns ermöglichte, uns noch mehr anzustrengen als zuvor, um noch mehr Unterstützung zu bekommen und dabei auch weiterhin darauf zu vertrauen, dass wir neue wohltätige Gaben in viele weitere Mahlzeiten für hungrige Kinder verwandeln konnten.

Und dann ergab sich völlig unerwartet eine weitere Möglichkeit, öffentliche Aufmerksamkeit für unsere Arbeit zu erhalten. Seit wir uns bei der Heroes-Preisverleihungszeremonie der CNN im Jahr 2010 kennengelernt hatten, war ich mit Gerard Butler in Kontakt geblieben. Anfang 2013 meldete er sich und sagte, er wolle sein Versprechen halten, mit mir nach Afrika zu reisen, um vor Ort die Arbeit von Mary's Meals kennenzulernen. Wir überlegten, welches Land dafür am besten geeignet wäre, und kamen dann auf Liberia. Wir hatten das Gefühl, dass Liberia nur sehr wenig mediale Aufmerksamkeit erhielt, dass das Land verzweifelt Hilfe brauchte, und außerdem wollten wir hier unbedingt so bald wie möglich noch mehr Kinder erreichen. Wir waren sicher, die Aufmerksamkeit, die ein Besuch von Gerry erregen würde, würde uns helfen, genau das zu tun.

Wir logierten in unserem Anwesen in Tubmanburg, wo der Landesleiter so freundlich war, sein kleines Haus für uns zu räumen. Alles war dort sehr bodenständig – Elektrizität gab es nur an wenigen Stunden pro Tag über einen kleinen Generator, eine Klimaanlage existierte überhaupt nicht, und das in diesem extrem heißen, feuchten Klima; und außerdem konnte man nirgends auswärts essen. Doch Gerry schien jede Minute zu genießen und beklagte sich nie. Nicht einmal über meine erbärmlichen Kochkünste. Er arbeitete an jedem Tag unseres Aufenthalts von morgens bis abends, reiste mit in abgelegene Dörfer, nahm sich die Zeit, überall die Leute kennenzulernen, und brachte alle und jeden, auch mich, ständig zum Lachen, bis wir nicht mehr konnten. Außerdem war es wundervoll, sich ein bisschen hinter ihm verstecken und entspannen zu können. Noch nie hatte man uns in den Dörfern so herzlich empfangen, und während Gerry unsere Gastgeber damit erfreute, dass er ausgelassen mit sämtlichen Tänzern und Tänzerinnen des Dorfs tanzte – sogar mit einigen, die nicht tanzten –, konnte ich es mir erlauben, im Hintergrund zu bleiben. Zu tanzen, während man im Mittelpunkt des Interesses steht, war noch nie mein Ding gewesen! Abends amüsierten wir uns häufig darüber, wie entgegengesetzt wir veranlagt waren – ein Ausbund an Extrovertiertheit und der Inbegriff von Introvertiertheit.

Mich faszinierten seine wundervollen Begabungen. Innerhalb weniger Sekunden, nachdem er in einem Dorf eingetroffen war, lächelte und lachte ihn – trotz der Sprachschranke – jeder an. Die Kinder klammerten sich an ihn, und er wollte einfach alles über ihr Leben wissen. Ich stellte fest, dass er den Namen jeder einzelnen Person behalten konnte, die wir in einem Dorf trafen. Ich sagte ihm das, und dann fing er an, damit zu prahlen, indem er noch einmal die Runde machte und den Namen von jeder einzelnen Person nannte, der wir vorgestellt worden waren.

Außerdem dachte er sehr gründlich über das nach, was er sah und erlebte. Am letzten Abend, im Vorfeld eines letzten langen Drehtags, zog er umfangreiche Notizen hervor, die er sich gemacht hatte: seine Gedanken über die Schönheit und Bedeutung von Mary's Meals, und wie man diese Schönheit und Bedeutung am besten in Worte fasste. Er achtete genau auf jede Formulierung. Seine akribische Vorbereitung erstaunte mich ebenso wie seine harte Arbeit. Als wir zu diesem Abenteuer aufbrachen, hatte ich gedacht, dass wir mit ein paar netten Tonaufnahmen von Gerry zurückkehren würden; stattdessen hat er uns viele Stunden mit ganz unglaublichem Material geschenkt.

„Was mich unter anderem während dieses Besuchs betroffen gemacht hat, ist die tiefe Würde dieser Menschen, und an Mary's Meals schätze ich, dass alles darauf angelegt ist, diese Würde zu respektieren. Sie gehen nicht mit einem abgehobenen System vor, bei dem die Menschen lediglich etwas entgegennehmen; nein, hier steht der Respekt vor dem Leben der Menschen, ihrer Kultur und ihren Fähigkeiten absolut im Vordergrund, und die Förderung all dieser Aspekte", sagte Gerry vor der Kamera an unserem letzten Tag.

„Ich erlebe Gemeinschaften voller Resilienz, Integrität, Wärme, Liebe und Hoffnung. Das alles ist schon da, und Mary's Meals wirkt einfach wie ein Schalter, der es aktiviert. Magnus glaubt, dass das ein Werk Gottes ist, und das ist auch meine Überzeugung."

Es gab viele, die diesem Urteil, wem das Werk eigentlich im Letzten zuzuschreiben war, zustimmten, und die hinter der Kirche von Medjugorje an einem brütend heißen Sommertag im Jahr 2014 versammelt waren. Von der Bühne aus blickte ich über die Ebene, wo früher Weingärten und Felder gewesen waren, auf eine Menge von über 50.000 jungen Menschen, von denen viele ihre Nationalfahnen schwenkten. Ich war wieder eingeladen, zu den Jugendlichen zu sprechen, die sich hier zum jährlichen Jugendfestival versammelten. Als wir im Jahr 1983 zum ersten Mal als Teenager nach Medjugorje kamen, waren wir lediglich eine Handvoll Pilger aus anderen Ländern. Und heute schaute ich verblüfft über dieses riesige Meer glücklicher Menschen, auf all die Leute, die sich aus allen möglichen Ecken des Erdballs aufgemacht hatten, um sich an diesem obskuren, schwer erreichbaren Ort zu versammeln. Zu einer Zeit des Jahres, da die meisten ihrer Generation an Stränden und bei Musikfestivals abhingen, hatten diese jungen Menschen beschlossen, hierher zu kommen.

Die meisten hatten Kopfhörer auf und lauschten der Übersetzung unserer Vorträge über Kurzwellenradio. Neben mir stand Lidija und übersetzte meine Worte ins Kroatische, und in Kabinenreihen in dem gelben Gebäude, wo wir manchmal auch unsere Mary's-Meals-Konferenzen abhielten, saß an mehreren Pulten eine Reihe von Leuten, die das Kroatische in weitere 19 Sprachen übersetzten: ins Italienische, Deutsche, Französische, Spanische, Polnische, Libanesische, Arabische, Koreanische und viele Sprachen mehr. Ich war daran gewöhnt, dass meine Vorträge übersetzt wurden, heute war es allerdings ein bisschen beunruhigend festzustellen, dass das, was ich sagte, zweimal übersetzt wurde, und dass die jungen Leute mir über ihre Radios zuhörten. Aber neben mir auf der Bühne stand eine große Gruppe von Unterstützern und Unterstützerinnen in Mary's-Meals-T-Shirts, und ihre Anwesenheit beruhigte mich.

Nach meiner kleinen Ansprache schaute sich die Menge auf riesigen Bildschirmen *Child 31* an. Die restliche Zeit der Festivalwoche verbrachte ich überwiegend in unserem kleinen Informationsbüro mit Milona und redete mit einem nicht abreißenden Strom fröhlicher junger Menschen aus China, Mexiko, dem

Libanon und vielen anderen Ländern, die mehr über Mary's Meals wissen wollten. Es gab Jugendliche, die uns bereits unterstützten, und andere, die zum ersten Mal von uns gehört hatten. Mehrere Teenager aus der Schweiz sprachen lange mit uns und fragten, was es für Möglichkeiten gab, um Spenden zu sammeln. Als sie gingen, drehte sich einer von ihnen zu mir um und sagte: „Übrigens, ich habe jetzt zum ersten Mal in meinem Leben das Eine verstanden: Christ sein heißt, dass man wirklich etwas *tun* muss!"

Eine weitere aufschlussreiche Unterhaltung hatte ich damals mit einem der Priester vor Ort. Ich sprach mit ihm über die Tatsache, dass es Leute gab, die diese ganze Geschichte mit den Erscheinungen von Medjugorje für einen ausgemachten Betrug der Ortsgemeinde hielten. „Haben Sie all die jungen Menschen hier gesehen, die auf Knien beten? Die Schlange stehen, um zu beichten? Die nicht einmal alle in die Kirche passen? Haben Sie ihre Freude gesehen? Haben Sie ihre Geschichten gehört und diese Reden, von denen Sie ja auch eine gehalten haben, die einige der Früchte dieses Orts beschreiben?", fragte er mich. „Wenn wir das alles hier erfunden haben und seit dreißig Jahren nur vortäuschen; wenn wir tatsächlich selbst wüssten, wie man so etwas zustande bringt, dann sollten wir das als Pastoralplan für jede Gemeinde, jede Diözese weltweit übernehmen!", gluckste er.

Vielleicht hätte ich das Papst Franziskus vorschlagen sollen, als er auf dem Petersplatz an einem brütend heißen Tag im Sommer 2013 mit ausgebreiteten Armen auf Julie und mich zukam, aber irgendwie habe ich das Gefühl, er versteht mehr von Pastoralplänen als ich. Wenige Wochen zuvor hatte ich zu Hause einen Anruf entgegengenommen, während ich meinen Sohn Gabriel auf dem Arm hatte – er war damals zwei Jahre alt und schrie aus vollem Hals. Es klang, als ob die Person am anderen Ende der Leitung sagte, sie sei vom Vatikan und wolle fragen, ob ich gern kommen würde, um mit Papst Franziskus zusammenzutreffen.

Nachdem ich Gabriel schnell seiner älteren Schwester Martha übergeben hatte, bat ich den Anrufer, doch bitte noch einmal zu wiederholen, was er gerade gesagt hatte. Aber ich hatte beim ersten Mal tatsächlich richtig gehört. Es war daher angemessen, dass Julie, als ein strahlender Papst Franziskus uns entgegenkam und ihre Hände in seine nahm, ihm als Erstes einige Karten übergab, die unsere Kinder für ihn gemacht hatten und die in einem Umschlag steckten, auf dem mit rotem Filzstift *Pope Francis!* vermerkt war. Er grinste und fragte uns, wie viele Kinder wir hätten, und dann erzählten wir ihm ein bisschen von Mary's Meals, und ich übergab ihm einen blauen Mary's-Meals-Becher und eine Kopie von *Child 31*. Er überreichte alles einem seiner Helfer und hielt weiter unsere Hände umfasst. Dann legte er meine Hand auf die von Julie, und während seine Hand noch immer oben lag, segnete er unsere Ehe, und sein Lächeln wurde noch breiter und schöner.

Ich habe nie jemanden so lächeln sehen, mit so viel Liebe, und ich werde das nie vergessen. Von allen unerwarteten Begegnungen und unverdienten Gaben, die ich empfangen habe, seit ich diese Arbeit tue, war das die wunderbarste. Nach nur wenigen Monaten als Papst war er schon mein Held, auch der von Julie, und sein Segen bedeutete uns mehr, als wir uns je erhofft hätten. Wie immer war mir schmerzlich bewusst, dass es viele Frauen und Männer auf der ganzen Welt gab, die sich für Mary's Meals engagierten und die es eigentlich viel mehr verdient hätten, diesem bemerkenswerten Mann zu begegnen.

Seit seiner Wahl hat Papst Franziskus wiederholt auf den „Skandal der Armut" hingewiesen. Nicht lange nach unserer Begegnung meinte er, um dem abzuhelfen, müssten wir uns alle überlegen, ob wir ein bisschen ärmer werden können, wir alle müssten das tun.

Ich weiß, dass der Segen, den wir an jenem Tag empfangen haben, auch auf all denen liegt, die genau das machen, wenn sie das Brot, das allen gehört, mit Mary's Meals und den hungrigen Kindern teilen.

XII.

Freunde ganz unten

Ich gebe die Hoffnung auf bessere Zeiten nicht auf,
denn ich weiß, das Universum wird von dem gesteuert,
der den Sturm nicht mit menschlichem Vermögen
stillt, sondern mit seinem Schöpfungswort „Es werde".
(Johannes Chrysostomus)

Auch unsere Arbeit in Haiti hatte ihren Ursprung in Medjugorje. An einem warmen, sonnigen Vormittag im Mai 2006 stand ich in einer Menschenmenge, die der Ansprache von Jakov lauschte, dem jüngsten der Seher, mittlerweile Mitte dreißig. Er verkündete von der Eingangstreppe zu seinem Haus die Botschaft Marias. Wie immer beendete er seine einfache, bewegende Rede mit einem Gebet. Als ich mich umdrehte, um zu gehen, tippte mich jemand aus der Menge auf die Schulter.

„Ich habe überall nach Ihnen gesucht!", sagte die lächelnde Frau mittleren Alters, die da vor mir stand. „Ich bin Anka – Sie erinnern sich vielleicht, dass wir uns beim Jugendfestival im letzten Jahr kennengelernt haben?"

Und ob ich mich erinnerte! Sie war die Dolmetscherin einer Ansprache, um die ich damals gebeten worden war, und es war mir noch sehr präsent, wie sie alles, was ich sagte, erweiterte und ausschmückte, was die jungen Leute in einer Art und Weise zum

Lachen brachte, die mich ziemlich verunsicherte. Eine Zeitlang kam ich mir vor wie ein Stand-up-Comedian – bloß verstand ich leider nicht einen einzigen der Witze, die ich machte.

„Ich war gerade in Haiti und habe dort an einer Hilfsaktion mitgearbeitet – ich muss unbedingt mit Ihnen darüber reden!", sagte sie. „Es ist einfach entsetzlich, was dort geschieht. Überall, wo ich hinkam, musste ich denken: Was diese Kinder eigentlich brauchen, ist Mary's Meals."

Wir gingen hinüber zum Mary's-Meals-Zentrum, unserem kleinen Café im Herzen des Dorfs, wo wir für die Pilger Tee und Kaffee ausschenken und ihnen von unserer Arbeit erzählen. Das war Milonas Reich, und hier lernten Menschen aus aller Welt Mary's Meals kennen und starteten dann häufig nach der Rückkehr in ihre Heimat Spendenaktivitäten für Mary's Meals. Wie üblich summte es hier nur so vor Aktivität; mehrere Unterhaltungen fanden in unterschiedlichen Sprachen gleichzeitig statt. Wieder einmal erstaunte mich Milonas Fähigkeit, mühelos von einer Sprache in die andere zu wechseln und jedem einzelnen Besucher, der hierher kam, ihre volle Aufmerksamkeit zuzuwenden. Bei einer Tasse Kaffee fragte Anka, ob wir nicht daran interessiert wären, in Haiti Mary's Meals einzuführen. Sie zeigte mir ihre Bilder und wies darauf hin, dass Haiti mittlerweile das ärmste Land der westlichen Hemisphäre war. Ich erklärte ihr, wir würden den leidenden Kindern dort von Herzen gern helfen, aber die Mittel, die uns momentan zur Verfügung stünden, seien bereits für andere Projekte eingeplant.

„Lassen Sie uns das Ganze ins Gebet nehmen und darüber nachdenken und sehen, was geschieht", schlug ich ihr vor, als ich mich verabschiedete, bevor ich dann zum Flughafen aufbrach. Ich sagte das aufrichtigen Herzens, denn ich war schon ein wenig informiert über die extreme Armut auf dieser Karibikinsel, und die Bilder von leidenden Kindern, die Anka mir gezeigt hatte, hatten mich natürlich aufgewühlt. Allerdings hatte ich bei meiner Rückkehr nach Hause keine große Hoffnung, dass wir in absehbarer Zeit etwas in Haiti würden machen können. Fast jede Woche gingen neue Hilfsanfragen bei uns ein, mehr, als wir je würden erfüllen können.

Als ich daheim ankam, ging ich noch kurz hinüber in meinen Schuppen, um die E-Mails durchzuschauen. In meiner Inbox fand ich eine Nachricht von Cecilia, einer Frau aus Nordengland, die gerade von Ferien auf den karibischen Kaimaninseln zurückgekommen war. Ich kannte Cecilia damals noch nicht persönlich, aber ich hatte viel von ihr gehört – sie war eine dieser unermüdlich engagierten Personen, die offenbar ihr Leben damit zubrachten, jedem, den sie trafen, von Mary's Meals zu erzählen. Häufig nahmen neu hinzugekommene Wohltäter aus Nordengland Kontakt mit uns auf und sagten, sie hätten durch Cecilia von unserer Arbeit erfahren. In ihrer E-Mail erklärte Cecilia, sie und ihr Gatte seien während ihrer Ferien in einem Restaurant mit einem Mann ins Gespräch gekommen, und natürlich hatte sie ihm von Mary's Meals erzählt. Er war sichtlich bewegt und erklärte, er sei Mitglied im Vorstand einer Stiftung, die momentan nach einer geeigneten Möglichkeit suche, den ärmsten Kindern in Haiti zu helfen.

Ich stellte fest, dass diese Begegnung auf den Kaimaninseln ungefähr zur selben Zeit stattgefunden haben musste wie mein Gespräch mit Anka im Café in Medjugorje. Die E-Mail schloss mit einer Telefonnummer und der Bitte, diesen Herrn doch anzurufen. Er bestätigte dann Cecilias Geschichte und stellte fundierte Fragen über die Vorgehensweise von Mary's Meals. Er sagte mir, wenn wir einen Förderungsantrag stellen würden, um Mary's Meals in Haiti einzuführen, würde er den Antrag dem Vorstand der Stiftung vorlegen, der ihm sehr wahrscheinlich zustimmen würde.

Mittlerweile war mir klar, dass es einfach so sein sollte, dass wir das machten. Wir stellten also eingehende Studien über die Bedürfnisse in Haiti an – die Unterernährungsrate bei Kindern, Schulanmeldungszahlen, gegenwärtige Anbieter von Schulmahlzeiten und so weiter. Es war deutlich, dass es in dem Land einen enormen Bedarf für Mary's Meals gab. Dann schauten wir uns nach diversen Organisationen um, die in Haiti arbeiteten – vor allem solchen, die mit den Bereichen Erziehung und Bildung zu tun hatten –, welche als potenzielle Partner infrage kamen, und wir suchten mit einigen von ihnen das Gespräch.

Im September besuchte ich zum ersten Mal Haiti. Ich wurde begleitet von Maria Byars, einer aufgeweckten jungen Frau, die zu unserem immer größer werdenden Team gehörte und einen Großteil der vergangenen zwei Jahre mit uns in Malawi und Liberia gearbeitet hatte. Ich kannte Maria schon, als sie ein junges Mädchen war. Zuerst war sie mit ihren Eltern immer wieder in die Craig Lodge zu Einkehrtagen gekommen, später schloss sie sich unserer kleinen Jugendgemeinschaft an. Sie entwickelte eine Leidenschaft für die Arbeit von Mary's Meals, und nachdem sie ihr Masterstudium an der London School of Economics abgeschlossen hatte, kam sie zurück und arbeitete in unserem kleinen Team mit – was mich begeisterte, denn sie war eine der aufmerksamsten, intelligentesten Personen, die ich kannte. Sie hatte damit angefangen, unsere Zielvorstellungen zu formulieren, sie umriss Aspekte wie das Engagement der Gemeinschaft und unseren Ansatz langfristiger Nachhaltigkeit, und sie strukturierte unsere ersten Versuche, unsere Projekte auf sinnvolle Weise zu kontrollieren und auszuwerten.

Sie war außerdem eine zutiefst spirituelle und introvertierte Person: Nach einigen Jahren, in denen wir eng zusammengearbeitet hatten, verschlug es mir die Sprache, als sie mir eines Tages aus heiterem Himmel mitteilte, sie habe beschlossen, Ordensschwester zu werden. Heute ist sie eine Franciscan Sister of Renewal und arbeitet mit den Armen in New York.

Zuerst begaben wir uns in das Gebirgsmassiv in der Mitte des Landes. Auf holprigen Straßen ging es über zwei Bergzüge hinweg in eine Stadt namens Hinche. Vieles von dem, was wir sahen, erinnerte uns an Westafrika, aber es gab auch viele Unterschiede. Das gebräuchlichste Transportmittel waren Esel, und die kleinen Häuser an der Straße waren hübsch blau und grün getüncht. Die verwitterten Berge waren überwältigend schön, allerdings gab es überhaupt keine Bäume mehr. In Regionen wie dieser, wo die Erosion so weit fortgeschritten war, gewann man den Eindruck, sie würden gleich vor unseren Augen auseinanderkrümeln. Und es herrschte überdeutlich eine niederschmetternde, abstoßende Armut. Männer zogen hölzerne, hoch mit schweren Lasten beladene Behelfskarren. An einer hölzernen Bude an der Straße bemerkte ich einen entsetzlich mageren Jungen, der im Sand hockte, und ich sah, wie er sorgfältig winzige Holzkohlestückchen auflas und in eine kleine Plastiktüte füllte.

Vor meinem Besuch hatte ich mich über Haitis grauenhafte Vergangenheit informiert: eine tragische Geschichte voller Ungerechtigkeiten. Französische Kolonialherren hatten hier früher ein besonders brutales Sklavenregime etabliert. Von den Sklaven, die in riesigen Mengen aus Westafrika importiert wurden, um in den einträglichen Zuckerplantagen zu arbeiten, starb ein Drittel innerhalb weniger Jahre nach ihrer Ankunft. 1791 gab es einen Sklavenaufstand, und 1804 hatten die Sklaven gegen Napoleons Frankreich einen Sieg errungen, der die Welt erschütterte. 1825 forderten die Franzosen, unterstützt von den USA, Großbritannien und Kanada, Reparationszahlungen für ihr „verlorenes Eigentum": Sklaven, Land und Ausrüstungsgegenstände. Um international anerkannt zu werden und der politischen und wirtschaftlichen Isolation zu entgehen, wurde Haiti gezwungen, 150 Millionen Goldfrancs zu bezahlen. In heutiger Währung entspricht das 21,7 Milliarden US-Dollar. Diese Summe wurde zwar später reduziert, doch endgültig abbezahlt hatte Haiti seine Schuld erst im Jahr 1947. Danach litt das Land unter der Herrschaft der grausamen Diktatoren Papa Doc und seinem Sohn Baby Doc.

Ich erfuhr auch weitere deprimierende Fakten über das gegenwärtige Haiti und das bis heute nachwirkende Erbe dieser entsetzlichen Geschichte. Ungefähr 80 Prozent der Bevölkerung leben von weniger als zwei US-Dollar pro Tag, 50 Prozent der Kinder unter fünf Jahren sind unterernährt, von tausend Neugeborenen erleben achtzig ihren ersten Geburtstag nicht. Und nicht einmal die Hälfte der Kinder ist in einer Schule angemeldet.

Der erste Tag in Hinche, der 5. September 2006, war ein glücklicher Tag. Vier Monate nach der Unterhaltung mit Anka in Medjugorje durften wir dabei sein, wie zum ersten Mal in Haiti Mary's Meals serviert wurden. In einem kleinen Waisenhaus, der Maison Fortune, standen lächelnde Kinder in strahlend rosafarbenen Schuluniformen unter riesigen grünen Bäumen Schlange, um ihren Teller Reis mit Gemüse in Empfang zu nehmen. Später am selben Tag trafen wir mit einigen

Missionarinnen der Nächstenliebe (die Kongregation, die von Mutter Teresa gegründet worden ist) zusammen, die uns daran erinnerten, dass heute der Jahrestag von Mutter Teresas Tod war. Ich freute mich, als ich erfuhr, dass wir unsere Arbeit in Haiti an diesem Tag begonnen hatten, da ich Mutter Teresa sehr verehre. Ihre Worte und ihre Art, den Armen zu dienen, haben einen immensen Einfluss auf unsere Arbeit. Ihre Schwestern in ihrem blau-weißen Habit luden uns in ihr Haus ein, wo sie uns den unterernährten Kindern vorstellten, um die sie sich kümmerten. Die Kinder mit den stöckchendünnen Gliedmaßen und eingefallenen Gesichtern klammerten sich gerade noch ans Leben, sie waren so klein und wirkten so zerbrechlich, dass ich erst Angst hatte, sie in den Arm zu nehmen. Als ich es dann aber tat, fiel es mir schwer, sie wieder loszulassen, und als ich das letzte Mädchen in sein Kinderbett zurücklegte, war ich auf diese Ordensschwestern fast neidisch, die es sich zur Aufgabe gemacht hatten, sich um diese wunderschönen, kostbaren kleinen Menschenwesen zu kümmern. Außerdem verbrachten wir noch einige Zeit mit Caritas Hinche, einer weiteren lokalen Organisation, und diskutierten den dringenden Bedarf an Mahlzeiten an vielen Schulen, die die Organisation hier in den Bergen betrieb. Wir kamen überein, auch mit ihnen eine Partnerschaft einzugehen. Im Lauf der Zeit wurden sie unser größter Partner in Haiti, und in vielen Dörfern der zentralen Hochebene – einige von ihnen sehr abgelegen und nur zu Fuß oder mit dem Esel erreichbar – begannen freiwillige Mitarbeiterinnen, an jedem Schultag Reis und Bohnen für ihre Kinder zu kochen.

Von Hinche reisten wir weiter hinunter nach Port-au-Prince, um Father Tom Hagan zu treffen und mit ihm zusammen einen berüchtigten Slum, die Cité Soleil, zu besuchen. Seit wir in Haiti angekommen waren, hatten die Leute, wenn wir von unserer Absicht sprachen, dorthin zu gehen, erst gelacht, und nachdem sie dann merkten, dass wir es ernst meinten, hatten sie uns jeweils feierlich erklärt, dass das schlichtweg ausgeschlossen war. Die Situation dort war täglich Thema in den Nachrichten. Eine UNO-Friedenssicherungstruppe war rund um Cité Soleil aufgestellt, die 400.000 Bewohner befanden sich faktisch in einem Belagerungszustand, und ständig kam es zu Scharmützeln mit den 12.000 Bandenmitgliedern, die den Slum unter Kontrolle hatten. Diese Gangs hatten kürzlich von den Straßen, die in ihr Territorium führten, Menschen gekidnappt, und die meisten Bewohner von Port-au-Prince wollten nicht einmal angrenzende Stadtviertel besuchen, von Cité Soleil ganz zu schweigen. Unser „Passierschein" in die Cité hinein, und der Grund, warum wir dorthin wollten, war Father Tom Hagan, ein amerikanischer Priester, der hier bereits seit vielen Jahren arbeitete. Ich hatte seit mehreren Monaten regelmäßig Kontakt mit ihm, nachdem ich durch seine Organisation „Hands Together" von seiner Arbeit in Cité Soleil erfahren hatte. Ich war vor allem an den Schulen interessiert, die er aufgebaut hatte, und an dem dringenden Bedarf an Schulmahlzeiten.

Wir trafen in seinem Haus in Port-au-Prince ein, und bald hatte uns der kleine, verschmitzte Mann aus Philadelphia zum Lachen gebracht. Bei einem kalten Drink fing er an, uns seine Geschichte zu erzählen und die Situation zu schildern, in der er arbeitete. Jedes Mal, wenn er dazu ansetzte, eine gravierende, verstörende, häufig makabre Situation zu beschreiben, mit der er es zu tun hatte, machte er in seiner Darstellung einen Schlenker und erzählte irgendeine zum Schreien komische Anekdote.

Angesichts des Ausmaßes an Gewalt und Tod, mit dem er konfrontiert war, fragte ich mich, ob das möglicherweise seine Art war, mit der Realität seines Lebens fertigzuwerden – vielleicht auch uns zu helfen, damit fertigzuwerden. Er war demütig und entwaffnend unsicher – immer wieder fragte er, ob er überhaupt in der Zeit, seit er in Haiti war, für irgendjemanden irgendetwas Gutes getan hatte.

Father Tom erzählte uns, nachdem er als Leiter einer Studentengruppe des Lafayette College 1986 nach Haiti gereist war, habe er sich berufen gefühlt, seine Stelle als Kaplan an der Princeton University aufzugeben, und später, im Jahr 1997, zog er nach Port-au-Prince um, wo er Hands Together gründete. Die Mitarbeiter von Hands Together organisierten Bildungs-, Landwirtschafts- und Gesundheitsprojekte in der Region Goniaves. Das wichtigste Einsatzgebiet aber wurde Cité Soleil, wo sie acht große Schulzentren bauten und damit hier erstmals Schulbildung frei zugänglich machten. Er sprach auch von der gegenwärtig herrschenden extrem angespannten Situation in Cité Soleil. Er kannte mehrere Bandenchefs gut und versuchte, einen Weg zu einer friedlichen Lösung der Situation zu finden. Und als er dann von einigen kürzlich vorgefallenen Gräueltaten berichtete, schwenkte er wieder um, diesmal zu einer urkomischen Anekdote über die indischen Missionarinnen der Nächstenliebe, die in der Nähe lebten und für die er jeden Morgen die Messe las.

„Oft finde ich, bevor ich mit der Messe anfange, auf einer kleinen Tafel in der Kapelle eine Gebetsintention vor, die ich während der Messe erwähnen soll. Häufig ist das der Geburtstag einer der Schwestern oder irgendein Jahrestag. Eines Morgens hatten sie auf die Tafel ‚Sister Horshit's Birthday' geschrieben!

Ich nahm mich zusammen und versuchte, so gut es ging, den Namen nicht ganz so anstößig klingen zu lassen. ‚Wir wollen an ihrem Geburtstag beten für Schwester Horsiiiiiit', sagte ich, aber ich hatte keine Chance – sie korrigierten mich sofort: ‚Nein nein, Father! Das heißt Schwester Horshit …'"

Mittlerweile hatte er uns so weit, dass wir uns vor Lachen bogen, und nun kam er auf seine eigentliche Geschichte von einem Bandenchef zurück, der kürzlich einen Rivalen enthauptet hatte. Er beantwortete unsere vielen Fragen und beteuerte, dass wir in seiner Begleitung sicher waren, wenn wir am folgenden Tag die Schulen in Cité Soleil besuchten.

So fuhren wir also am nächsten Morgen nach der Messe bei den Missionarinnen der Nächstenliebe – Gott sei Dank hatte mich keiner Schwester Horshit vorgestellt – in Richtung Cité Soleil. Die größte Zufahrtsstraße, die von Haitis internationalem Flughafen dorthin führte, war beunruhigend leer. Irgendwann rauschte ein bunter Bus auf der Überholspur an uns vorbei, mit dröhnender Hupe wurde unmissverständlich signalisiert, dass der panische Fahrer, komme was wolle, nicht die Absicht hatte, wegen irgendetwas anzuhalten. Wie jedermann in Port-au-Prince wusste sicher auch er von den Entführungen, die auf diesem Straßenabschnitt in den letzten Wochen vorgefallen waren.

Als wir von der Schnellstraße auf eine kleinere Straße in Richtung Cité Soleil abbogen, kamen wir an mehreren weißen UNO-Panzern vorbei, aus denen Soldaten herausspähten, die ihre Gewehre direkt auf uns richteten. Ich musste an die ungläubigen Reaktionen denken, mit denen die Leute auf unseren Plan reagiert hatten, Cité Soleil zu besuchen, und ich schaute kurz zu Maria hinüber, um zu sehen, wie es ihr ging. Sie kam mir sehr viel ruhiger und unbesorgter vor, als ich selbst mich fühlte. Ich begann mich tatsächlich allmählich zu fragen, ob es nicht eher töricht gewesen war, unser Leben in die Hände dieses exzentrischen Priesters zu legen, den wir erst am Abend zuvor kennengelernt hatten.

Während der Fahrt gab uns Father Tom einen Abriss der aktuellen Situation. Er erklärte, seit 2004, als der gewählte Präsident Jean-Bertrand Aristide im Zuge eines Staatsstreichs entmachtet wurde, seien ständig UNO-Truppen in Haiti präsent. Angeblich ging es um Friedenssicherung, doch viele Haitianer sahen in den 6000 UNO-Soldaten Handlanger der internationalen Großmächte, die, so nahm man hier an, auch den Sturz Aristides unterstützt hatten. Viele Banden in Cité Soleil hielten nach wie vor zu dem ehemaligen Präsidenten und warfen den Vereinten Nationen brutales Verhalten ihnen und den Armen von Cité Soleil gegenüber vor. Im Juli 2006 waren die Streitkräfte der UNO mit einem Versuch gescheitert, in Cité Soleil „einzumarschieren", allerdings kamen dabei achtzig Zivilisten ums Leben. Seit damals hatten sich die UNO-Soldaten in einem Ring um die Cité eingegraben, von dem aus sie immer wieder Angriffe unternahmen. Die Bewohner vor Ort beschuldigten die UNO, Cité Soleil in ein Konzentrationslager zu verwandeln. Ein kürzlich im *Lancet* veröffentlichter Artikel gab an, in den 22 Monaten seit der Aufstellung der UNO-Truppen seien 8000 Menschen ermordet und 35.000 Frauen sexuell missbraucht worden. Es wurde allmählich völlig klar, dass das Gebiet, in das wir unterwegs waren, faktisch ein Kriegsgebiet war. Die beschossenen Gebäude und die mit Einschusslöchern übersäten Mauern unterschieden sich nicht von Schauplätzen, die ich in Bosnien-Herzegowina und Liberia besucht hatte.

„Das ist das Haus der Töchter der Nächstenliebe", sagte Father Tom, als er auf ein weiteres vom Krieg verwüstetes Gebäude zeigte. „Sie mussten letzte Woche ausziehen, als das Feuer auf sie eröffnet wurde, und das ist echt traurig, denn die Ordensschwestern haben hier großartige Arbeit geleistet. Auch einer der Schwestern der Kongregation von Mutter Teresa wurde in den Arm geschossen, aber das ist schon wieder ganz ausgeheilt, Gott sei Dank."

Neben dem Roten Kreuz und den Ärzten ohne Grenzen sah es ganz so aus, als sei Hands Together die einzige humanitäre Organisation, die in Cité Soleil noch aktiv war. Wir fuhren jetzt an ausgebrannten Gebäuden vorbei, vor denen Reihen junger Männer saßen, die uns missmutig anstarrten. Ich versuchte, die Überbleibsel einer Aufschrift auf einem besonders heftig beschossenen Gebäude zu entziffern, und stellte dann fest, dass ich auf das blickte, was von einer Polizeidienststelle übriggeblieben war. Mir war jetzt deutlicher bewusst, dass dieser Ort tatsächlich von Banden kontrolliert wurde. Es gab hier in diesem kleinen autonomen Staat keine andere Autorität mehr.

Und wieder fragte ich mich: War es wirklich „sicher", mit Father Tom hierher zu kommen? War er nicht womöglich im Gegenteil völlig durchgeknallt? Etwas wohler fühlte ich mich, als wir endlich vor einem der sieben Schulgelände eintrafen und durch ein Tor in den hohen Sicherheitsmauern hineingelangten. Drinnen trafen wir auf eine kleine Oase des Friedens. Einige Männer stellten in einem Klassenzimmer für das neue Schuljahr kleine Holzstühle her, während ein UNO-Hubschrauber ärgerlich über unsere Köpfe hinwegbrummte. Father Tom zeigte uns ein sauberes Durchschussloch in der Tafel und sagte, die Kinder seien hier gewesen, als die Kugel durch den Raum zischte.

Dann begaben wir uns hinaus in die engen Gassen und waren sofort von nackten, mageren Kindern umgeben. Der Gestank von Abwasser und faulem Müll war überwältigend. Überall fanden sich Haufen von verrottendem Abfall und stinkendes schwarzes Wasser in Pfützen, durch die die Kinder barfuß hindurchgingen. Kleine, dürftige Hütten aus rostenden Blechplatten reihten sich an Abwasserkanälen aus Beton. Die Kinder bettelten um etwas zu essen, indem sie auf ihren Mund und auf ihre aufgeblähten Bäuche zeigten. Ich bin schon oft von Kindern um Geld angebettelt worden, aber noch nie auf diese Weise um Essen. Auf unserem Weg zum alten Hafen sahen wir große schwarze Schweine, die im Müll wühlten, und hier und da sah man Kinder in all dem Dreck hocken und ihre Notdurft verrichten. Der Gestank, der Schmutz, der Mangel an Würde war einfach überwältigend. Ich konnte kaum glauben, was ich sah. Ein Kleinkind krabbelte mit gesenktem Kopf durch den fauligen Dreck, offenbar wollte es in eine der Wellblechhütten. Eine solche Hölle auf Erden hatte ich noch nie und nirgends erlebt. Und ich hatte außerdem Angst. Auf unserem Weg kamen immer wieder einmal junge Männer auf Father Tom zu und wollten mit ihm reden. Sobald wir anhielten, bildete sich um uns herum ein Kreis von Männern, viele mit finsteren Mienen. „Gehen wir weiter", sagte Father Tom dann, und wir setzten unseren Weg fort.

Wie konnte man in solchen Zuständen leben und ein Mensch bleiben? An der alten Werft saßen Männer, die ihre Fischernetze reparierten, während im Hafen alte Kutter und Fischerboote auf und ab schaukelten, ihre hohen Segel gerahmt vom Smaragdgrün des Meeres. Dieser plötzliche Eindruck von Schönheit schockierte mich. Dahinter waren riesige Lastschiffe festgemacht. In unserer Nähe stand ein Junge am Rand des Wassers, und sachte schwappte das Wasser gegen Haufen von Plastikmüll. Er ließ einen aus dünnen Stöcken und Plastiktüten selbst gemachten Drachen steigen. Der Junge schaute fasziniert hinauf zu dem Drachen, der im azurblauen Himmel schwebte – und er achtete nicht auf den faulen Unrat, den verwesenden Müll und das besonders große Schwein, das neben ihm im Schlamm wühlte. Er freute sich einfach an dem schönen Flugobjekt über seinem Kopf, das auf jede seiner Bewegungen gehorsam reagierte. Nachdem wir ihm einige Minuten zugeschaut hatten, gingen wir durch andere Gassen zurück und kamen an einem Mann vorbei, der auf einer selbstgemachten Gitarre spielte und dazu sang, während seine Frau ein Baby stillte. Sie lächelte uns strahlend an. Selbstverständlich: Sogar hier war es möglich, menschlich zu bleiben.

Und es folgte gleich eine weitere Überraschung, als Father Tom mit uns zu einem kleinen, gut bewachten Haus ging, in dem sich ein funktionsfähiger Radiosender befand. Er erklärte, eine Gruppe junger Männer sei eines Tages mit dieser Idee zu ihm gekommen, und er half ihnen, das Ganze zu realisieren. Jetzt beobachteten wir durch die Glaswand des Studios, wie ein junger enthusiastischer DJ einen weiteren Song ankündigte. Father Hagan flüsterte ihm etwas ins Ohr, und der DJ unterbrach den Song und teilte seinen Zuhörern mit, dass er einige Überraschungsgäste aus England willkommen heißen wolle. (Hinterher zogen wir Father Tom damit auf, dass wir Schotten waren, keine Engländer, und einige Jahre später, als ich den Zwischenfall schon völlig vergessen hatte, nahm Father Tom mich noch einmal zu einem Besuch des Senders mit. Dieses Mal kündete der DJ emphatisch seine Besucher aus Schottland an und spielte dann anschließend noch das für die Ohren seiner

Zuhörer völlig ungewohnte „O Flower of Scotland" – inklusive Dudelsack.)

Wir setzten dann unsere Tour fort und trafen kurz darauf mit einigen der Bandenführer zusammen, unter ihnen auch der oberste Boss mit Dreadlocks und Sonnenbrille, der sich auf Kreol in ernstem Tonfall mit Father Tom unterhielt. Irgendwann sagte Father Tom etwas zu ihm, das ihn sehr zum Lachen brachte, woraufhin auch all die jungen Männer um ihn herum in Gelächter ausbrachen.

Als wir weitergingen, erklärte uns Father Tom, er sei gerade dabei, die Bandenführer dazu zu bewegen, ihre Waffen auszuhändigen und mit der Regierung und den Vereinten Nationen eine Vereinbarung auszuhandeln. Er war entnervt, denn in der vergangenen Woche hatte sich Präsident Preval heimlich mit ihnen getroffen, und anschließend hatten einige der Naiveren mit der Presse geredet und behauptet, der Präsident sei gezwungen worden, sich ihrem Standpunkt anzupassen. Darauf folgten Schlagzeilen, die den Präsidenten in Verlegenheit brachten, und jetzt vermittelte Father Tom diesen Männern, dass er von ihnen irgendeine Geste erwartete, mit der der Schaden wieder gutgemacht werden konnte. Er befürchtete, es könne womöglich bereits zu spät sein: Vielleicht bereiteten die UNO-Soldaten schon einen Angriff vor, der einen schrecklichen Verlust an Menschenleben zur Folge haben würde.

Die Beziehung zwischen diesen Bandenbossen und Father Tom war interessant. In den wenigen Tagen, die wir bei ihm verbrachten, riefen sie ihn ständig an und fragten ihn um Rat. Sie hatten ganz offensichtlich Respekt vor diesem Mann, der praktisch im Alleingang für die Ernährung und Schulbildung der hungernden Kinder auf ihrem Territorium sorgte. Und Father

Tom wusste, dass die gute Beziehung zu ihnen entscheidend dafür war, dass er hier arbeiten konnte, aber genauso wichtig war es, sich nicht zu sehr in ihr Netz hineinziehen zu lassen. Indem er bestrebt war, sich ihre Erlaubnis, hier tätig zu sein, zu erhalten, ohne ihr Handeln und ihren Führungsstil zu rechtfertigen, vollbrachte er ständig einen moralischen Drahtseilakt. Er erzählte uns, vor wenigen Wochen habe ein Mann mit einem Gewehrlauf sein Autofenster zertrümmert, als er seinen Wagen in Cité Soleil abstellte; der Mann habe ihn aufgefordert, die Schlüssel abzuziehen und ihm auszuhändigen. Father Tom konnte entkommen, weil der Mann sich einen Augenblick wegdrehte und nicht damit rechnete, dass Father Tom Ersatzschlüssel in der Tasche hatte, die er in den Anlasser steckte, und schnell das Weite suchte. Später erfuhr Father Tom zu seinem Entsetzen, dass die Leute hier, als sie von dem Zwischenfall erfuhren, so zornig wurden, dass sie den Verantwortlichen umbrachten.

Der Anführer der Gang, die die Hafengegend kontrollierte, bot uns an, uns sein Revier zu zeigen. Es war ein wichtiger Teil von Cité Soleil, denn Haiti ist ein Umschlagplatz für Drogen, die per Schiff von Südamerika in die USA geschmuggelt werden, und die Banden hier waren wahrscheinlich intensiv an dieser Industrie beteiligt. Der Mann war ungefähr dreißig Jahre alt, klein und trug ein schmuddeliges T-Shirt. Furchteinflößend wirkte er nicht, und ich fragte mich, wie er es geschafft hatte, sich bis zur Position eines Bandenführers hochzuarbeiten. Er ging mit uns zwischen den Hütten umher, die zwischen den Abfallhaufen standen, und zeigte mitleidig auf die schrecklich mageren Kinder, die uns umgaben. Ich fragte ihn, wodurch man die Situation hier verbessern könne. Er deutete auf Father Tom und sagte: „Essen und Schule für unsere Kinder." Father Tom bemerkte, dass ich dieses kleine Kompliment filmte, und für die Kamera tat er so, als würde er ihm einen Kinnhaken verpassen – in Slow Motion.

Mittlerweile war mir klar, dass Father Tom ganz bestimmt nicht verrückt war. Exzentrisch, komisch, mutig, leichtsinnig – das ja, aber sicher nicht verrückt.

Als wir zurückgingen, zeigte Father Tom auf zwei Männer, die auf einem flachen Dach arbeiteten, und forderte mich auf, hinaufzugehen und mir anzuschauen, was diese Männer machten. Ich bin froh, dass ich es getan habe – hätte man es mir nur erzählt, ich hätte es nicht geglaubt. In ordentlichen Reihen waren dort kleine Kuchen aus Schlamm ausgelegt, die in der sengenden Sonne trockneten. In den Schlamm war ein wenig Margarine und Salz gemischt. Auf Kreol heißen diese Schlammkuchen „Terre", und sie werden traditionellerweise von schwangeren Frauen auf Haiti gegessen, in der Annahme, dass in ihnen Mineralien enthalten sind, die für ihre ungeborenen Kinder gut sind. Jetzt aber waren es nicht nur schwangere Mütter, die diese Kuchen aßen. Die Herstellung von „terre" war womöglich die einzige Wachstumsindustrie in Cité Soleil, wo die Menschen zu verzweifelten Maßnahmen griffen, um ihren Hunger zu stillen. Es blieb ihnen hier nichts anderes mehr übrig, als Schlamm zu essen.

Später am Abend beteten wir gemeinsam den Rosenkranz auf dem Dach des Hauses von Father Tom, von wo aus wir einen Blick auf die rund drei Kilometer entfernte Cité Soleil hatten. Während wir beteten, sahen wir Raketen und hörten dumpfe Explosionen: Offenbar unternahmen UNO-Soldaten wieder einen Angriff auf die Banden in der Stadt. Father Tom tätigte einige besorgte Anrufe, er organisierte seine Ambulanz, die hinfahren und in der Nähe in Bereitschaft stehen sollte. Zuvor hatte er uns das voll ausgerüstete Behandlungszimmer gezeigt, das er in seinem Haus eingerichtet hatte: den Arbeitsplatz eines auf Schusswunden spezialisierten Chirurgen.

Mir war in diesen Tagen klar geworden, dass die Arbeit in Haiti für uns alles andere als leicht sein würde. Ohne ein sicheres Umfeld, außerdem ohne die Möglichkeit, vor Ort angebaute Nahrungsmittel zu verwenden, würde es nicht möglich sein, unser Idealmodell umzusetzen. Ich hatte andererseits keinen Zweifel, dass wir Mary's Meals hierher bringen mussten, auch wenn wir zu gewissen Kompromissen gezwungen waren. Wir waren zwar grundsätzlich bestrebt, im Land selbst hergestellte Lebensmittel zu kaufen, aber natürlich würden sich die Kinder nicht beklagen, wenn wir ihren Reis zum gegenwärtigen Zeitpunkt noch importieren mussten. Bevor wir Haiti verließen, vereinbarten wir mit Father Tom, dass wir die 4500 Schulmahlzeiten, die er an jedem Schultag für seine Schüler brauchte, ermöglichen würden. Er war außer sich vor Freude.

Allerdings wartete, bevor ich nach Hause zurückkehrte, noch eine andere Aufgabe auf mich. Ich gab Father Tom mein Versprechen, bevor ich noch eine sichere Finanzierungszusage der Stiftung auf den Kaimaninseln hatte. Ich hatte dem Vorstand bereits mitgeteilt, was wir in Haiti vorhatten, darunter auch die Unterstützung von 4500 Schülern in Cité Soleil, und hatte zwar einige ermutigende Signale erhalten, allerdings noch keine Zusage. Ich flog also von Haiti auf die Kaimaninseln, um den Herren vom Stiftungsvorstand eine Präsentation zu geben und sie um ihre Unterstützung zu bitten. Ihren Geschäftssitz hatten sie in einem Umfeld, welches sich von demjenigen in Haiti, das ich gerade hinter mir gelassen hatte, kaum krasser hätte unterscheiden können. An den Wänden in den Büros hingen teure Kunstwerke, und die Männer, vor denen ich sprechen sollte, waren Herren in schicken Anzügen, die ich schwer zugänglich fand: Während ich meine Vorstellung gab, ließen sie keinerlei Emotionen erkennen. Ich schilderte, was ich in Haiti gerade miterlebt hatte, und erklärte unseren Plan. Ich beschrieb ihnen, wie es gewesen war, Zeuge der ersten Verteilung von Mary's Meals in Haiti zu sein, und aus irgendeinem Grund erwähnte ich auch die Begegnung mit den Missionarinnen der Nächstenliebe und den Umstand, dass diese Premiere am Jahrestag des Todes von Mutter Teresa stattgefunden hatte. Zu meiner großen Überraschung schienen sie von dieser Information jetzt auf einmal betroffen und bewegt zu sein. Ich beendete meine Präsentation und bat um die beträchtliche Summe, die wir benötigten, um sämtliche Schulmahlzeiten für das kommende Jahr sicherzustellen. Nach einigen fundierten Fragen sagten sie schließlich zu meiner größten Erleichterung ja. Ich dankte ihnen herzlich und fragte sie dann, warum sie auf meine Geschichte von Mutter Teresa so hellhörig reagiert hatten.

Sie erklärten mir, sämtliche Gelder, die ihnen in ihrer Stiftung zur Verfügung standen, stammten von einer einzigen reichen Frau. Diese hatte vor drei Jahren einen lebhaften Traum, in dem ihr Mutter Teresa erschienen war, und sie hatte sie gebeten, sie möge ihren Kindern in Haiti zu essen geben. Der tiefe Eindruck, den dieser Traum auf die besagte Dame gemacht hatte, hatte sie motiviert, die Mittel für die Stiftung zur Verfügung zu stellen. Mary's Meals in Haiti war nun das erste Projekt, das von der Stiftung als Erfüllung dieser Bitte unterstützt wurde.

Manchmal hatte ich das Gefühl, Gott wolle uns deutlich daran erinnern, wer die Strategie vorgab. Und natürlich habe ich in den Jahren danach nie daran gezweifelt, dass es von Gott so gewollt war, dass wir in Haiti waren und unser Bestes taten, damit noch mehr Kinder mit Essen versorgt wurden – ganz egal wie schwierig sich das gestaltete.

Und Schwierigkeiten gab es nun wahrhaftig nicht zu knapp. Als am 12. Januar 2010 die Erde bebte, wurden in Haiti an jedem Schultag bereits 12.000 Kinder mit Mary's Meals versorgt. Wenige Stunden vor dem Erdbeben telefonierte ich mit Father Tom und Doug Campbell, die mich vom Flughafen in Miami aus anriefen. Sie waren auf dem Rückweg von den USA nach Port-au-Prince. Wir hatten fix geplant, mit der Ausgabe von Mahlzeiten an die „Barfuß-Kinder" zu beginnen – die Kinder, die auf den Straßen von Cité Soleil lebten –, nachdem der reguläre Schulunterricht zu Ende war, und diesen Kindern außerdem den Zugang zu einer Grundausbildung zu ermöglichen. Father Tom, von dem die Idee stammte, erzählte mir aufgeregt, sie könnten am nächsten Tag damit anfangen. Wenige Stunden danach hörte ich in den Nachrichten vom Erdbeben, und mir stockte der Atem. Wir konnten Father Tom und Doug selbst nicht erreichen und riefen ihre Familienangehörigen in den USA an. Diese teilten uns mit, das Haus sei über ihnen eingestürzt, es seien zwei junge Männer ums Leben gekommen, die dort lebten, doch Father Tom und Doug hatten überlebt. Nun gab es überhaupt keine Möglichkeit mehr zu telefonieren, wir konnten niemanden in Haiti erreichen. In den folgenden zwei oder drei Tagen, in denen die Medien das unfassbare Ausmaß der Katastrophe und die entsetzlichen Entwicklungen in und um Port-au-Prince vor uns ausbreiteten, war Dougs Familie außer sich vor Sorge.

Wir hatten mittlerweile einen umfangreichen Hilfsappell gestartet, nächtelang durchgearbeitet, um unsere Unterstützer und die Medien davon zu informieren, und praktisch sofort ging eine Welle von Spenden ein. Gleichzeitig bemühte ich mich mithilfe meiner Freunde in Miami darum, irgendwie nach Haiti zu kommen. Linienflüge gab es nicht, daher war der Bedarf nach kleinen Charterflugzeugen riesengroß, und irgendwann gelang es uns, Plätze in einem von ihnen zu bekommen. Ich begab mich also auf die erste Etappe meiner Reise nach Miami, und in New York erreichten mich zwischen zwei Flügen gute und schlechte Nachrichten. Zum einen war ich extrem erleichtert, endlich mit Doug Campbell sprechen zu können, der erklärte, ihm und Father Tom sei es gelungen, über die Dominikanische Republik aus Haiti auszureisen – doch nachdem sie sich vom ersten Schrecken erholt und ihre Angehörigen umarmt hatten, waren sie jetzt entschlossen, so schnell wie möglich zurückzukehren, und sie baten mich, mit ihnen zu kommen und zu helfen. Allerdings erhielt ich auch einen Anruf von unserem Freund und Gründungsvorstandsmitglied Albert Holder in Miami, der mir mitteilte, dass der für mich gebuchte Charterflug gecancelt worden sei, er versuche aber mit allen Mitteln, eine andere Lösung zu finden. Ich beschloss, auf jeden Fall nach Miami weiterzureisen, und als ich bei Albert zu Hause eintraf, erfuhr ich von einem ganz unwahrscheinlichen Glücksfall von einigen Fernverbindungen, bei denen sich eine Gelegenheit von zwei Sitzen für einen Flug ergeben hatte, wenn wir uns am nächsten Tag am Flughafen einfanden – wir durften nur keinesfalls irgendwelche Einzelheiten verlauten lassen!

So kam es, dass wir vier Tage nach dem Erdbeben mit unserem Top-Secret-Flug in Haiti eintrafen. Ein Großteil des Flughafengebäudes war eingestürzt, und wir gingen von der Landebahn direkt hinaus auf die Straße, auf der es von Leuten wimmelte, darunter viele Kinder, die um Essen bettelten. Auf den Gehwegen und Grünstreifen befahrener Straßen, unter den Vordächern verlassener Tankstellen und neben den Überresten ihrer Häuser waren Hunderttausende auf der Suche nach einem Ort, wo sie schlafen konnten. Überall lagen Trümmer und verbogene Metallträger herum. Riesige Risse zogen sich über schief stehende Mauern von Gebäuden hin, die jeden Moment zusammenzustürzen drohten. Der Präsidentenpalast sah aus wie eine zerquetschte Hochzeitstorte, und das Dach der zerstörten Kathedrale lag zerschmettert in dem Bereich, wo sonst die Gemeinde gesessen hatte.

Als ich aus der dunklen, verwüsteten Stadt in den kleinen Hof von Father Tom Hagan kam, überwältigte mich der Eindruck von Ordnung und Ruhe. Sein zweistöckiges Haus war auf einen bemerkenswert kleinen Trümmerhaufen reduziert. Der Hof war jetzt die zeitweilige Unterkunft einiger Mitarbeiter von Hands Together und von Familien aus der Nachbarschaft. In einer Ecke, in einem Behelfsverschlag aus Wellblech und Plastikplanen, befand sich der neue Hauptsitz von Hands Together. Im Hof ließen sich die Leute trotz des unablässigen Röhrens von Flugzeugen und Hubschraubern, die über der Stadt kreuzten, zum Schlafen nieder. Einige Familien schliefen in einem alten Minibus und einem Lastwagen, die in einer Ecke des Hofs abgestellt waren. Neben dem Verschlag hatte Father Tom eine kleine „Kapelle" eingerichtet mit Gegenständen, die er aus den Trümmern seines Hauses gerettet hatte – ein Schaukelstuhl, ein kaputtes Kruzifix, eine kleine Marienstatue und ein Bild der beiden Seminaristen, die unter den Trümmern gestorben waren. Ihre Gräber, auf denen einfache Holzkreuze standen, waren ganz in der Nähe. Wir versammelten uns in der Kapelle, bevor wir uns auf dem Hof unter unsere Decken zum Schlafen hinlegten, auf den nackten, staubigen Boden, und versuchten, ein wenig Schlaf zu finden.

In der Nacht waren aus den umgebenden Straßen immer wieder sporadisch Schüsse zu hören, Schreie von Menschen, Stöhnen, zornige Rufe. Mir war nur zu bewusst, dass eine der vier Mauern um diesen zuvor sicheren Hof nicht mehr da war, um uns zu beschützen. Irgendwann schnüffelte ein Hund an mir und rollte sich dann zum Schlafen zu meinen Füßen zusammen, und auch ich schlief eine Weile.

Am nächsten Morgen begaben wir uns mit einigen Mitarbeitern von Hands Together in die nahegelegene Cité Soleil. Viele hatten enge Angehörige verloren. Die Frau und die Tochter von Nelson, dem Geschäftsführer von Hands Together, wurden beim Einsturz ihres Hauses getötet, und ich war erstaunt, dass er es offenbar schaffte, sich auf die Arbeit zu konzentrieren, die getan werden musste. Unser deprimierender Besuch bei den einzelnen Schulen ergab, dass alle beschädigt waren, möglicherweise so sehr, dass sie nicht wieder aufgebaut werden konnten. Einige Männer aus dem Team, starke Machos, die in den Banden von Cité Soleil groß geworden waren, brachen vor unseren Augen zusammen und weinten, womöglich zum ersten Mal, als sie den Zustand der Schulen sahen, bei deren Bau sie mitgewirkt hatten. Kinder, die sonst unsere täglichen Mahlzeiten bekommen hatten, saßen draußen im Schutt, doch die gefährlich beschädigten Gebäude waren verlassen. Als wir uns in der Schule St. Francis de Sales vorsichtig einen Weg in Richtung Küche bahnten, wurde der Gestank unerträglich, und ich machte mich schon darauf gefasst, dass wir gleich auf unsägliche Horrorszenen stoßen würden. Ich war sehr erleichtert, als sich dann ein riesiger

Topf verfaulender Bohnen als Quelle des Gestanks entpuppte. Draußen trafen wir Vaneesa und Marie, zwei Frauen aus der Nachbarschaft, die als Köchinnen für Mary's Meals arbeiteten. Sie erzählten uns, sie seien „bis zu den Ellbogen in diesen Bohnen gesteckt" und hätten für den folgenden Tag Mary's Meals zubereitet, als der Boden unter ihnen sich zu bewegen begann, aber sie hätten es geschafft, sich in Sicherheit zu bringen. Sie zeigten uns ihre zerschrammten Arme und Beine.

In mancher Hinsicht waren die Menschen in Cité Soleil weniger dramatisch von der Katastrophe betroffen als die anderen Bewohner von Port-au-Prince. Die meisten lebten hier sowieso schon ohne ausreichende tägliche Nahrung und Wasser. Schon vorher waren jede Woche Kinder gestorben, weil sie nicht genug zu essen hatten. Fließendes Wasser oder Sanitäranlagen gab es auch vor dem Erdbeben nicht. Und Behausungen aus dünnem Wellblech bringen sehr wahrscheinlich keinen um, wenn sie zusammenbrechen. Trotzdem wurde Hilfe dringend benötigt, und die grundsätzlich unsichere Situation in Cité Soleil hatte zur Folge, dass die meisten Organisationen sich hier nicht so niederlassen konnten, dass sie auf effektive Weise hätten helfen können.

In dem kleinen Hof von Father Tom hielten wir eine Besprechung mit den Lehrern und Gemeindeleitern ab, die seit dem Erdbeben auf der Straße lebten. Einem Team wurde die Aufgabe übertragen, schnell festzustellen, was in den einzelnen Schulgemeinden gebraucht wurde; wer war gestorben, wer hatte sein Haus verloren, in welcher Situation befanden sich die Menschen akut? Ein anderes Team sollte aus den Trümmern der einzelnen Schulen wiederverwendbare Ziegel aussortieren. So bald wie möglich sollten die Mauern um die Schulhöfe wieder hochgezogen werden, damit man geschützte Bereiche hatte, in denen man ein effektives Mahlzeitenverteilungsprogramm wieder aufnehmen konnte. Gleichzeitig wurde der Wassertank-Truck, mit dem Hands Together die Menschen von Cité Soleil täglich mit sauberem Wasser versorgte, aufgefüllt und stand bereit, um mit der Verteilung beginnen zu können. Und noch während wir redeten, bauten einige Männer die zusammengebrochene Mauer hier am Hof schon wieder auf, und einige Frauen kochten einen großen Topf Reis für das Abendessen.

Im Laufe unserer Unterredung bemerkte Doug irgendwann einmal, wir könnten praktisch überhaupt nichts tun, wenn wir nicht irgendwie an Benzin kämen. Er und ich fuhren daraufhin gleich zu der riesigen UNO-Zeltstadt, die in der Nähe des Flughafens errichtet worden war und wo viele Mitarbeiter von NGOs untergebracht waren. Wir fingen also an, um Benzin zu bitten – lediglich ein großes Fass –, und wurden von einem Büro zum nächsten geschickt. Offenbar wollte keiner die Verantwortung dafür übernehmen, uns zu geben, was wir dringend brauchten, obwohl man anerkannte, dass wir einer Organisation angehörten, die einen völlig legitimen Bedarf hatte, und obwohl auch völlig klar war, dass man hier über einen immensen Vorrat an Benzin verfügte. Ein junger Mann aus Schweden wies uns den Weg zu einem Großraumzelt und sagte, wir sollten an einer Koordinationssitzung teilnehmen, die dort von mehreren NGOs abgehalten wurde. Wir stellten ziemlich schnell fest, dass in dem gedrängt vollen Zelt nicht ein einziges schwarzes Gesicht zu sehen war, und aus dem, was wir hörten, konnten wir entnehmen, dass die meisten Personen hier gerade erst in Haiti eingetroffen waren. Ich konnte nicht umhin, einen Vergleich mit der Besprechung anzustellen, die wir gerade im Hof von Father Tom gehabt hatten.

Irgendwann stand ein Mann auf und stellte sich als Mitglied einer sehr namhaften, weltweit operierenden NGO vor. Er ließ sich des Langen und Breiten über die erbärmliche Unterkunft aus, die man ihm und seinen Kollegen zur Verfügung gestellt hatte. Andere schlossen sich seiner Empörung über diesen Missstand an. Doug und ich blickten uns fassungslos an. Ich hatte wirklich Angst, Doug würde gleich auf jemanden losgehen. Während die hitzige Debatte über Unterbringungsfragen weiterging, verließen wir das Zelt und begaben uns direkt hinüber zu dem Depot, wo Benzinfässer deutlich sichtbar in hohen Stapeln gelagert waren. Dem verblüfften Mann im Lagergebäude teilten wir mit, dass wir sofort und auf der Stelle ein Fass Benzin brauchten, und er solle es umgehend auf unseren Pickup verladen lassen, da wir es sehr eilig hätten. Er fing gar nicht erst an, sich eine Widerrede zu überlegen, und wenige Minuten später fuhren wir mit unserer kostbaren Last durch die zerstörten Straßen wieder zurück.

Aus meiner Zusammenarbeit mit Father Tom und Doug lernte ich eine ganze Menge. In den Tagen nach dem Erdbeben sprachen sie immer wieder von „Demut in Aktion" als einem Leitspruch bei Entscheidungen und Vorgehensweisen; sie betonten, wir dürften nie vergessen, wie klein wir in einer Situation wie dieser sind, und wie wichtig es ist, zu erkennen, was wir tun können und was nicht. Das gab uns einen Fokus und ermöglichte uns, einige Dinge in extrem schwierigen Umständen wirklich gut zu machen. Aber nicht nur durch ihre Worte fühlte ich mich belehrt. Bei einem Besuch sechs Monate später, als sie auf dem Gelände schon eine Übergangsunterkunft für das Team errichtet hatten, stellte ich fest, dass Father Tom nach wie vor in einem Einmann-Zelt im Hof schlief. Ich fragte ihn, warum er nicht in die Unterkunft umzog, wo es anständige Betten gab.

„Es gibt heute Hunderttausende Haitianer, die immer noch in erbärmlichen Zelten schlafen. Es ist ein Skandal. Solange sie das tun müssen, werde ich es auch tun – und ich muss außerdem sagen, es gefällt mir gar nicht schlecht", lachte er.

Insgesamt erhielten wir auf unseren Aufruf hin 1,3 Millionen Pfund an Spenden für Haiti. Innerhalb von zwei Monaten nach dem Erdbeben waren behelfsmäßige Klassenzimmer eingerichtet, und sämtliche Kinder erhielten wieder täglich eine Mahlzeit. In der nächsten Phase wurden die zerstörten Schulen wieder aufgebaut. Innerhalb eines Jahres hatten wir das gesamte gesammelte Geld ausgegeben, und die fantastische Organisation Hands Together war wieder in vollem Umfang aktiv. Unseren Geldgebern konnten wir über jedes einzelne Pfund Rechenschaft ablegen. Und dann nahmen wir unsere eigentliche Arbeit wieder auf: darauf hinzuwirken, dass noch mehr hungrige Kinder in Haiti jeden Tag eine Mahlzeit bekamen. Faktisch hatte sich bereits gegen Ende des Jahres, in dem das Erdbeben stattfand, die Anzahl der Kinder, die in Haiti Mary's Meals bekamen, von 12.000 auf 15.000 erhöht. Wieder durfte ich erleben, was möglich war, wenn wir gut mit Gemeinschaften vor Ort zusammenarbeiteten, und immer wieder versetzte mich der Geist der Menschen in Haiti und ihre zähe Unverdrossenheit in demütiges Staunen.

Nach dem Erdbeben gelang es mir, aus Haiti wegzukommen, indem ich in einem kleinen Lastflugzeug mitflog, das wir für den Transport einer kostbaren Lieferung dringend benötigter Medikamente aus Miami nach Hinche gechartert hatten. Am Abend vor meiner Abreise saßen wir im Dunkeln draußen um die Kapelle herum. Father Tom sah, dass ich sein zerschundenes Kruzifix anschaute, das an einem Baum hing. Die Gipsfigur des Gekreuzigten war kaputt, aus den zerbrochenen Gipsgliedern ragten Drähte heraus. Father Tom erklärte, dies sei das Kruzifix seiner Familie, es habe in seinem Elternhaus in Philadelphia gehangen. Nach seiner Priesterweihe habe er es immer bei sich zu Hause aufgehängt und sei deshalb froh gewesen, dass es hier aus den Trümmern seines zusammengestürzten Hauses gerettet wurde.

„Ich werde es nicht reparieren. Ich lasse es so, wie es ist", sagte er. „Es erinnert uns daran, dass Jesus auch verletzt und gebrochen ist – mit uns."

XIII.
Generation Hoffnung

Die heutige Philosophie des Klassenzimmers wird eine
Generation später die Philosophie der Regierung sein.
(Abraham Lincoln)

Kurz bevor die Sonne über den Hügeln östlich von Gays Haus
aufging, brachen wir zu unserer Reise in Edwards Dorf auf. Es
war das Jahr 2014, im Juni. Seit unserer Begegnung vor zwölf
Jahren hatte ich Edward nicht wiedergesehen. Damals saß der
14-jährige Junge neben seiner sterbenden Mutter und hatte auf
meine Frage hin, welche Ziele und Hoffnungen er habe, geant-
wortet: „Ich möchte genug zu essen haben, und ich möchte eines
Tages in die Schule gehen können."

Ich hatte diese Worte, die der Zündfunke für die Mission
von Mary's Meals gewesen waren, seither ständig wiederholt, vor Tausenden und Abertausenden von Zuhörern auf
der ganzen Welt. Sie waren in angesehenen Zeitungen abge-
druckt und in vielen Sprachen über Fernsehen und Rundfunk
ausgestrahlt worden. Und bemerkenswerterweise war ich nie
müde geworden, sie zu wiederholen. Selbst an den verrückten
Tagen, an denen ich sieben oder acht Vorträge hintereinander
hielt, klangen sie für mich jedes Mal wieder neu und bedeu-
tungsvoll.

Gay saß am Steuer, und ich war froh, dass sie bei mir war. Sie hatte dieses Treffen ermöglicht, und sie war ja auch indirekt für meine erste Begegnung mit Edward verantwortlich gewesen. Eigentlich war sie für praktisch all die großartigen Dinge verantwortlich, die sich in diesen zwölf außerordentlichen Jahren in Malawi zugetragen hatten. Mit uns fuhr auch mein ältester Sohn Calum. Es war sein erster Besuch in Malawi (ich hatte meinen Kindern versprochen, ich würde sie hierher mitnehmen, sobald sie 16 Jahre alt waren). Gay und ich unterhielten ihn mit Geschichten über die Anfangstage von Mary's Meals, während wir unter einem strahlend blauen Himmel Richtung Norden fuhren.

In vielen dieser Geschichten kam auch David, Gays Mann, vor, der 2010 gestorben war. Vor seinem Tod hatte er uns allen noch die große Freude gemacht, dass er uns zu einem Mary's-Meals-Treffen in Medjugorje begleitete. Während dieser Woche beschloss er, mit Gay den steilen felsigen Weg hinauf zum Krizevac, dem Kreuzberg, zu gehen, wo ihnen eine tiefe, gnadenreiche Heilungserfahrung geschenkt wurde. Auf den Tag genau ein Jahr später starb er, bei seiner Heimkehr an der Eingangstür zu ihrem Haus – lachend in Gays Armen – an einem schweren Herzinfarkt. Während unserer Fahrt war mir überdeutlich bewusst, wie schnell die Jahre vergehen, und wir beteten zusammen den freudenreichen Rosenkranz.

Immer wieder einmal hatten mich Menschen im Anschluss an meine Vorträge gefragt, wie es mit Edward und seinen Geschwistern weitergegangen war. Die Frage verstörte mich jedes Mal, denn um die Wahrheit zu sagen: Ich hatte keine Ahnung, was aus ihnen geworden war. Ich hatte sie auf einer Blitztour durch mehrere Dörfer während der Hungersnot im Jahr 2002 kennengelernt, beim flüchtigen Besuch eines Dorfs in der Nähe von Balaka, wo wir dann unsere Mary's-Meals-Aktionen letztlich gar nicht gestartet hatten. Tatsächlich kam Mary's Meals erst fast zehn Jahre später auch nach Balaka. Damals hatten wir versucht, Edward zu finden, aber man hatte uns gesagt, er lebe nicht mehr in dieser Region. Ich nahm an, ich würde ihn nie wiedersehen, doch wenige Wochen vor diesem jetzigen Besuch hatte ich Gay Russell gebeten, es doch noch einmal zu versuchen. Sie hatte mit Father Gamba gesprochen, dem italienischen Priester in Balaka, der uns damals zu Edwards Familie gebracht hatte, und sie zeigte ihm ein Foto, das wir 2002 von den Kindern und ihrer sterbenden Mutter gemacht hatten. Und dann erhielt ich erstaunlicherweise von Gay die Antwort, dass sie ihn dieses Mal gefunden hätten, und zwar praktisch genau da, wo wir uns zuerst begegnet waren. Die Mutter war wenige Monate nach unserem Besuch gestorben, doch einige von ihren Kindern lebten noch immer dort, und Edward, der mittlerweile verheiratet war und ein Kind hatte, wohnte mit seiner Familie in einem nur wenige Kilometer entfernten Dorf. Father Gamba bot uns an, ein Treffen mit ihm zu arrangieren.

Es war gut und richtig, dass jener Tag auf das Fest Mariä Heimsuchung fiel, und am Morgen, bevor wir uns auf den Weg machten, traf mich die Tageslesung ins Herz:

„Eure Liebe sei ohne Heuchelei", schreibt der heilige Paulus an die Römer. „Lasst nicht nach in eurem Eifer, lasst euch vom Geist entflammen … Nehmt euch der Nöte der Heiligen an … Freut euch mit den Fröhlichen und weint mit den Weinenden. Soweit es euch möglich ist, haltet mit allen Menschen Frieden; behandelt jeden mit gleicher Freundlichkeit; seid gegenüber den Armen nicht herablassend, sondern freundet euch wirklich mit ihnen an."

„Freundet euch wirklich mit den Armen an." Das war manchmal gar nicht so einfach. Die Schranken zwischen den Reichen und den Armen, zwischen den Gebildeten und den Ungebildeten, zwischen einem Menschen aus Malawi und einem Menschen aus einem Land, das Malawi früher einmal in sein Empire einverleibt hatte, wirkten manchmal völlig unüberwindlich. Als wir nach Balaka fuhren, fragte ich mich, was ich selbst für ein Verhältnis zu den Armen hatte. Und ein Teil von mir freute sich überhaupt nicht auf die Begegnung mit Edward, weil ich wusste, dass für ihn Mary's Meals zu spät gekommen war.

Father Gambas langes Haar und sein Bart waren, seit wir uns zum letzten Mal gesehen hatten, weiß geworden. Meine letzte kurze Begegnung mit ihm vor vielen Jahren hatte in mir eine vage Erinnerung an einen Mann hinterlassen, der wie Jesus aussah. Der italienische Missionar war jetzt viel älter als Jesus zum Zeitpunkt der Kreuzigung, doch die lächelnden Augen und sein zerfurchtes, sonnengebräuntes Gesicht strahlten mehr als je zuvor Heiligkeit aus. Es war ein Samstagmorgen, und bevor wir uns zu unserem Treffen mit Edward aufmachten, ging Father Gamba mit uns in den nahegelegenen Jugendclub der Gemeinde, wo sich jedes Wochenende Hunderte von Kindern und Jugendlichen trafen, um zu spielen, zu tanzen und zu singen und außerdem Werke der Nächstenliebe in ihrer Ortsgemeinde zu verrichten. Als wir ankamen, sangen und klatschten die Jugendlichen zu unserer Begrüßung.

„Keep the fire burning!" (Lasst das Feuer nicht ausgehen!), so lautete ihr Slogan, den sie uns vorsangen, bevor wir uns dann eine Zeitlang mit ihnen unterhielten. Sie erzählten uns von Häusern für arme Familien in der Stadt, bei deren Bau sie mitgeholfen hatten, und von einem abgelegenen Dorf auf einem Berg in der Nähe, zwei Stunden entfernt von der nächsten Straße, das sie seit Kurzem mit Father Gamba besuchten. Sie halfen dort den Jugendlichen, ebenfalls einen Jugendclub auf die Beine zu stellen, und bauten mit ihnen einen Kindergarten für die kleineren Kinder. Ich fragte sie, ob sie Mary's Meals kannten, und alle hoben sie die Hand, lachten und sagten, dass sie in ihren diversen Schulen jeden Tag Mary's Meals bekamen. Bevor wir aufbrachen, baten sie uns nachdrücklich, doch zu überlegen, ob wir Mary's Meals nicht auch in dieses Bergdorf bringen könnten. Sie erklärten, sie würden am nächsten Sonntag, dem Pfingstsonntag, wieder hingehen, und fragten, ob wir nicht auch kommen könnten. Ich sagte ihnen, dass wir es versuchen wollten.

Dann fuhren wir auf einer staubigen Straße weiter, um uns mit Edward zu treffen. Wir stellten das Auto vor einem einfachen kleinen Haus an der Straße ab. Ein paar Mädchen, Teenager, und junge Frauen mit Babys und Kleinkindern um sich herum saßen im Freien. Einige von den Kindern waren offensichtlich unterernährt. Ein kleines Kind lag unter einer Decke und zitterte vor Fieber. Wir grüßten sie, und zwei von den Frauen stellten sich schüchtern als Angelina und Maya vor, Edwards jüngere Schwestern. Sie riefen ihren jüngsten Bruder Chinsinsi, er sollte uns auch begrüßen. Sie holten für uns Stühle nach draußen und erklärten, die Gemeinde habe dieses Haus für sie gebaut, und sie seien alle Waisen. Mehrere Leute begrüßten uns, und nach ein paar Minuten kam ein magerer junger Mann und schüttelte mir die Hand. Er runzelte besorgt die Stirn.

„Ich bin Edward", sagte er nach kurzem verlegenen Schweigen. Ich war überrascht – er sah dem Edward, an den ich mich erinnerte, überhaupt nicht ähnlich. Er hatte ein trauriges, müdes Gesicht mit einer markanten Nase. Auch er schien nervös, wahrscheinlich war er verunsichert und vielleicht auch verängstigt von der Frage, warum wir ihn treffen wollten.

Ich fragte ihn, ob er sich an unsere Begegnung vor zwölf Jahren erinnerte, und er sagte, natürlich erinnere er sich. Er führte mich zu einem kleinen Haus in der Nähe, wo das Treffen stattgefunden hatte. Ich war verblüfft, dass alles noch genauso aussah, wie ich es in Erinnerung hatte. Es hatte damals nicht so gewirkt, als wäre es für eine so lange Zeitdauer gebaut. Ich fing an, mit Edward über sein Leben zu sprechen.

„Seit meine Mutter gestorben ist, hatte ich nur Probleme, und weil ich nie die Schule besuchen konnte, wurde jedes einzelne dieser Probleme doppelt so schwer." Er wirkte niedergeschlagen und vielleicht auch ein wenig zornig.

Ich erkundigte mich danach, wie er lebte; hoffte, er würde etwas Positiveres sagen.

„Ich baue etwas Mais an. Aber es ist schwierig."

„Wie war deine Ernte?", fragte ich ihn.

„Ich habe vier Säcke Mais geerntet."

„Wie lang wird das für dich und deine Familie reichen?"

Er zuckte mit den Schultern und überlegte kurz. „Zwischen zwei und drei Monate, nehme ich an", antwortete er schließlich, aber offenbar war er unsicher, und er mochte die Frage nicht. „Aber ich mache mir Sorgen um meine Brüder und Schwestern. Sie haben hier auch nicht genug zu essen."

Ich wandte mich an Maya und Chinsinsi, die beiden, die noch die örtliche Volksschule besuchten. „Bekommt ihr Phala in eurer Schule?", fragte ich sie, nachdem ich vorher bereits überprüft hatte, dass die Kinder in diesem Bezirk mittlerweile Mary's Meals bekamen.

Zum ersten Mal seit meiner Ankunft lächelten sie breit. „Ja, wir bekommen in der Schule jeden Tag Phala!"

Maya erklärte, sie sei mit der Schule bald fertig und gerade mitten in den Prüfungen.

Ich fragte Edward, ob er von Mary's Meals gehört habe.

„Ja, das ist eine Gruppe von Leuten, die hier in der Gegend den Kindern in den Schulen etwas zu essen geben."

Ich erzählte ihm jetzt die Geschichte von Mary's Meals und welche Rolle unsere erste Begegnung dafür gespielt hatte. Ich sagte ihm, die Mahlzeiten würden nicht nur hier in der Gegend verteilt, sondern Kinder in der ganzen Welt würden davon profitieren. Während ich redete, kam seine Frau mit ihrem zweijährigen Kind.

„Das ist Blessing" [engl. Blessing = Segen], sagte Edward und hob stolz seinen Sohn hoch. Jetzt lächelte er auch selbst zum ersten Mal.

„Wird Blessing in die Schule gehen, wenn er älter ist?", fragte ich.

„Ja, natürlich will ich, dass er in die Schule geht. Jeder Vater möchte für sein Kind das Beste. Alle Eltern wollen, dass ihr Kind in die Schule geht", antwortete er mit Wärme in der Stimme.

„Und in der Schule in deinem Dorf, gibt es dort auch Mary's Meals?"

Er lächelte. „Ja. Blessing wird jeden Tag Phala bekommen."

Viele Gedanken gingen mir durch den Kopf, und in meinem Herzen mischten sich widersprüchliche Gefühle, während wir schweigend nach Blantyre zurückfuhren: Traurigkeit über Edwards Armut; Freude darüber, dass seinen jüngsten Geschwistern und seinem Sohn durch Mary's Meals geholfen werden kann; und ein nagendes Schuldgefühl, dass ich in all den Jahren seine

Worte benutzt hatte, während er nicht aus genau der Falle herausgekommen war, aus der wir die Menschen zu befreien suchten. Am stärksten war allerdings mein brennender Wunsch, so bald wie möglich noch mehr Kinder mit Mary's Meals zu erreichen. Ich hatte auch den krassen Kontrast vor Augen zwischen Edwards Leben und dem Leben von Veronica, die ich am Tag davor kennengelernt hatte.

Wir hatten sie in ihrem kleinen Ziegelhaus in Chilomoni besucht, dem Stadtviertel am Rand von Blantyre, in dem vor zwölf Jahren zum ersten Mal überhaupt Kindern Mary's Meals ausgegeben wurden. Wir gingen vorbei an bunten Marktständen: Silbrig glänzende Fische trockneten auf Tischen, vielfarbige Flipflops hingen in Bündeln an einzelnen Ständen, Tomaten waren sauber zu Pyramiden aufgestapelt. Einige Frauen saßen an einem Haufen Kohle und verpackten sie zum Verkauf in Tüten. Veronica erwartete uns in einem fröhlich bunten Kleid an der Haustür. Sie begrüßte uns mit einem breiten Lächeln und bat uns in ihr einfaches, aufgeräumtes Haus. Ihre Schwestern, so erklärte sie, die sie aufgezogen hatten, seien bei der Arbeit. Sie war 18 Jahre alt und hatte gerade ihren Realschulabschluss hinter sich, eine unglaubliche Leistung für ein Kind aus dieser Gemeinde, das ohne die Unterstützung von Eltern aufgewachsen war. Wir begannen eine Unterhaltung mit ihr und fragten sie, wie ihre Kindheit gewesen war.

„Ich habe meinen Vater verloren, als ich elf Monate alt war, und meine Mutter im Alter von neun Jahren", sagte sie mit gesenktem Blick. „Manchmal hatte ich die ganze Woche nichts zu essen. Ich war schwach. Damals arbeiteten meine Brüder und Schwestern nicht, und wir haben das Essen unter uns geteilt.

Dann habe ich 2005 in der Schule Porridge bekommen, ab der fünften Klasse. Ich habe mich schon davor angestrengt, aber mit dem Essen hat sich meine Leistung verbessert. Wenn der Unterricht begann, hatte ich etwas im Magen, dann konnte ich mich konzentrieren und zuhören, ich hatte mehr Energie als davor."

Ihr Ausdruck wurde noch fröhlicher, als wir sie fragten, wie ihr Leben jetzt aussah, und sie erzählte angeregt weiter. „Viele meiner Freunde und Freundinnen aus der Schule sind jetzt verheiratet. Aber ich möchte mich auf meine Weiterbildung konzentrieren, denn ich habe so viel Schlimmes durchgemacht, und ich glaube, dass der einzige Ausweg Bildung ist. Deshalb strenge ich mich immer noch sehr an."

Und jetzt breitete sich ein enormes Grinsen über ihrem Gesicht aus, und sie teilte uns etwas ganz Besonderes mit. „Ich wurde zum Studium an der Polytechnischen Universität zugelassen!"

„Aber das ist ja unglaublich!", rief ich aus. „Fantastisch! Was wirst du studieren?"

„Wirtschaft und Pädagogik. Ich weiß noch nicht, ob ich in einer Bank arbeiten oder lieber Lehrerin sein möchte", lachte sie. Ihre Begeisterung über das Leben, das vor ihr lag, war mit Händen zu greifen.

Der Kontrast zwischen Veronicas übersprudelndem Optimismus und Edwards traurigem Alltag stand mir lebhaft vor Augen, als ich am Tag danach an einem Treffen ganz anderer Art im atmosphärisch aufgeladenen Saal im ersten Stock des Mandela House in Blantyre teilnahm. Man nimmt an, dass es das älteste erhaltene Gebäude in Malawi ist. Erbaut wurde es im Jahr 1892 von den Gebrüdern Moir aus Glasgow als Geschäftssitz für ihre African Lakes Company. Im Erdgeschoss befinden sich heute eine Gemäldegalcrie und ein Restaurant, das Obergeschoss wurde zu einer Bibliothek und einem Konferenzraum umgebaut, an dessen Wänden verblichene historische Fotografien hängen und etwas zwiespältige Erinnerungen an eine schottisch gefärbte koloniale Vergangenheit.

Anastasie Msosa, Oberste Richterin von Malawi (die erste Frau, die diesen Posten innehatte), entschuldigte sich, dass sie etwas zu spät kam. Wir staunten, dass sie überhaupt kommen konnte – das Land befand sich unmittelbar nach einer Wahl mitten in einer Krise; die Bekanntgabe eines neuen Präsidenten verzögerte sich dadurch, dass der bisherige Präsident den Vorwurf schwerer Wahlmanipulationen erhob. Anastasia nahm neben Justin Malawezi Platz, einem zierlichen älteren Mann mit Brille, der als ehemaliger Vizepräsident Malawis auch tiefen Einblick in die gegenwärtige politische Situation hatte. Weiters saßen am Tisch unter anderem David Haworth, ehemaliger Generaldirektor von Illovo Sugar, einer der landesweit größten Firmen, und natürlich Gay Russell, die seit damals, als die allerersten Begegnungen in ihrem Wohnzimmer stattgefunden hatten, immer an diesen Treffen teilnahm. Hitesh Anadkat, ein führendes Mitglied der hinduistisch-asiatischen Unternehmergemeinschaft in Malawi, hatte sich für dieses Mal entschuldigen lassen.

Wir hatten vor dem Mittagessen eine umfangreiche Agenda abzuarbeiten. Den Anfang machten Berichte unseres neuen Landesleiters Chris MacLullich und unseres Einsatzleiters Panji Kajani. Wir erfuhren, dass Mary's Meals mittlerweile in Malawi täglich 700.000 Kinder versorgte – nahezu 26 Prozent der Kinder im Grundschulalter, und wir überlegten uns, wie wir uns am besten mit einer neuen Regierung verständigen konnten. Wir wollten sie ermutigen, unsere Arbeit zu unterstützen und eventuell selbst ein umfangreiches Schulmahlzeiten-Programm zu starten. Die Regierung hatte in den zurückliegenden Jahren ein universelles Schulspeisungsprogramm anvisiert und damit begonnen, an einigen wenigen Schulen Mahlzeiten auszugeben. Dabei kam deutlich zum Ausdruck, dass der Einfluss von Mary's Meals bei dieser Entscheidung eine bedeutende Rolle gespielt hatte. Alle am Tisch fühlten sich sehr ermutigt durch die Tatsache, dass die Regierung nun Schulmahlzeiten als etwas essenziell Notwendiges ansah, doch sahen wir auch, dass bei den mageren Mitteln, die von Regierungsseite her zur Verfügung standen, und angesichts der Tatsache, dass das Bildungs- und Gesundheitsbudget schon mit den Anforderungen der Grundversorgung stark strapaziert war, die Regierung Malawis sehr wahrscheinlich in absehbarer Zeit nicht in der Lage sein würde, in größerem Umfang Mahlzeiten zu liefern. Wir überlegten, wie wir sie unterstützen könnten, indem wir unsere Erfahrungen und Methoden zur Verfügung stellten, gleichzeitig aber darauf achteten, dass unsere Unabhängigkeit gewahrt blieb. Außerdem bestätigten wir aber auch nochmals Pläne, Mary's Meals auch auf weitere Schulen auf unserer Warteliste auszudehnen, sobald unsere Spendenmittel das zuließen. So Gott will, wird die Regierung hierzulande eines Tages in der Lage sein, unser Programm zu übernehmen und uns in Malawi überflüssig zu machen – für uns wäre das ein Erfolg, wir könnten dann unsere Anstrengungen auf andere hilfsbedürftige Länder konzentrieren –, doch wir waren uns einig: Bevor das nicht eine realistische Perspektive darstellt, werden wir uns nach Kräften bemühen, die nächsten Schulen mit hungrigen Kindern auf unserer Liste zu erreichen.

Dann erfuhren wir, dass unsere Initiative, die Schulgemeinschaften zu Baumpflanzprojekten zu ermutigen, sehr erfolgreich war. Die Waldzerstörung ist in Malawi ein großes Problem, und wir hatten uns zwar schon seit Langem dazu verpflichtet, in den Schulküchen mit den brennstoffeffizientesten Herden zu arbeiten, doch wir wollten auch, dass die Schulgemeinschaften, die für die Bereitstellung des Feuerholzes verantwortlich waren, Bäume pflanzten, damit ihre Brennstoffquelle nicht irgendwann erschöpft war, sondern nachwuchs.

Anschließend bekamen wir einen aktualisierten Bericht über die bevorstehende Einführung von Mary's Meals im benachbarten Sambia. Wir waren einige Tage zuvor nach Sambia gereist – mein erster Besuch in diesem Land – und hatten Schulen in der Gegend um Chipata in der Nähe der Grenze zu Malawi besucht, die als erste Mary's Meals bekommen sollten. Es war deutlich, dass hier ein großer Bedarf bestand; viele der dort lebenden Kinder gingen nicht in die Schule. Ich war überrascht zu sehen, in wie großer Nähe diese Dörfer zu Dörfern auf dem Territorium von Malawi lagen, an denen bereits Mary's Meals ausgegeben wurden, und ich erfuhr zu meinem Erstaunen, dass es Kinder aus Sambia gab, die jeden Tag über die Grenze gingen, um Schulen zu besuchen, an denen sie ein Essen bekamen. Chris und Panji meinten, sie seien zuversichtlich, dass es mit der Einführung von Mary's Meals in Sambia ein Ende mit diesem Grenzverkehr haben werde.

Justin Malawezi erklärte uns dann, dass diese Region von Sambia genauso gut ein Teil von Malawi hätte sein können. Die Menschen auf beiden Seiten der Grenze gehören zum Stamm der Chewa, wie überhaupt die meisten Einwohner Malawis, er selbst nicht ausgenommen. Er ist ein Sonderberater des Königs der Chewa und kennt sich mit den traditionellen Strukturen genauestens aus, die in gewisser Weise für uns eine genauso große Rolle spielen wie die aktuellen politischen Strömungen. Justins Wissen über dieses Gebiet und seine informativen Kommentare waren immer etwas, auf das ich mich bei diesen Treffen besonders freute.

„Ich bin froh, dass Mary's Meals sich bei seiner Ausbreitung am Königreich der Chewa orientiert und nicht an den modernen Grenzen Malawis!", kommentierte er mit einem Lächeln. Und lachend fügte er hinzu: „Vielleicht sollten wir als Nächstes Mosambik anpeilen! Dort leben nämlich auch viele Chewa!"

Wir sprachen noch die letzten Punkte unserer Agenda durch – ein Überblick über die Zentren für Kinder unter sechs, die aktuellen Nahrungsmittelpreise, Währungsschwankungen –, bevor sich unsere Wege wieder trennten.

Während der Besprechung war ich etwas abgelenkt durch die Einladung, die wir von dem Jugendclub bekommen hatten, am Pfingstsonntag auf diesen Berg zu steigen und oben auf dem Gipfel mit ihren Freunden zusammenzutreffen. Es war eine Einladung, die man einfach nicht ausschlagen konnte, und so trafen wir, Calum und ich, uns also sehr früh am Morgen des darauffolgenden Sonntags mit Father Gamba und seiner Jugendgruppe am Fuß des Chaoni-Bergs. Uns schlossen sich außerdem noch Chris MacLullich, seine liberianische Frau Mercy und ihr sechsjähriger Sohn Tony an. Der ausgetretene rote Pfad führte sehr steil durch die bewaldeten Abhänge des Bergs nach oben. Die Jugendlichen, die mit uns unterwegs waren, trugen mehrere Taschen und Pakete – Geschenke für ihre Freunde, die in tausend Meter Höhe lebten. Wir kamen an einigen ungefähr zwölfjährigen Mädchen vorbei, die neben riesigen Feuerholzbündeln, die sie offensichtlich nach oben transportierten, eine Pause machten. Als wir höher stiegen, bemerkte ich, dass diejenigen, an denen wir vorbeikamen, nicht mit der Standardantwort reagierten, wenn wir „Muli Bwanji" sagten, der übliche Chichewa-Gruß, sinngemäß „Wie geht's?". Father Gamba erklärte, die Menschen, die auf dem Berg lebten, gehörten zum Stamm der Yao und hätten eine eigene Sprache.

Wir überquerten Wasserläufe und kletterten über runde, riesige Felsbrocken, bis wir schließlich jenseits der baumbestandenen Hänge auf Bananenbaumhaine und gepflegte Mais- und Süßkartoffelfelder hinausblickten. Der Blick über die unter uns liegende Landschaft war atemberaubend.

Nach zwei Stunden eines schweißtreibenden Anstiegs kamen wir schließlich oben auf der Hochebene an, wo nun erste Häusergruppen am Weg auftauchten. Eine Gruppe kleiner Kinder, die im Freien Mais zerstampften, hörte mit ihrer Arbeit auf und starrte uns mit offenen Mündern an, als wir winkend an ihnen vorbeigingen. Schließlich erreichten wir ein größeres Dorf mit einer Kirche, aus der Trommelklänge und harmonische Lobeshymnen schallten. Die Gottesdienstbesucher trafen bereits ein, unter ihnen auch einige ältere Muslime mit Gebetskäppchen, die sich im Gottesdienstraum hinten niedersetzten. Es passte zu dem, was wir an Pfingsten feiern – an dem Tag, als sich durch das Wirken des Heiligen Geistes Menschen unterschiedlicher Sprache verstehen konnten –, in einer Kirche neben meinen schottischen, liberischen und Chewa-Freunden zu sitzen und die Messe in einer Sprache zu vernehmen, die ich nie zuvor gehört oder gesprochen hatte. Und wie immer war die Messe gleichzeitig sehr vertraut und ganz neu.

Sobald wir aus der Kirche kamen, wurden wir umringt. Father Gamba hatte den Leuten von Chaoni offenbar verraten, dass ihre Besucher von Mary's Meals kamen. Auf einem Fußballfeld in der Nähe hatten sich mehrere hundert Menschen versammelt, um uns willkommen zu heißen. Einige, darunter auch der oberste Häuptling, waren sogar vom Nachbarberg gekommen, um hier dabei zu sein. Man lud uns ein, auf einigen Stühlen Platz zu nehmen, und wir wurden mit Gesängen, Tänzen und einem Tauzieh-Wettbewerb unterhalten. Die Dorfältesten hielten Reden und überreichten uns Geschenke. Ich bekam vom Häuptling einen wundervoll polierten schwarzen Stab.

Und dann, nachdem sie uns mit ihren Willkommensgesten für sich eingenommen hatten, trugen sie die Bitte vor, Mary's Meals doch auch in ihre Gemeinde hier oben zu bringen. Wir erfuhren, dass in den Dörfern auf der Hochebene insgesamt über 5000 Menschen lebten und dass es in der einzigen Schule 917 Schüler gab. Viele Kinder gingen nicht in die Schule, und als wir uns ihre Zahlen anschauten, konnten wir sehen, dass der Prozentsatz von Schülern, die die Schule abbrachen, schrecklich hoch war. Eine erste Klasse von gut über hundert Kindern war auf lediglich 13 Schüler in der achten Schulstufe zusammengeschrumpft. Auch von den Kindern auf dem Berg in ihrer isolierten Situation forderten Armut und Hunger ihren üblichen schlimmen Tribut.

Nachdem wir all das erfahren hatten, ihren Ansprachen gelauscht und vor Hunderten von erwartungsfrohen Kindern Geschenke entgegengenommen hatten, erhob ich mich nicht ohne eine gewisse Verlegenheit, um auf die vorgetragene Bitte zu reagieren. Ich war ehrlich gesagt ein wenig ungehalten über diesen sorgfältig choreografierten „Anschlag", mit dem ich überhaupt nicht gerechnet hatte. Andererseits konnte ich ihre Entschlossenheit und ihr Organisationstalent nur bewundern. Es war überdeutlich, dass sie den unbedingten Wunsch hatten, für ihre Kinder Mary's Meals zu bekommen. Nachdem ich ihnen für ihren Empfang und für die Geschenke gedankt hatte, teilte ich ihnen also mit, dass wir heute nur deshalb auf den Berg gekommen waren, weil wir mit ihnen Pfingsten feiern wollten, und dass mich ihre Bitte überrascht habe. Ich erklärte, wir hätten viele Schulen auf unserer Warteliste, und jede einzelne Anfrage werde sorgfältig mit der jeweiligen Gemeinde besprochen, um zu einer soliden Partnerschaft zu kommen. Außerdem müssten wir für Chaoni überlegen, wie wir die Nahrungsmittel zu Fuß von der nächstgelegenen Straße zu ihrer Schule transportieren konnten; immerhin handelte es sich ja um einen steilen Weg von zwei Stunden Dauer. Darauf kam die prompte Antwort, dass es ihnen nichts ausmachen würde, das Essen von einem Dorf am Fuß des Berges zu holen und hierher zu bringen, wir müssten es nur bis dorthin transportieren. Wir erklärten uns einverstanden, sehr bald wiederzukommen, um mit den Gemeindeleitern in offiziellere Gespräche einzusteigen. Wir verabschiedeten uns, und mit den Kindern und Jugendlichen des Jugendclubs, die uns heraufgebracht hatten und die jetzt glücklich darüber waren, dass ihre Freunde auf dem Berg vielleicht bald ebenfalls Mary's Meals bekommen würden, stiegen wir wieder hinab ins Tal.

Ich hatte das Gefühl, dass ich miterlebt hatte, wie an jenem Tag oben auf dem Berg zwei Welten auf gute, verheißungsvolle Art und Weise aufeinanderprallten. In gewisser Weise ist die gesamte Geschichte von Mary's Meals eine Reihe von Zusammenstößen oder Begegnungen zwischen Individuen und Gemeinschaften mit offenen Ohren, die bereit sind, aufeinander zu hören. Eine unwiderstehliche Kraft zum Guten entsteht, wenn grundverschiedene Menschen sich aufeinander zu bewegen, angetrieben von dem gemeinsamen Wunsch und der Bereitschaft, hungrigen Kindern zu essen zu geben. Die Vorstellung der Menschen aus Chaoni, die hinabsteigen, um am Fuß ihres Berges zu uns zu stoßen und Gaben zu übernehmen, die von Menschen aus weit entfernten Ländern kommen; und die diese Gaben dann über steile Wege hinauftragen, um sie zu Mahlzeiten für ihre Kinder zu verarbeiten – diese Vorstellung ist wunderbar und ergreifend. Was mich vor allem berührte, war der Umstand, dass es in diesem Fall Kinder und Jugendliche waren, die uns auf den Berg geführt hatten, damit andere Kinder, die noch hungriger waren als sie, ebenfalls zu essen bekamen.

Es hatte ganz den Anschein, als weise überall, wohin ich auch sah, eine strahlende neue junge Generation den Weg. Nicht weit entfernt von Gays Haus befindet sich die wunderbare Jacaranda School for Orphans (Schule für Waisenkinder). Marie de Silva, die bemerkenswerte Gründerin dieser Schule, hatte ich bei dem Hero-Ereignis von CNN in Los Angeles kennengelernt (auch sie war im Jahr zuvor zu einem der „Top Ten Heroes" ernannt worden). Wir schlossen mit Marie und ihrem Ehemann Luc eine enge Freundschaft. Die Waisen in ihrer Schule bekommen jeden Tag Mary's Meals, wir hingegen bekommen als Dank dafür so viel mehr. Sie können an dieser Schule ganz wunderbar singen, und die Lieder, die sie über Mary's Meals komponiert haben – „One Cup of Porridge" etwa und „Let Us Be Educated" – rühren mich jedes Mal zu Tränen, wenn die Kinder sie singen. Genau das passierte auch wieder, als ich sie jetzt – dieses Mal mit Calum – kurz besuchte. Wenige Monate zuvor hatten wir zwei der begabtesten Sängerinnen, Vanessa und Joyce, nach Schottland eingeladen, wo sie ein Publikum von über tausend Menschen bei unserem jährlichen Tag der Offenen Tür entzückten, und anschließend reisten wir zu einem weiteren Großereignis von Mary's Meals in einem herrlichen Palais in Wien, wo sie vor dem Fürsten und der Fürstin von Liechtenstein und vielen anderen erlauchten Gästen sangen.

Es war sagenhaft, sie wiederzusehen, dieses Mal in der vertrauteren Umgebung ihres Klassenzimmers. Sie sprudelten immer noch über von ihrer Traumreise, und viele Jugendliche erkundigten sich bei uns, wie sie Mary's Meals in Malawi unterstützen konnten. Es ist fantastisch, dass vier ihrer ehemaligen Klassenkameraden, die kürzlich die Schule in Jacaranda abgeschlossen hatten, mittlerweile bezahlte Angestellte von Mary's Meals sind. Wir haben also eine Phase erreicht, in der wir Menschen beschäftigen können, die selbst als Kinder Mary's Meals in der Schule bekommen haben, und das ist äußerst befriedigend.

Kürzlich traf ich in Liberia mit Boakai zusammen, einem wichtigen Mitglied unseres dortigen Teams; er arbeitet als Kontrolleur. Ich war überrascht, von ihm zu erfahren, dass er eines der Kinder gewesen war, die sich für die allerersten in seinem Land ausgegebenen Teller mit Mary's Meals anstellten. Ich habe noch sehr lebhafte Erinnerungen an diesen Tag. Boakai erklärte, als Kind habe er mit seiner Großmutter in der Nähe von Massatin gelebt, der Lepra-Kolonie, wo wir beschlossen hatten, mit Mary's Meals in Liberia anzufangen, und er schilderte, wie er jeden Tag drei Meilen gelaufen sei, um Essen zu bekommen und die Schule zu besuchen. Nach unserer Unterhaltung sah ich zu, wie er auf sein Motorrad stieg und auf der holprigen Straße davonfuhr, in einem Slalom um die tiefen Schlaglöcher herumkurvte, auf dem Weg zu abgelegenen Schulen, die er an diesem Tag besuchen sollte, um Berichte über sie zu schreiben. Gleich hinter der nächsten Straßenecke würde er an der Bomi-Radiostation vorbeikommen, wo Meloshe, einer der aufsteigenden Stars Liberias, arbeitete. Er ist der Nachrichtenleiter dieser Radiostation, die über eine breite Zuhörerschaft verfügt, und Chef über 22 Leute. Dieser unabhängige Radiosender erinnert die Regierung mit lebhaften politischen Sendungen, an denen sich Hörer per Telefon beteiligen können, und aktuellen Debatten furchtlos an ihre Verantwortlichkeiten.

Zehn Jahre zuvor, nachdem Meloshe von Soldaten der Rebellen während des Bürgerkriegs aus seinem Elternhaus vertrieben worden war, lag sein Leben in Trümmern. Später erhielt er mithilfe von Mary's Meals die Möglichkeit, zur Schule zu gehen.

„Ohne Mary's Meals wäre ich nicht da, wo ich heute bin", konstatiert er stolz.

Viele Männer und Frauen aus seiner Generation, die von Mary's Meals profitiert haben, wirken heute daran mit, für ihre Länder die Grundlagen für eine neue, sehr viel hellere Zukunft zu schaffen. Bei meinem letzten Besuch in Haiti wurde mir in einer der Schulen von Hands Together in Cité Soleil ein überwältigender Empfang bereitet. Ich betrat einen Campus, auf dem es nur so wimmelte von Schildern, auf denen lobende Statements über Mary's Meals festgehalten waren. Auf einem Balkon, der auf den zentralen Hof hinausging, machten drei Jungen gerade eine Fahne fest, die verkündete: *No Education without Food* (Keine Bildung ohne Essen). Blumen schmückten einen Türeingang, auf dem zu lesen war: *Welcome Magnus and Mary's Meals* (Willkommen, Magnus und Mary's Meals). Und in der Küche arbeitete ein Team von Köchinnen in Schürzen mit dem Aufdruck von Mary's Meals unter einem riesigen gemalten Plakat mit den Worten *Thank you Marys Meals.*

Ihr sehr eindrucksvolles und unterhaltsames Schulkonzert fand ich wunderbar. Dann stieg zu meiner großen Überraschung Jimmy die Stufen zur Bühne hoch und griff zum Mikrofon. Jimmy hatte ich erstmals 2010 getroffen, wenige Monate nach dem Erdbeben; damals war er Schulsprecher gewesen. Ich hatte ihm Fragen zu seinem Leben gestellt. Mit seiner Intelligenz und seiner unerschütterlich positiven Einstellung, die er beibehielt, obwohl er in einem kleinen jämmerlichen, demolierten Wellblechverschlag in einem der ärmsten Viertel in Cité Soleil lebte, beeindruckte er mich enorm. Er hatte mir von seinem leidenschaftlichen Wunsch erzählt, Landwirtschaft zu studieren, damit er den Menschen von Haiti helfen konnte, ihre Nahrung in größerem Umfang selbst anzubauen und so unabhängig von externer Hilfe zu werden. Von der Schulbühne aus hielt er für uns und die versammelten Schüler und Schülerinnen eine leidenschaftliche, optimistische Rede. Er erzählte, er habe Mary's Meals viele Jahre lang bekommen.

„Ich habe mittlerweile festgestellt, dass die Mahlzeiten von Mary's Meals mir körperlich, moralisch und geistig geholfen haben: Sie haben meinen Körper stark gemacht, sie haben mir den Impuls gegeben, mit anderen zu teilen, und sie haben mich dazu gebracht, über das ‚Ja' Marias nachzudenken und über das ‚Ja' all derer, die Mary's Meals verteilen." Er war innerlich so bewegt, dass einen Moment lang sein einstudiertes strahlendes Lächeln verschwand. Als er die Bühne verließ, klatschte sein Publikum und brachte durch laute Rufe seine Zustimmung zum Ausdruck. Jimmy, der mittlerweile für Hands Together arbeitete, war hier ganz offenbar sehr beliebt.

Später, nach dem Ende des Unterrichts, durfte ich Zeuge einer Szene sein, die mich noch mehr bewegte. Ein lang geplantes Spezialprojekt, das ursprünglich an dem Tag gestartet werden sollte, an dem dann das Erdbeben kam, wurde nun endlich umgesetzt. Die „Barfuß-Kinder", die in den Straßen des Slums leben, waren nun nach dem Ende des regulären Schultags zu einer täglichen Mahlzeit eingeladen. Einige von diesen Kindern waren wenige Wochen zuvor praktisch nackt gekommen, aber jetzt hatte Father Tom sie alle mit einem T-Shirt und Shorts versorgt. Ich schaute zu, wie 1353 dieser kleinen barfüßigen Buben und Mädchen sich in die Schlange einreihten, um ihren Teller mit Reis, Fisch und Bohnen in Empfang zu nehmen. Schweigend aßen sie, und dann gingen sie lachend und plaudernd in die Klassenzimmer, wo sie von jungen freiwilligen Lehrkräften ihre ersten Unterrichtsstunden erhielten. Diese Lehrer hatten erst kürzlich an eben dieser Schule ihren Abschluss gemacht.

François gehört zu denen, die wiedergekommen sind, um etwas zurückzugeben. Er trägt ein weißes Hemd mit blauer Krawatte und macht eine gute Figur, wie er da auf die Buchstaben an der Tafel zeigt und sie den armen, mageren Kindern erklärt. François kennt den Geschmack von Mary's Meals. Er weiß, dass für ihn und für die Kinder, die er vor sich hat, Bildung die einzige Hoffnung ist – der einzige Weg heraus aus dem Schmutz, der Gewalt und dem Hunger um sie herum. Deshalb ist er gerne bereit, seine Zeit für diese Kinder zur Verfügung zu stellen, ohne dafür bezahlt zu werden.

Als wir schließlich die Schule verlassen, bemerke ich ein weiteres Poster unter den Hunderten in Schönschrift geschriebenen Blättern, die Dankbarkeit und Liebe für Mary's Meals zum Ausdruck bringen. Die Handschrift und der kleine Schreibfehler lassen vermuten, dass es von einem der kleineren Schüler geschrieben wurde, vielleicht sogar von einem der „Barfuß-Kinder". Es heißt da bloß: *Food maks it better.* (Mit Essen ist es besser.)

Epilog

Es ist Sommer. Der River Orchy ist jetzt träge und schmal und so warm, dass meine Kinder darin schwimmen können. Vorhin habe ich sie durch das Fenster meines Schuppens gesehen, wie sie mit ihren Handtüchern und Lunchboxen den Weg zum Teich bei Corryghoil hinuntergingen. Einen Moment lang hatte ich den Impuls, mich ihnen anzuschließen, aber ein paar Dinge muss ich noch erledigen.

Derzeit (Stand Februar 2017) erhalten 1.187.104 Kinder an jedem Schultag eine Mahlzeit von Mary's Meals, und das in 1629 Schulen. Neue Bilder, gemalt von einigen dieser Kinder, hängen an meiner Wand. Die außerordentliche Art und Weise, wie all das gewachsen ist und sich kontinuierlich entwickelt hat, überraschte mich und erfüllte mich ständig neu mit ehrfürchtigem Staunen. Allerdings wäre es gelogen, wenn ich sagen würde, ich hätte nie erwartet, dass unsere Arbeit einen solchen Umfang annehmen würde. Ich habe seit Langem das Gefühl, dass die Vision von Mary's Meals so zwingend ist, und dass es so viele Menschen guten Willens gibt, dass sie sich einfach realisieren lassen muss. Deshalb feierten wir diesen Meilenstein als „Die *erste* Million". Der Umstand, dass noch viele Millionen Kinder ohne tägliche Mahlzeit sind und dass Tausende täglich an Hunger sterben, ist ein Skandal, der überdeutlich zum Ausdruck bringt, dass unsere Arbeit gerade einmal angefangen hat.

Als wir die Million gerade erreicht hatten, bat ich unser cleveres Team im Büro in Glasgow, mir einige Informationen darüber zu besorgen, wie viel man brauchen würde, damit auch alle anderen Schulmahlzeiten bekommen. Ich bezog mich auf sämtliche Kinder im Grundschulalter in den Entwicklungsländern. Aber es war ein Fehler. Die Kalkulation, die sie mir schickten, klärte mich darüber auf, dass wir jährlich 22 Millionen Pfund bräuchten, um jedem Kind in Malawi Mary's Meals zugänglich zu machen. Ich konnte der Versuchung nicht widerstehen, die Zahl zu googeln. Ich stellte fest, dass in London ein Haus für diesen Betrag zum Verkauf stand, und ein seltener orangeroter Diamant war kürzlich für dieselbe Summe verkauft worden. Ich bin nicht sicher, ob in Liberia auch diese orangene Diamanten abgebaut werden, doch zeigten die Zahlen immerhin ganz klar, dass wir nur wenig mehr als die Hälfte des Wertes dieses Diamanten bräuchten, um sämtliche Grundschulkinder des Landes ein Jahr lang mit Essen zu versorgen.

Ich stelle weiterhin fest, dass die jährlichen Whiskyverkäufe in Schottland sich auf denselben Betrag belaufen wie den, der benötigt würde, um sämtliche Grundschulkinder in ganz Afrika zu versorgen, die im Moment noch keine Schulmahlzeiten bekommen. Aber dann mache ich die Tabelle zu und beschließe, dass ich damit nur meine Zeit vergeude. Ich weiß doch sowieso schon genau, dass unsere Vision durchaus umsetzbar ist. Es würde die Regierungen und internationalen Körperschaften lediglich einen sehr kleinen Bruchteil der ihnen zur Verfügung stehenden Mittel kosten, diese Vision umzusetzen und dadurch die Zukunft der ärmsten Nationen der Welt radikal zu verändern. Und von uns allen wäre ebenfalls nur verlangt, einen sehr kleinen Teil unserer Ressourcen wegzugeben, damit diese Vision

Wirklichkeit wird. Derjenige, der dieses Haus in London kauft, ist nicht mehr zum Teilen verpflichtet als ich.

Der Schuppen heizt sich jetzt in der Mittagssonne auf, und ich fange an, einen Brief an unsere Unterstützer zu schreiben, die das bereits umsetzen: Sie teilen, was sie haben, in äußerst großzügiger Weise. Ich danke ihnen im Namen von Veronica, Boakai und Jimmy und all den anderen jungen Menschen, deren Leben meine Adressaten gerettet und verwandelt haben. Ich erzähle ihnen von den Schulen, die momentan auf unserer Warteliste stehen (darunter auch diejenige oben auf dem Chaoni-Berg). Und ich erinnere sie außerdem daran, dass es uns lediglich 12,20 Pfund [rund 15 Euro] kostet, ein weiteres Kind für ein Jahr zu ernähren. Wie schon so oft habe ich das Gefühl, dass mein Brief dem, was diese Menschen eigentlich verdienen, überhaupt nicht gerecht wird; und wieder einmal wünschte ich, dass jeder und jede Einzelne diesen Kindern wirklich begegnen könnten: dass sie sehen könnten, wie sie ihre Mahlzeiten verspeisen, und ihnen zuhören, wenn sie von ihren Hoffnungen und Träumen erzählen. Der Umstand, dass unsere Spender und Spenderinnen auch weiterhin teilen, was sie haben, ohne je dieses Privileg zu haben, beschämt mich.

Auf der Suche nach Inspiration für meinen Brief suche ich die Kapelle nebenan in der Craig Lodge auf. Es gibt auf der ganzen Welt keinen Ort, an dem ich lieber bin. Durch die Erkerfenster strömt Sonne herein. In der Ecke dort hinten steht die Statue der Mutter Gottes, auf dem Boden vor ihr ein riesiger, frischer, wunderschöner Strauß von Blumen, gepflanzt, gepflückt und gebunden von meiner Mum. Vor vielen Jahren erhielten wir von Unserer Lieben Frau von Medjugorje eine Botschaft, die mir jetzt in den Sinn kommt.

„Öffne dein Herz für Jesus so, wie eine Blume sich der Sonne öffnet", das hatte sie uns damals nahegelegt.

Auf dem Altartisch (in meiner Jugend hatte er als Unterlage für eine Billardplatte gedient) steht ein grob geschnitztes hölzernes Kruzifix. Ich erinnere mich an den dunklen, bangen Abend, als ich es von Father Tom und seinen Freunden geschenkt bekam. Wir saßen nach dem Erdbeben in seinem Hof betend zusammen. Sie hatten es an jenem Tag aus den Trümmern des Hauses geborgen, in dem ihre Freunde gestorben waren, und alle hielten es der Reihe nach in Händen und sprachen ein Gebet darüber, dann gaben sie es mir als Geschenk, auf dass wir solidarisch verbunden blieben, wenn ich wieder in meine Heimat zurückkehrte.

Ich sitze neben dem alten Kamin, und das löst in mir eine andere Erinnerung aus, diesmal an meinen Bruder Mark, als er sieben Jahre alt war. Es war Weihnachten, wir hatten Mark vor noch nicht langer Zeit in unsere Familie aufgenommen, und die heutige Kapelle war damals noch unser Wohnzimmer, der Kamin dort unsere Hauptwärmequelle. Unter dem Weihnachtsbaum türmten sich unsere Geschenke, und bevor wir sie öffnen konnten, bestanden Mum und Dad darauf, dass wir Mark in dem Glauben ließen, Santa Claus sei in der Nacht den Kamin heruntergekommen – um das zu beweisen, hatten sie einige einzelne Holzscheite aus dem Stapel vor dem Kamin verstreut. Ich war etwas überrascht, weil wir nicht mit dem Glauben an Santa Claus aufgewachsen waren, aber ich fand es wunderbar, dass es ihnen so ein Anliegen war, dass Mark von seinem ersten Weihnachtsfest bei uns nicht enttäuscht war.

Ich glaube, Mark ist jetzt im Himmel. Mittlerweile fühlt er sich wie mein älterer Bruder an, obwohl er fünf Jahre jünger war als ich. Er starb vor zwei Jahren, 39-jährig, in Medjugorje. Ich fand ihn, nachdem wir – Milona, ihr Mann Charlie und andere liebe Freunde – ihn zwei Tage lang gesucht hatten, auf einer wunderschönen kleinen, abgeschieden gelegenen Wiese mit duftenden Blumen. Als er starb (wahrscheinlich an einem Herzinfarkt), hatte er auf Knien gebetet, seine Schuhe hatte er ordentlich neben sich gestellt. In einer Plastiktüte neben ihm, die er in unser Gästehaus bringen wollte, waren Süßigkeiten für meinen Sohn Ben. Mark war die meiste Zeit seines Erwachsenenlebens krank gewesen und hatte unter entsetzlichen Schmerzen zu leiden. Eines Tages, als ich ihn zu einem Termin ins Krankenhaus fuhr, sagte er mir, es sei ihm jetzt klar, dass ihm in unserer Mission die Aufgabe zufiel zu beten, und er sei zutiefst davon überzeugt, dass es Sinn hatte und etwas bewirkte, wenn er sein Leiden aufopferte. Wir machten dort, wo er gelegen hatte, ein Kreuz aus Steinen. Es ist ein herrlicher Ort, um dort zu verweilen, wenn – wie damals, als er starb – die Sonne untergeht, und den länger werdenden Schatten zuzusehen, die die Bäume auf die alte Steinmauer werfen. Man kann von hier die beiden Kirchturmspitzen sehen und über den Weingärten den Krizevac. Marks Abschied von seinem irdischen Leben war herrlich.

Während ich jetzt in der Kapelle bete, überkommt mich ein überwältigendes Gefühl der Dankbarkeit: Mark bin ich dankbar für alles, was er mit mir geteilt, was er mich gelehrt hat; Mum und Dad bin ich dankbar dafür, dass sie ihn, damals einen Fremden, in unsere Familie aufgenommen haben; ich danke Gott dafür, dass er Mark auf diese Weise zu sich heimgeholt hat. Und erneut danke ich Gott dafür, dass wir diese Arbeit für seine Kinder tun dürfen. Ich bitte ihn, uns immer tiefer verstehen und erkennen zu lassen, wie wir das Brot, das allen gehört, teilen können. Ich bitte ihn, diese Arbeit allezeit in seiner Liebe zu bergen; uns nie vergessen zu lassen, dass es nicht unser Werk ist, sondern seines; und ich bete, er möge noch viel mehr Menschen dazu bewegen, sich an dieser Mission zu beteiligen, damit bald all diese hungrigen Kinder gesättigt werden können.

Und dann beschließe ich, das Schreiben des Briefes auf einen anderen Tag zu verschieben, und solange noch Zeit ist, gehe ich runter zum Fluss, um mit meinen Kindern zu schwimmen.

Dank

Liebe Julie, ohne deine Ermutigungen hätte ich nicht einmal die erste Seite fertigbekommen, und ich danke dir von ganzem Herzen. Danke, dass du immer an mich geglaubt hast, obwohl so vieles dagegen spricht. Meine geliebten Kinder – Calum, Ben, Martha, Toby, Bethany, Anna und Gabriel: Die Tatsache, dass ihr Älteren euch nie beklagt habt, dass ich sogar noch beschäftigter und zerstreuter war als sonst sowieso schon; und dass ihr Jüngeren fast nie auf mein Manuskript gekritzelt oder gemalt und fast keine einzige Seite aufgefuttert habt, erfüllt mich mit Stolz. Liebe Mum, lieber Dad, ich danke euch. Ohne euch gäbe es keinen Schuppen, kein Mary's Meals – nicht einmal ich wäre auf der Welt.

Ich danke euch Kolleginnen und Kollegen bei Mary's Meals; ohne euren unermüdlichen Einsatz bekämen nicht all diese Kinder heute ihre Schulmahlzeit, und ich weiß nicht, wie ich auch nur annähernd genug danken kann. Katy, dir danke ich besonders dafür, dass du mich vom Reden über die Idee zu diesem Buch dazu gebracht hast, wirklich etwas zu tun. Daniel, Kim und Louise, ich danke euch für euren großartigen Einsatz, für eure Ratschläge, und dafür, dass ihr mit diesem verschrobenen, unsicheren Erstautor so geduldig wart. Sonia, danke dafür, dass du gleich von Anfang an, seit wir uns kennen, an dieses Projekt geglaubt hast, und allen bei HarperCollins – Andy, Minna, Morwenna, Jean Marie: Ihr wart alle außerordentlich liebenswürdig, und es war eine Freude, mit euch zusammenzuarbeiten. Ich möchte auch jedem und jeder Einzelnen auf der ganzen Welt danken, die sich für diese Mission engagieren. Ich hoffe, dass diejenigen, über die ich in diesem Buch geschrieben habe, zufrieden sind mit der Art, wie ich unsere Geschichten erzählt habe; und ich hoffe, dass all jene, die seit vielen Jahren diesen Weg mit mir gegangen sind und gehen, hier aber nicht vorkommen – ich hoffe, ihr versteht, dass ich einfach nicht alles in einem einzigen Buch unterbringen konnte!

Und für alles danke ich Jesus. Alles ist dein – Lob, Ruhm und Ehre, das Vergangene und das Zukünftige.

Spannend, authentisch, hoffnungsvoll

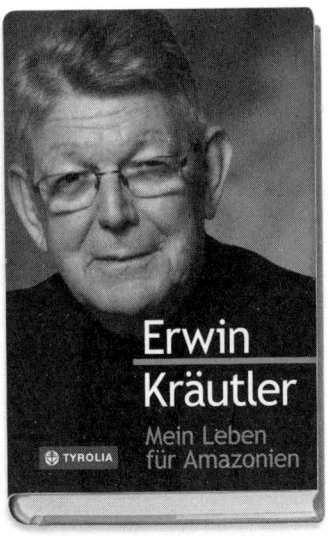

Erwin Kräutler
in Zusammenarbeit
mit Josef Bruckmoser

Mein Leben für Amazonien

An der Seite der unterdrückten Völker

232 Seiten, 40 farb. und 3 sw. Abb.
1 Karte, geb. m. SU
ISBN 978-3-7022-3387-7

Bischof Erwin Kräutler blickt auf sein Leben zurück, auf ein Leben für die Menschen in Amazonien. Er hat die Entwicklung der Kirche auf dem lateinamerikanischen Subkontinent seit dem Zweiten Vatikanischen Konzil entscheidend mitgestaltet und ist wegen seines persönlichen Einsatzes mehrfach nur knapp dem Tode entronnen. Für sein Engagement wurde er 2010 mit dem Alternativen Nobelpreis ausgezeichnet.